KB234777

만안의
기억

이 책의 인세 일부는 안양시에 위치한 민간단체
'난치병아동돕기운동본부·희망세움터'에 기부됩니다.

아래로부터 읽는 안양시 만안구 공간사회 이야기

만안의 기억

김성균 외 지음

이담 Books

서문 … 공간을 들여다보다
_아래로부터 읽는 공간사회학

"만약 우리가 새로운 도시생활을 위한 기초를 놓아야 한다면 우리는 **반드시 도시의 역사적 특성을 이해**하여야 하며, 도시의 원초적 기능과 파생적 기능과 앞으로 발휘해야 할 기능을 알아야 하며, **긴 역사의 시발점부터 출발**하지 않는다면, 미래를 향한 대담한 도약을 위해 필요한 힘을 우리들 자신의 내부에서 찾을 수 없다. 왜냐하면, 현재의 대부분의 도시계획들, 그중에서도 '발전적', '진보적'이라고 자랑하는 것들까지도, 현재 우리가 일부 알아낸 과거의 도시 및 지역형태를 단지 기계적으로 모방한 것에 지나지 않기 때문이다."

―『역사 속의 도시』, 루이스 멈퍼드―

지역사회를 공부하던 첫 수업시간에 칠판에 적힌 첫 글귀는 '지역사회(Community)＝운동(Movement)'이었다. 판서를 본 지 약 30여 년이 지났는데 지금에서야 조금 이해할 듯하다. 커뮤니티를 이해하는 과정에서 마음 한편에 울리던 메아리는 '사람, 삶 그리고 터'였다. 물리적 환경을 이해하는 커뮤니티가 아닌 사람을 아는 커뮤니티, 사람 중심의 커뮤니티, 인간주의적 커뮤니티라고나 할까?

영어로 지역사회는 커뮤니티(Community)이다. 커뮤니티는 우리말로 공동체라고 한다. 사회학자가 이야기하는 소사이어티(society)와 커뮤니티의 경계, 혹은 퇴니스가 이야기하는 이익사회와 공동사회의 구분이 아니더라도 커뮤니티 또는 지역사회는 우리말로 공동체로 해석되기도 한다. 대부분의 지역연구학자가 사회학적 이해를 동의받고 안 받는 것과는 무관하게 지역사회를 공동체로 해석하고 이해해왔다. 어떻게 보면 사회학자에게는 비난거리가 될 수도 있다. 사회학의 배경하에 지역사회를 이해했다기보다는 자기들이 필요한 것만 골라 먹는 재미가 있다고 하여야 하나? 마르크스, 베버, 뒤르켐으로

부터 시작되는 도시사회학의 계보에서 지역사회를 설명하는 것이 아니라 물리적으로 얻는 결과만을 놓고 이해해온 결과라고 생각한다. 그래서 지역사회 관련 이론서를 보면 앞뒤 다 생략하고 누구누구는 이러하고 누구누구는 이러하므로 지역사회의 개념은 '더불어 사는 삶의 터'라는 식의 설명으로 일관하고 있는 것이 현실이다.

· · · · · ·

우리가 거주하고 있는 동네는 영어로 Village, Town, 우리말의 다른 단어로는 마을이라고 한다. 그러나 마을 동(洞)의 뜻에서 유래하고 있는 마을은 전통지리학의 관점을 지니고 있다. 마을 동은 '같은 우물을 쓴다'는 뜻이다. 그리고 마을과 연결된 길의 의미도 현대 도시에서 사용하고 있는 도로 또는 차선과 같은 물리적 환경에 중점을 둔 자동차 중심의 이해가 아니라 큰길, 어귀길, 샛길, 안길, 골목길 등 길의 사용 여부에 따라 길의 의미를 구성하고 그 길과 길이 연결된 하나의 공간으로 마을을 이해했다. 또한 풍수지리(風水地理)에 대한 이해 역시 마을을 하나의 소우주로 보고 마을, 사람과 공간이 하나로 연결된 완결적 공동체로 이해해왔다. 풍수지리를 '하늘과 물과 땅과 그 이치'라는 관점에서 해석해 보면 전통지리학 관점에서의 마을의 의미는 마을구성원 간의 호혜적 관계가 형성된 사람 중심의 공동체, 공간과 공간이 연결된 관계의 공간공동체 그리고 자연에 순응하여 더불어 사는 생명지역공동체의 특징을 지닌다. 이렇듯 전통지리학은 물리적 환경이 아니라 사람, 자연 그리고 공간이 상호 공존하는 데 중심을 두고 있다. 과거 우리 선조가 살았던 마을 단위의 품앗이와 계는 호혜와 나눔 그리고 지역사회공동체 경제의 상징이었다.

그러나 우리나라가 농업국가에서 공업국가로 전환하기 위한 근대화 프로젝트는 도시에서는 경제개발계획으로, 농촌에서는 새마을운동으로 진행되었다. 조국 근대화 프로젝트로 시작된 압축적 성장은 마을에서 지역으로, 지역에서 도시로, 도시에서 부동산으로 공간에 대한 이해가 확장되어 가면서 물리적 환경 구축에 집중해 왔다.[1] 그 결과 우리나라는 '넓은 도로, 높은 빌딩, 꽉 찬 자동차'가 공간을 상징하는 콘텐츠가 되었다.

---

1 1970년대 새마을운동의 등장은 지역사회개발학을, 1980년대 성장거점은 지역개발학을, 1990년대 도시계획은 도시계획학을, 그리고 2000년대 이후 대규모 택지개발은 부동산학을 등장시켰다. 시역이나 마을은 국가목표의 수단을 실현하기 위한 수단으로 진행된 물리적 대상이었을 뿐 마을 단위의 연구는 소홀했었다.

‘넓은 도로, 높은 빌딩, 꽉 찬 자동차’의 공간콘텐츠는 자동차 중심의 생활문화를 만들고, 5개 신도시가 보여 주었던 공간의 권위를 넘어 자본의 권력이 공간을 재편하는 상황까지 이르렀다.[2] 공간콘텐츠는 대자본을 앞세운 대형마트가 마을경제를 잠식하였고, 그 과정에서 글로벌경제가 자연스럽게 지역사회경제를 초토화하는 결과를 초래하였다. 따라서 글로벌경제의 확장과 지역사회경제의 위기 앞에 신자유주의와 지역주의 또는 세계화와 지역화의 딜레마가 지금 우리가 살고 있는 마을의 현주소이다. 여전히 지역은 국가의 목표를 실현하기 위한 개발의 수단으로서 인식하여 물리적 공간 그리고 경제적 이점지로만 여기는 경제적 공간에 대한 관점은 물리적 환경의 마을만 존재할 뿐 그 안에서 호혜적 관계에 기반한 마을의 가치를 찾아보기가 어려운 상황이다.

물리적 대상으로 전락한 커뮤니티, 국가가 물리적인 환경을 조성하기 위해 국가수행 프로젝트의 일환으로 취급되고 있는 현실에 드리워진 그림자는 토건 중심의 패러다임이었다. 그 과정에서 잊어버린 것은 긴 역사적 관점에서 커뮤니티의 가치를 공유할 수 있는 내용물들이며, 그것들은 하나둘씩 거대한 토건자본 앞에 잠식당해 왔다. 대규모 개발 사업은 커뮤니티의 공동체적 관계망을 통한 이해와 호혜보다는 첨단 디지털로 위장한 감시정보기제들이 그 자리를 대체하고 있다. 그 단편이 최근에 상영된 <타워>라는 영화에 잘 그려져 있다. 하늘이라도 오를 것 같은 높은 타워형 아파트, 그리고 호텔 수준의 럭셔리한 건축소재와 이를 보호하기 위해 동원된 첨단장비와 경비용역들, 그들만의 공동체는 있을지 모르지만 그것이 형성되기까지 그 공간이 가지고 있었던 오랜 역사성과 문화, 즉 지역의 정체성은 하루아침에 쓰레기로 전락한 상황이다. 이것이 지금 우리 살고 있는 커뮤니티의 자화상이다.

· · · · · · ·

이제 우리는 밑으로부터 쓰기, 아니 아래로부터의 커뮤니티 읽기, 아래로부터의 지역학을 통해 커뮤니티가 가지고 있는 공간의 정체성을 이해하여야 한다. 『역사 속의 도시』의 저자인 루이스 멈퍼드는 공간을 계획하고 실행하기 위해서는 그 공간이 가지고 있는

---

2 중산층을 대상으로 한 수도권의 5개 신도시 개발은 단순한 주거지가 아니라, ‘어디에 사니?’라고 물으면 ‘분당에 산다’라고 이야기할 수 있는 공간의 권력을 지니고 있었다. 본인이 살고 있는 행정구역이 있음에도 5개 신도시(고양과 일산, 성남과 분당, 안양과 평촌, 부천과 중동, 군포와 산본)에 산다고 대답하는 것은 그 공간이 가지고 있는 권력에서 시작되며, 이제는 그것을 뛰어넘어 대기업이 건축한 아파트 브랜드가 마을의 명칭을 대신하는 상황이다. 이와 같은 현상은 강남에 자본의 상징이라고 할 수 있는 타워팰리스가 등장하면서 공간 브랜드에서 자본 브랜드(삼성 래미안, 엘지 자이)가 공간을 대신하는 명칭이 되었다.

역사성을 이해하는 것을 필수적인 요건으로 꼽았다. 그는 도시가 가지고 있는 원초적 기능 그리고 계획과 개발을 통하여 앞으로 변화될 기능들, 즉 파생적 기능은 공간이 가지고 있는 긴 역사적 시발점부터 이해하지 않는다면 미래를 제대로 설계할 수 없다고 보았다. 이렇게 역사성을 강조하는 이유는 미래를 향한 대담한 도약의 힘을 찾을 수 있기 때문이다. 만약 그렇지 못한다면 우리가 진보적이고 창의적이라고 생각한 계획과 개발 양식은 단지 기계적인 모방에 불과한 것이다.

커뮤니티를 이해하는 데 필요한 선행조건인 커뮤니티 구성원들의 삶의 궤적을 탐구하는 일은 공간의 역사성을 이해하는 시작점이라고 생각한다. 『만안의 기억』은 안양시 만안구의 삶의 궤적을 찾아가는 이야기이다. 개인의 궤적을 통해 모든 이들이 편안하고 행복한 땅이라고 하는 만안을 찾아보고자 한다.

이 글은 2011년에 수행했던 『만안의 기억』 프로젝트 보고서를 재구성한 글이다. 당초 원고와는 달리 구술과 지역조사를 핵심으로 글을 재구성하고, 이전에 담지 않았던 석수동 미군부대의 당시 구술을 담았다. 그 과정에서 아낌없는 지원을 해준 김찬수 박사님께 감사를 보낸다. 글을 재구성하는 과정에서 수고해주신 이창언 박사, 박철하 박사, 한정은 선생님 그리고 현장의 발이 되어준 김정진 연구원에게 깊은 감사를 드린다.

그리고 『만안의 기억』에 깊은 남다른 관심을 갖고 만날 때마다 격려해주시며 글쓰기와 읽기의 모범이 되어 주시는 정흥모 선배님, 안양APAP프로젝트 백지숙 예술감독님과 심혜화 선생님, 낮은 곳의 가치를 가장 높게 만들며 나눔의 삶을 실천하시는 문경식 대표님, 동네시장을 세계적인 문화예술 장소로 만든 석수시장 프로젝트의 장본인이며 자유로운 영혼의 예술가인 박찬홍 선배님, 지역문화콘텐츠의 힘을 누누이 강조하는 동생 김강석 등을 비롯한 선후배들께 깊은 감사의 말씀을 전한다. 그리고 늘 옆에서 말없이 힘이 되어 주시는 손혁재 박사님께 깊은 감사를 드린다. 또한 이 책이 나오기까지 자신의 삶을 거침없이 이야기해주신 구술자 분들에게 더없이 감사하다. 마지막으로 공간에 대하여 새로운 생각의 힘을 키워 주신 스승님께 깊은 감사의 말씀을 드린다.

2012. 12. 31.
수원 정자골에서
김성균

목 차

01

공간을 다시 읽다

만안의 기억

안양사, 중초사지, 만안교, 삼막사, 마애종, 유유산업과 김중업 건축물, 안양유원지, 안양포도, 삼덕제지, 대동단지, (구)가축위생시험소, 안양1번가, 공공예술공원, 양지마을, 충훈부, 안양천, 삼성천, 뉴타운개발, 안양아카데미테마타운

기억으로 쓰는 모두가 편안한 땅 이야기

『만안의 기억』은 안양시 만안구의 사라져 가는 마을자원에 관한 이야기이다. 마을자원을 분석하는 과정은 '기억으로 쓰는 역사'라 해도 과언이 아니다. 기존의 역사가들의 가정과 이미 인정된 해석에 대한 도전으로 역사 서술 자체의 폭을 넓고 풍성하게 하고자 했다.

한낱 빈약한 개인의 회상이 아닌 특정 대상에 대한 집합 기억을 모으고 그 집합된 기억을 중심으로 세대 간의 살아 있음을 재조명하고자 했다. 연구 진행과정에서 기억을 모으는 작업은 구술을 통하여 진행하였다. 구술작업이 연구자에게 과거를 재현하는 대중매체가 어떻게 구술자들에게 작동하고 있는지를 연구 분석하는 것은 매우 중요하다. 일반적으로 우리가 알고 있는 역사는 대중매체를 통하여 형성되는 '공공의 역사'이다. 드라마, 다큐, 역사영화, 역사소설 등을 통해서 정규 역사교과서나 연구서에서 읽을 수 없는 부분에 대하여 대중에게 상상력을 동원하여 특정한 역사적 기억을 찾아내는 것이 밑으로부터의 역사이며 이것을 가능하게 하는 작업이 구술이다. 따라서 구술은 '밑으로부터의 역사 쓰기'이다. 밑으로부터의 역사를 찾는 『만안의 기억』은 만안구의 석수동, 박달동, 안양동의 자원을 분석하고 의미 있는 자원은 보다 구체적으로 스토리텔링하였다.

안양, 행정구역의 흔적을 더듬다

안양의 행정구역이 기록된 문헌이 『여지도서』(영조 35년, 1759)이다. 이 문헌에는 현재의 박달동과 석수동 일부를 제외하고는 안양 대부분의 지역이 과천현의 상서면과 하서면으로 나뉘어져 있다. 그중 상서면은 일동리, 이동리, 비산리의 3개 마을과 하서면에는 일동리, 이동리, 도양리, 호계리, 안양리, 발사리, 후두미동, 석수촌의 8개 마을이 있었던 것으로 기록하고 있다.

정조 13년(1789년)에 호구를 조사한 『호구총서』에 의하면 상서면을 삼현1리, 삼현2리, 바산리의 3개 마을로 기록하고 있으며, 하서면은 귀인1동리, 귀인2동리, 호계리, 안양리, 후두미리, 도양리의 6개 마을로 기록하고 있다. 당시 11개 마을에서 9개 마을로 줄어든 것은 당시 화산능행차를 하면서 금천현을 시흥현으로 명칭을 변경하고 현의 행정등급을 격상시키면서 안양행궁이 위치한 안양1동까지 시흥현에 복속시킴으로써 과천현에 속한 하서면의 마을 수가 줄어든 것으로 추정하고 있다.

순조 34년(1834년)에 완성된 김정호의 『청구도』에 의하면 안양행궁이 위치한 안양시 만안구 지역의 대부분이 시흥현에 속한 것으로 그려져 있다.

고종 33년(1896년)에는 태종 이래 시행되어 오던 8도제가 오늘날과 같은 13도제로 행정구역이 개편된 해이다. 당시 기록에 의하면 안양은 과천군의 상서면 일동, 이동, 외비산리, 내비산리의 4개 마을과 하서면의 일동, 이동, 도양리, 호계리, 후두미동, 장내동, 발사리, 석수동, 안양리의 9개 마을로 총 14개의 마을로 구성되어 있었다.

1897년에 일제에 의해 제작된 「군사기밀도」에서도 삼현, 비산리, 임곡, 신촌, 초계동과 양지촌, 장내촌, 후두미, 창박골 및 안양촌 등으로 표기되어 있다.

정조시대의 호구조사 기록에서는 하서면 6개 마을인구를 1,515명으로 기록하고 있다. 그러나 광무 4년(1900년)의 토지조사 기록에 의하면 당시 안양 인구는 4,000명을 상회하고 있는 것으로 기록하고 있다. 고종시대의 상서면과 하서면의 호구비율을 정조시대의 인구추계에 적용하면 정조시대의 안양 인구는 2,500명 정도로 추정되며, 정조에서 고종에 이르는 110년 안양의 인구는 약 1,500명가량 증가한 것으로 추정된다(문원식, 2001).

일제강점기인 1905년에 경부선 철도를 개통하면서 안양역이 개설되었고 1914년 조선총독부의 행정구역 개편에 의해 안양의 상서면과 하서면이 통합된 서이면이 생겨났다.

조선시대 말에 13개의 리는 1914년 4월 1일 서이면이 생기면서 호계리, 안양리, 일동리, 이동리, 비산리의 5개 리로 구성되었고 치소는 호계리에 두었다. 안양리는 발사리, 석수리, 장내동 및 후두미동을 흡수하였고, 1917년에는 호계리에 있던 서이면 사무소가 현재 안양1동 사무소로 이전하였다.

1924년에는 안양 최초의 금융기관인 안양금융조합과 안양우체국, 안양연초제조창이 설립되었고, 1926년에는 안양시장이 안양공설시장으로 인가받아 개장한 후 오늘에 이르고 있다. 1927년에는 안양공립보통학교가 개교하였고 그 외에도 안양소년척후대, 안양수양단, 안양청년회가 창립되었다. 1930년에는 장로교회인 안양교회가 설립되었고, 1932년에는 석수동 안양유원지 계곡에 안양풀장이 개장하였다.

1933년 조선직물주식회사 설립을 시작으로 조선견직주식회사, 삼덕제지, 고려석면 등 한국의 근대화 산업의 중심을 이루는 섬유 및 제지산업이 생기면서 공업도시로서의 위상을 갖추어 가기 시작하였다.

1941년 10월 1일에는 서이면이 안양면으로 변경되었고, 1945년에는 해방과 함께 시흥군청사가 안양면으로 이전하면서 정치행정의 중심지가 되기 시작하였다. 그 이후 1949년 안양면이 읍으로 승격되었고 1973년에는 안양시로 다시 승격되어 오늘에 이르고 있다.

하늘 아래 가장 편안한 땅, 만안

안양시 만안구에 있는 다양한 자원은 천 년이 넘는 세월을 통하여 현재의 안양시 만안구를 만들어 왔다. 인구 62만 규모의 안양시의 약 43%를 차지하고 있는 만안구는 노태우 정권시절에 5개 신도시가 개발되기 이전에는 안양의 중심이었다. 그러나 평촌이 개발되면서 상대적으로 낙후된 느낌을 지울 수 없었던 만안구는 평촌의 상징인 아파트 단지와 슬럼화된 주택지구로 양분해서 단순하게 판단할 수 있는 곳이 아니다. 만안구는 안양의 정체성 그 자체이며 정신이다. 그리고 천 년의 세월 속에서 다양한 이야기와 삶의 애환이 묻어나 있는 곳이다. 만안구는 826년으로 사료되는 중초사지 당간지주와 신라 말에서 고려시대로 추정되는 석수동의 마애종을 비롯하여 '만안의 기억'을 더듬을 수 있는 수많은 자원이 만안구 여기저기에 있다.

안양시 만안구, 즉 안양과 만안을 우리말로 풀이하면 '극락정토 세상에 모두가 편안하게 숨 쉬는 곳'이라는 의미이다. 단지 불교적으로 해석하면 불교 외에 다른 종교가 불만스럽게 생각할지도 모른다. 그런 속 좁은 마음보다는 넓은 품으로 생각하면 모든 종교나 철학자들이 이야기하는 좋은 세상, 아름다운 세상, 살기 좋은 세상의 의미를 전부 지니고 있다고 해도 과언이 아니다. '시방삼세(十方三世)의 모든 불국토(佛國土)세상', '모든 중생이 극락에서 왕생할 수 있다'는 정토세상을 기독교 입장에서 보면 천당이 될 것이요, 우리의 전통사상 중의 하나인 동학사상에 비추어 보면 하늘과 땅 그리고 인간이 조화를 이루어 살아가는 삼재세상을 의미한다. 이렇듯 어느 누구든지 혹은 어느 종교가 지니고 있는 최고의 선에 도달할 수 있는 의미로 천당, 천국, 극락정토, 삼재세상이 안양이다.

안양사 7층 전탑의 비밀, 안양세계 이상향

안양사는 고려 초 태조 왕건이 능정 스님을 만나 창건한 사찰로 전해진다. 또한 안양시의 지명 유래가 시작된 곳으로 아미타불의 정토신앙이 담긴 안양세계의 이상향을 간직한 사찰이다. 문헌에 의하면 안양사에는 태조 왕건이 건립한 안양사 7층 전탑이 있어

일찍부터 많은 선학자의 관심을 집중시켰다. 특히 안양사 7층 전탑은 여주 신륵사 다층 전탑과 함께 경상도 지역을 벗어나 조성된 고려시대 전탑이라는 점이 매우 특징적이다. 이 전탑은 다른 전탑과는 달리 회칠과 함께 되어 있는 채색이 매우 특징적이다. 안양사는 고려시대 법상종 사찰로 왕실 및 중앙의 지배층과 고려 후대까지 지속된 사찰로 추정된다. 따라서 안양사는 불교를 건국이념으로 하는 왕건과 능정의 정치적 이해관계에 의하여 창건되었으며 안양사 7층 전탑은 비보풍수에 의한 사탑으로 조성되었다. 그리고 석탑이 아닌 전탑으로 조성된 이유는 신라계 승려인 능정의 주도하에 문화적 회귀라고 하는 고려 초 조탑의 한 흐름으로 파악할 수 있다.

안양사 7층 전탑의 외형은 옥개석 낙수면에 기와를 덮고 있어 안동의 신세동과 동부동의 전탑과 매우 유사하다. 또한 회칠은 우리나라에서 일군의 모전석탑에서 찾아볼 수 있는 것으로 문헌상으로는 백탑의 존재가 기록되어 있어 조탑기술의 하나로 평가될 만한 가치가 있는 탑이다. 그리고 안양사 7층 전탑의 회칠을 하고 다양한 채색이 되어 있는 불보상 그림은 경외감과 장엄함의 그 자체이다. 이러한 안양사 7층 전탑은 고려 인종 9년(1131)에 또 한 차례의 중수를 거쳐 고려시대 후대에 이르러 최영에 의하여 두 번째 중수를 하게 된다. 최영은 안양사 7층 전탑 중수를 성조, 즉, 태조의 국가 경영을 우러러 생각하고 탑을 새롭게 하지 않을 경우 성조의 영에 죄를 짓는 것이라 맹세하며 군비를 털어 중수를 할 정도로 깊이 관여한 바 있다. 그러나 그 이면에는 고려 말에 기울어져 가는 국가와 왕실의 권위를 안양사 7층 전탑을 통하여 새롭게 재건하고자 하는 의미가 담겨져 있을 만큼 시대적으로 큰 의미를 지닌 전탑이다(김지석, 2007).

천 년의 평화, 마애종과 안양사

고려를 건국한 태조 왕건의 발원에 의하여 안양사가 건립됐다. 안양사를 이곳에 세운 것은 안양세계(安養世界), 즉 극락세계(極樂世界)의 실현지이기도 하다. 당시 많은 불사(佛徒)들은 안양사를 지어 이 지역을 상상 속의 극락이 아닌 현실 속의 극락을 만들고자 했다. 그러한 발원의 일환으로 대형의 암반에 마애종을 새겼을 것으로 추정된다.

마애종은 한 승려가 타종구를 들고 있어 마치 종소리가 정지된 것이 아니라 울려 퍼지는 듯한 인상을 주고 있다. 서양의 종과는 달리 마음을 울리는 울림이 있는 종소리가 암각화를 통해서 느껴진다. 마애종을 새긴 장인은 보는 이로 하여금 마음의 울림이 있는 종소리를 들으며 보도록 의도하였으며, 그러면서 경건한 신앙심을 갖도록 유도하였다. 한마디로 그 발상이 기발하다.

불가에서는 범종의 소리가 부처의 진리를 전하며 모든 중생을 구제해준다고 믿는다. 석수동 마애종의 소속 사찰이 중초사든 안양사든 모든 중생들을 구제하여 다 같이 극락에 이르고자 하는 발원과 바로 이곳이 현실 속의 극락임을 상징적으로 나타내는 조각이다. 그래서일까? 마애종은 안양 시내를 바라보고 있다. 이와 같이 마애종을 조각한 것은 불가의 세계처럼 안양지역을 청정(淸淨)하게 하고, 모든 중생들을 구제하여 극락왕생(極樂往生)할 것을 염원하고 있다고 해도 과언이 아니다.

그리고 석수동 마애종은 우리나라에서 유일무이한 문화재로 하나밖에 없는 창조적인 유산이다. 현대는 창조가 거의 없고 모방(模倣)과 번안(飜案)이 주류를 형성하고 있는 데 반해 오래전에 안양에 이러한 전무후무한 마애종이 조각되어 있다는 것은 안양의 역사성을 이해하는 데 아주 중요한 자료이다. 즉, 안양이 오래전부터 창의적이었으며 새로운 문화에 대한 창출지라는 의미가 있다. 마애종은 안양의 지역성이 그대로 계승되었으며, 앞으로도 그러한 가능성이 창출될 수 있는 가능성을 무궁무진하게 지니고 있다. 따라서 마애종은 '안양=극락=살기 좋은 곳'이라는 지역성을 부여할 수 있는 상징적인 문화유산 중의 하나이다.

역사지킴이, 당간지주

석수동 마애종과 관련하여 주목되는 문화재가 당간지주(幢竿支柱)이다. 당간지주는 당간(幢竿)을 세워 당(幢)을 걸기 위한 구조물이다. 현재는 두 지주만이 남아 있지만 원래는 높은 당간을 세워 그 꼭대기에 당을 걸어 휘날리게 함으로써 사찰의 위상(位相)을 드러내었을 것이다. 그런데 중초사지 당간지주는 명문(銘文)이 새겨져 있다. 명문에 의하면 당시 건립책임자로 절주통(節州統) 황룡사(皇龍寺) 항창화상(恒昌和尙)을 비롯하여 10명의 승려가 후원하였음을 알 수 있다. 당시 불교계의 중심 사찰이었던 황룡사 승려가 후원한 것으로 보아 중초사가 늦어도 9세기 초반경에 널리 알려진 사찰이었으며, 중앙에 있는 사찰과도 교류가 있었음을 알 수 있다. 이러한 것으로 보아 안양 지역이 통일신라 말기에는 중요한 사찰이 건립될 만큼 중요한 지역이었으며, 불교가 성행하면서 불세계(佛世界)에 대한 인식이 형성되기 시작한 것으로 보인다. 그리고 이들 사찰이 소재한 지역이 중심지였던 것으로 보인다. 이곳에 남아 있는 문화재들은 고대시대의 중심지임을 상징적으로 보여 주고 있다. 안양의 역사성을 보여 주는 문화재가 당간지주를 비롯한 마애종이며 이들 문화재가 분포하고 있는 지역은 역사적인 관점에서 안양의 지역성을 대변해 준다고 할 수 있다(엄기표, 1997; 2004: 74~75).

길을 만들다. 만안교

만안교는 조선조 정조 대왕 때에 놓인 다리로, 정조 대왕의 효심과 임금에 대한 충성심으로 부설되었다. 만안교가 부설되기 전까지는 『춘향전』에서 나오는 노정처럼, 한양으로 가기 위해서는 수원을 기점으로 하여 볼 때 지지대 고개를 거쳐 호계동, 인덕원, 과천, 남태령 고개를 넘어 노량진 나루터를 건너야 한양에 도달하였다. 이 노정에서 김상노의 형인 김약노의 묘소가 정조 대왕 부친의 묘소가 있는 수원 화산릉으로 가는 능행차길 중 과천을 지나는 관악산 쪽에 놓여 있어 정조 대왕은 이를 몹시 불편하게 생각하였다. 정조 대왕의 부친인 사도세자가 뒤주 속에 갇혀 죽을 때에 사부이던 영의정 김상노에게 구해 달라는 애원의 눈초리를 보낼 때 '아버님 말씀을 따라야죠' 하는 사부 김상노의 말을 좇아 뒤주 속에 들어갔다가 끝내는 목숨을 잃게 되었기 때문이다. 이에 신하들이 이러한 정조 대왕의 마음을 헤아려 수원 지지대 고개에서 호계동을 거쳐 안양 만안교를 지나 시흥과 신림동을 거쳐 노량진 나루터로 가는 새로운 노정을 마련하였고 이후 과거를 보러 가던 선비들이 이 노정을 거쳐 지나면서 점차로 과천은 한적한 촌락으로 변모하고 안양이 발전되어 갔던 것이다. 따라서 안양 발전의 첫걸음은 분명히 만안교인 것이다. 즉, 근대 안양의 생김새는 선조들의 역사와 같이하고 있음을 의미하는 것이다.

또한 이러한 만안교에는 안양의 정체성을 찾기 위한 중요한 점이 하나 있다. 그것은 우리나라 고유의 민속놀이인 답교놀이로, 다리가 있는 곳이면 어느 곳에나 있었는데 만안답교놀이가 바로 그것이었다. 만안답교놀이는 일반적으로 답교놀이에서 보여 주었던 '농자천하지대본(農者天下之大本)'이라는 대장기만 있었던 것과는 달리 안양답교놀이에서는 천자문에 나오는 '효당갈력충즉진명(孝當竭力忠則盡命)'이라는 대장기가 또 하나 있어 부모에 대한 효도와 나라(임금)에 대한 충성이 강조되고 이곳에 사는 후세들에게 귀감이 되고 있는 것이다. 여기서 보는 것처럼 안양은 충효의 고장이다. 일제강점기에는 만안답교놀이가 중단되기도 하였다.

1905년, 안양역 개통

안양역(安養驛)의 역사(驛舍)는 우리나라 역사에 치욕적인 을사보호조약이 체결된 1905년, 일본인이 부설한 경부선 철도의 산물이다. 경부선 철도 개통에 따른 안양역의 개설이 안양 발전의 중요한 의미가 있음은 부인할 수 없다.

조선시대 말까지 리에 불과했던 안양리가 1905년 경부선과 함께 안양역이 개설되면서 안양에 인구가 증가하기 시작하였다. 1901년 착공된 경부선 철도공사는 그 이듬해 6월에 1차 구간인 영등포에서 명학 구간의 토목공사를 마치고 건축열차가 운행될 정도로 공사속도는 매우 빠르게 진행되었다. 그리고 명학에서 평택에 이르는 제2구간 공사가 진행되면서 철도부설용 골재를 안양9동의 병목안 채석장에서 채취하여 건축열차를 이용하여 운반하였다. 그리고 1905년 1월 1일에 안양역사가 개설되면서 안양역을 중심으로 한 역세권이 형성되기 시작하였다. 1905년에는 안양역 부근에 안양시장이 형성될 정도로 인구가 증가하기 시작하였다. 1925년에 6,165명이었던 안양의 인구는 1940년에는 1만 명에 이르게 된다. 안양역의 개설 이후 안양은 인구가 늘고 행정, 경제, 교육의 중심지가 되어 갔다. 이와 같이 교통의 발달은 그 지역발전에 중요한 의미를 던져 준다. 그러나 근대화의 개념과 기준시기에 대한 논의는 논란의 여지가 많다. 서양에서는 17세기 계몽사상으로부터 근대화를 이야기하는데 일반적으로 우리나라에 있어서 근대화의 붕아(崩芽)는 임란(임진왜란 및 정유재란)과 호란(병자호란 및 정묘호란) 이후 싹트기 시작했고, 영조와 정조에 이르러 크게 일어난 실학사상으로부터 찾고 있으며, 이후 동학란을 거쳐 구한말 고종 때의 갑오경장이 근대화를 촉진시킨 사건으로 이야기한다.

일제강점기의 지역거점, 서이면 사무소

1914년 조선총독부령 제111호에 의해 단행된 행정구역 개편은 현재 안양시 행정구역의 출발점이다. 이 령은 도와 부·군의 위치와 관할구역을 통폐합함으로써 여러 가지 행정구역의 변화를 일으켰다. 이에 따른 여파로 안양에 상서면과 하서면이 통합되어 '서이면' 지명을 사용하였다. 이 서이면은 오늘날 안양을 사용하는 지명이 되었다. 조선시대 말 13개의 리는 1914년 4월 1일 서이면이 생기면서 호계리, 안양리, 일동리, 이동리, 비산리의 5개의 리로 구성되었고 치소는 호계리에 두었다. 안양리는 발사리, 석수리, 장내

동 및 후두미동을 흡수하였다. 1917년에는 호계리에 있던 서이면 사무소가 현재 안양1
동 사무소로 이전하였다.

그러나 과천문화원에서 발간한 『우산만고(愚山晩稿)』에 시흥군 서이면 안양 상량문(始興
郡西二面安養上樑文)－당시 1917년 9월 16일－에 당시 내용을 기록하고 있다. 『우산만고』
에 기록되어 있듯이 대정 6년(1917) 구월 중앙절은 당시 일본 천황의 생일이었다. 일본
천황의 생일날에 당시 서이면 사무소의 상량문을 올렸고 여러 관직 중 일을 아주 성실
하게 한 것으로 생각되는 조 주임과 신 서기를 칭찬한 기록이 있다.

『우산만고』의 기록과 기록에 나타난 내용을 보면 서이면 사무소는 일본 제국주의의
열망을 충족시키는 거점 역할을 하고 있었다는 것을 알 수 있다. 특히, 『우산만고』 마지
막 부분에 "국가의 부역을 그르치지 말고, 아래로는 온 백성의 행복을 온전히 하여야 한
다. 다른 데에 있지 않으니, 어찌 그 근본으로 돌아가지 않으랴?"라고 적힌 이 문구는
일본 제국주의 침탈의 역사에 순응하는 삶을 강요하고 있는 문구이다. 서이면 사무소는
일제강점기 시절 식민수탈의 지역거점임이 분명하다.

유유산업 그리고 김중업

평양에서 태어난 김중업은 1941년 일본 요코하마공
업고교 건축과를 졸업하고, 8·15광복 후 1946~1952
년 서울대학교 공과대학 조교수로 있었다. 1952년에
한국 현대건축가로는 처음으로 유럽에 진출하여 프랑
스의 르코르뷔지에 건축연구소에서 4년간 수업하고 귀
국하여, 1956년에 홍익대학교 건축미술과 교수, 같은
해 김중업 협동건축연구소장이 되었으며, 1956~1965
년에는 대한민국미술전람회 심사위원으로 활약하였다.
이후 1971~1978년에 프랑스 파리 및 미국 프로비던
스에서 활동하였다. 1972년에 파리건축대학 대학원을
졸업하였으며, 1971~1975년에는 프랑스 문화부의 고문
건축가였다. 1976년에는 미국 로드아일랜드 미술대학
교수와 하버드 대학교 객원교수가 되는 등 유럽은 물

1977년 8월 9일자 『경향신문』 "비화된 세대 **188**
편 반민특위 비행기 공장"에 나오는 조선비행기공
업주식회사 기사 내용.

론 미국에서도 크게 활약하였다. 1944년 서울에 있는 조선주택영단 기수로서 일하였으며, 광복 전 1945년에 안양에 있는 조선비행기공업주식회사에서 근무하였다. 그리고 1950년 김중업은 유특한을 만나 근대문화유산이라고 할 수 있는 유유산업 건축물을 만든다.

일제 수탈로 시작된 산업화 그리고 안양포도

1932년 8월 13일자 조선직물주식회사 안양역전 설치 『동아일보』 기사.

일본에 의해 건립된 조선직물주식회사에 많은 인파가 몰려들기 시작했고 그 오폐수를 처리하는 과정에서 대규모 포도밭을 조성했다는 설도 있다. 안양포도는 일제강점기 직후 오끼라는 일본이 박달동과 안양2동에 대규모 포도농장을 만들면서 안양포도의 역사가 시작되었다.

1950년대에 발간된 『금천지』에는 안양유원지에 큰 포도밭이 늘어서 있었다고 소개할 만큼 안양의 포도는 유명했다. 안양학연구소의 『이야기로 듣는 안양근대사』에는 포도밭에 대하여 "포도밭을 장정 가슴 깊이까지 파서 인분을 붓고 그 위에 포도 농사를 지었는데, 그 덕에 토양이 좋아져서 포도알도 크고 맛도 특별했다. 그 맛은 화학비료로는 도저히 만들어낼 수 없다"라고 기록하고 있다. 안양의 포도 재배면적은 1948년 4만 2,900평, 1960년 21만 3,300평, 1963년 27만 500평, 1970년 23만 5,500평, 1972년 7만 3,500평, 1970년 5만 평까지 축소되다가 1980년대 2만여 평으로 재배면적이 줄었다. 지금은 관양동 일원에서 그 명맥만 유지하고 있는 상황이다.

국민유원지, 안양풀장

국민유원지로 각광받던 안양유원지는 안양역 북동쪽 2km 지점에 있으며, 관악산(冠岳山 629m)과 삼성산(三聖山 461m)의 깊은 골짜기에서 흘러내리는 천연수(안양천의 지류)

를 이용하여 1950년대부터 이미 수영장이 개설되었던 곳이다. 그러나 그 시작은 일제감
정기인 1932년에 일본인의 휴양지로 안양유원지 계곡에 안양풀장을 개장한 것이었다.

　해방 이후 안양유원지는 1960년대에 수영장과 각종 오락시설을 갖추고, 주변에서 안
양 명물의 하나인 포도나 딸기를 대량으로 공급받으면서 수도권 유원지의 명소가 되었
다. 당시 경부선은 관악역 주변에 불법으로 주정차할 만큼 안양유원지 행락객이 많았다.
안양유원지 부근 자연마을에서 오래 사셨던 정군례 선생님은 1970년대의 안양유원지에
대하여 이렇게 회고한다.

안양을 이야기할 때 안양유원지를 빼놓을 수가 없어요. 현재 안양예술공원이 안양유원지였
다가 1985년 주민들도 모르는 사이에 비산공원으로 바뀐 거예요. 공원으로 바뀌니까 우리
는 못 하나도 손대지 못하게 묶여 버렸어요. 공원 명칭은 우리와는 상관없는 지역명을 가
져다가 '비산동에서부터 능선이 됐다!' 그런 의미로 정해 버렸어요. 그리고 1998년서부터
주거환경개선사업을 하면서 2002년서부터 철거를 시작했는데 그 과정에서 불협화음도 많
고 주민들 간의 갈등도 있었어요. 주거환경개선사업을 하는데 조합원 결성을 하면서 나는
서로 친분이 가까웠기 때문에 회장을 맡았어요. '어디 사냐?' 물어 보면 '유원지 산다'라고
서류에 썼어요. 행정적으로만 비산동이지 우리는 유원지에 살고 있다고 생각했어요. …중
략…
1979년도의 안양유원지는 이런 것 같아요. 그때 당시에는 뭐 판자촌 아시잖아요. 빈민촌
그 자체예요. 아주 손을 못 대니까 내 땅이 아니기 때문에 말하자면 그런 집이었어요. 또
여기 주민들이 자녀를 결혼시키면 방 하나 뒤쪽으로 더 만들어 헛간 같은 곳에다 자녀들
살림을 거기서 하게 했고, 전형적인 시골 동네였어요. 흙벽돌로 짓거나 합판 같은 것으로
집을 그냥 어울리는 거지요. 정식 집은 없었어요. 슬라브로 한 집이 몇 집이 있었지만 나머
지는 흙벽돌 아니면 판잣집, 그런 생활을 했어요.
유원지 하천에 한자로 안양(安養), 일본말로 푸루(プル, 풀장)라고 가타카나로 해서 쓰여 있
는 게 있어요. 안양 푸루(プル)는 안양역장이 옛날에 일본 사람이잖아요. 일본인 안양역장
이 와서 보니까 너무 물이 좋고 위험하지도 않으니까 보를 막았지요(풀장 건설). 막아서 수
문을 두 개 해놓고 비가 많이 오면 수문을 열고 비가 안 오면 수문을 닫는 거예요. 그러면
아이들이 거기서 수영을 했지요. 모래가 많이 있었어요. 비가 많이 오면 산에서 모래가 많
이 떠내려 오니까 사람들이 보에서 삽으로 작업해서 모래를 떠내려 보냈어요.
그전에 70년대부터 친정이 여기여서 왔다 갔다 했어요. 2층집이었는데 거기서 본 기억에
의하면 푸루(プル) 만든 곳이 77년 7월에 안양77수해로 떠내려갔어요. 참 낭만이 있는 동네
인데…… 그리고 거기 축대를 해놨어요. 뭐 옛날에 놀러 오는 사람은 솥단지에 끓여 먹고

아이들 놀게 하고 길이 미어졌어요. 길이 아니었어요. 차도 못 다니고…… …중략…
안양유원지 입구에서 경기도 안양협회 안양지회 부스를 만들어 놓고 관광협회에서 돈을 받았
어요. 그때는 50원, 20원 그러다가 200원, 500원, 800원까지 올라갔어요. 오는 사람들이 고생이
많았어요. '여기 볼 것도 없는데 입장료를 왜 받는지?' 하는데, 유원지 관광객들이 전부 지
저분하게 해놓고 가잖아요. 그래서 관광협회에서 사람을 고용하고 그걸 치워야 하기 때문에
어쩔 수 없이 받아야 했어요. 우리 주민들이 치울 수는 없는 거니까요. (구술자: 정군례)

공간의 각축장, 가축위생시험소

민선2기 출마 당시 시장은 4개 분야 21가지 공약 가운데 '편리하고 쾌적한 생활도시'
분야에 "가축위생시험소 부지(4,145평)에 대규모 공원을 조성하여 시민의 휴식공간을
마련하겠습니다"라고 공약을 내걸었다. 시민사회단체는 공원 조성을 통한 지역문화의
형성을 주요 의제로 다루었고, 안양시는 경기도 부지라는 이유로 첨단정보도시 구축을
위한 인프라 구축이라는 명분 아래 거의 이용가능성이 없는 일부만을 공원으로 조성하
였다. 그 공원은 지역사회 주민들을 위한 공원이라기보다는 공원부지 자리에 대신한 안
양과학벤처센터를 위한 쉼터라는 표현이 더 적합한 듯하다.

동안구에 비하여 만안구의 밀도가 높고 문화시설이 미흡한 점 등을 지적하면서 공원
의 중요성을 제시하였다. 그리고 인근에 있는 안양문화회관과 연계된 문화클러스터 구
축을 통한 지역의 랜드마크 의미를 제안하고 지역문화 콘텐츠의 내실화를 중요한 의제
로 다루었음에도 불구하고 안양시가 집중적으로 진행하고 있는 정보도시의 중요성이 더
욱 강조되었다.

그리고 시민단체는 만안구의 공원시설이 부족한 점을 강조하면서 공약의 성실한 이행
을 요구했음에도 불구하고 공원을 대신할 수 있는 대체지가 수리산이라고 강조하면서 전
면공원화 약속이행을 스스로 포기한 셈이 되었다. 만안구에 수리산이 있다면, 동안구는
청계산과 관악산이 있지 않은가? 공원에 대한 약속이행을 요구할 때 동네의 뒷산을 이용
하라는 것은 지역에 대한 정책적 의지를 의심하게 하는 부분이었다. 당시 시민사회단체
는 계란으로 바위를 치는 심정으로 대응하고 있었다.

결국 공간적 각축장이 된 (구)가축위생시험연구소는 경기도가 「뉴밀레니엄을 향한 경
기도정－지식기반산업의 육성」의 일환으로 추진(『경인일보』, 2000. 1. 6)되고 있는 지식
기반산업 육성의 장기 비전과 '몸으로 하는 시대'에서 '머리로 하는 두뇌의 시대'로 내

건 이슈의 공론화를 뒷받침할 수 있는 근거를 제공했다. 그에 발맞추어 안양시의 주요 시책 중의 하나가 지역정보화사업에 대한 동력을 만들었다. (구)가축위생시험소를 두고 문화인가, 벤처인가라는 각축장이 되었고 당시 전진상복지관 소속 아이들은 이곳으로 소풍을 가는 진풍경이 벌어지기도 하였다. 그 결과 벤처타워와 명학공원이 공존하는 공간으로 바뀌었다.

아직도 끝나지 않은 재해, 삼성천

2001년 7월 15일 집중호우가 발생하였다. 집중호우는 안양시 소재 삼성천 유역(당시 안양유원지)이 범람해 새벽녘에 주택가를 엄습했다. 그 결과 안양2동에서 사망 3명(당시 삼성초교 4학년 최민정 양 등), 부상자 6명의 인명피해, 도로 및 하천구조물 파손 등의 공공시설 및 사유시설 피해, 주택 및 건물 침수 248세대 등의 피해가 발생한 바 있다. 삼성천 범람으로 인해 재해 논란은 아직도 끝나지 않고 있다.

삼성7교의 법적 안전성을 무시하고 여유도 없이 60cm 이상 낮게 설치된 논란은 아직도 진행 중이다. 당시 안양시가 관련 규정대로 삼성7교 공사와 좌안 제방고를 법정기준에 부합하도록 했다면, 갑자기 다리가 막혀 발생한 인명피해는 없었다는 주장이다.

이 수해로 인한 논쟁은 「삼성천 2001년 홍수피해 진단 및 치수대책 수립보고서」(약 1억 5천만 원의 예산 소요)를 만들어 사실을 누락, 축소, 왜곡하고 학술적 논쟁으로 사건의 책임을 돌리려 하였으며, 사건의 본질은 아직도 미궁에 빠져 있다. 이 과정에서 행정소송을 걸었던 주민에게 벌금이 부여되는 등 이중적인 고통이 부과되었다.

예술이 공공을 만나다. 공공예술

2002년 안양시는 안양유원지와 유역을 같이하고 있는 삼성천이 범람하면서 대규모 수해가 발생하였고 수해로 인한 주거환경개선사업이 불가피한 상황이었다. 당시 안양유원지와 그 일대의 주건환경개선사업 일환으로 '비산조각공원 조성'을 계획하였다. 당시 안양시는 삼성산 100여 평에 조각 작품을 세우는 등 유원지를 야외조각공원으로 조성할 계획을 가지고 있었다. 이 계획을 위해 구성된 자문위원은 다른 도시와의 차별성을 주장하면서 주거환경개선사업이 APAP로 변하게 됐다.

안양시는 2005년 2월 비산조각공원 조성 자문위원단 대신 안양공공예술추진위원회를 구성하였다. 그리고 사무국에는 시 문화예술과 공무원을 파견하고, 일본 전문가 그룹에 사업기획 및 진행을 민간에 위탁하였다. 그해 11월 5일 안양유원지가 새 이름을 얻었다. 지난 2009년 국철 1호선 전철역사인 역명 '관악역'에 부기(附記)로 '안양예술공원'이 등장하였다. 443억여 원을 투입해 개장과 동시에 40일간 23개국 73명 작가의 작품 전시 및 영구 설치하는 한편, 안양천 주변 정리와 인공폭포·야외무대 등의 시설구축사업이 진행됐다. 이것이 바로 첫 번째 APAP이다. 1차 APAP를 성과로 2007년에 두 번째 APAP가 열렸다. 두 번째 프로젝트 실행 장소가 안양예술공원에서 벗어나 중앙공원과 안양역 부근 등 도심과 시민의 일상생활로 옮겨 왔다는 것이 가장 큰 특징이었다. 이에 3회 APAP에서 실행된 세부 프로그램은 지역민과 예술가들의 참여도가 앞서 진행된 프로젝트 중심으로 진행되었다.

1970년대부터 안양유원지와 맥을 같이해온 정군례 님은 초창기 공공예술프로젝트 해설자로 자원봉사를 하기도 했다. 그는 과거의 역사문화자원과 예술이 만나 조성된 공공예술프로젝트를 이렇게 회고한다.

다른 조각공원들은 들어가지 마시오! 건들지 마시오! 만지지 마시오! 하잖아요. 그런데 공공예술은 내가 만져도 되고 올라타고 되고 그래서 편한 거예요. 우리는 거울이 108개이니까 미로라고 하는데 그 작품은 작가가 여기 사람이 아니면서도 삼성산 전설인 안양의 개국정토 의미를 살려서 108개 거울을 세웠어요. 108개를 한 바퀴 돌면 내 앞모습과 뒷모습이 다 보여요. 나는 혼자 스스로 외면을 볼 수 있고 외면을 통해 자신을 봐라! 그런 의미로 여기를 한 바퀴 돌면 해탈할 수 있어요. 그런 작품을 해설해주면 뿌듯하고 좋았어요. (구술자: 정군례)

그리고 공공예술프로젝트 담당 코디네이터 심혜화 님은 (구) 안양유원지에서 진행된 공공예술프로젝트에 대하여 이렇게 회고한다.

(공공예술프로젝트 개요 설명) 공공예술프로젝트는 처음부터 안양공공예술프로젝트로 계획되지는 않았고요. 안양시에서는 2000년도에 그 지역이 주거환경개선사업으로 바뀌면서 워낙 예전에 유원지로 각광받는 명소였는데 수도권이 개발되고 이러다 보니까 낙후가 되면서 그 지역의 목표라든가 편의시설이라든지 도로 이런 사업이 필요하게 되었어요. 사업비가 들어가고 2004년

도 말쯤에 주거환경개선사업이 마무리 단계였어요. 마지막으로 정리한 작업이 김포시에 있는 조각공원 같은 것이 없다는 의견이 있어서 비산조각공원 조성계획을 수립했어요. …중략…
교수님들과 밑그림이 어느 정도 끝났었어요. 큰 중심부에 공중화장실, 주차장, 네 개 정도의 큰 다리를 조성하는 계획으로 진행하다가 추진위원회 강엽 선생님께서 의견을 주셨어요. '요즘 도시에서는 작가 작업실에서 이미 완성된 작품을 사다가 지역적 맥락하고 상관없는 것을 설치하는 것은 큰 의미가 없다'고요. 그래서 이 공간을 재미있게 해주실 분이 추천돼서 오셨는데 그분이 이영철, 당시 계원예대 교수님이셨습니다. 이영철 교수님은 광주비엔날레라든지 이런 모든 전시를 하실 정도로 국제적인 행사 경험도 있고 현대예술에 대한 영향이 큰 분이셨어요. 그런 것들을 바탕으로 장소를 둘러보시고 짧은 기간 안에 집중력 있게 지역을 공부하시고 조사하셨어요. …중략… 그 안이 채택돼서 기존에 있던 사업계획들을 수정 보완하고 안양공공예술추진위원회로 이름이 변경되었어요. 그렇게 시작했던 것이 2005년도 5월 사무국에 저희 같은 전문가들이 현장에 나가면서 본격적으로 추진됐어요.
되돌아 생각해보면 운명이라는 게 있는 것 같아요. 그 동네가 왕건이 처음에 남쪽으로 갔을 때 왜 하필 그 장소에서 왕명으로 1,000명을 수용할 수 있을 정도의 큰 절(안양사)을 안양이라는 이름을 넣어서 지었는지, 처음에 공공예술프로젝트를 그곳에서 진행을 했는지…… …중략… 아이러니하게도 근대 건축가로 굉장히 유명한 김중업 선생님이 당시 최첨단 건축기술을 이용해서 50년대에 올리게 되고요. 또 그 위로 세계적으로 굉장히 유명한 알바로 시저라든지 디디에르라는 젊은 건축가라든지, 세계적으로 굉장히 유명한 외국 작가들이 …중략… 그 위에 또 하나의 건축 프로젝트를 쌓으면서 그 장소는 그런 운명을 가지고 온 것 같아요.
거기에서 물론 안양이라는 지명도 안양사에서 유래가 되었지만 국내에서나 해외에서 모든 건축의 층위가 또 한 장소에서 직선적으로 올라왔다는 것은, 대한민국 안에 시차를 두고 그렇게 흥미로운 프로젝트가 서로 모르게 진행이 되었거든요. 왜 많은 사람들이 그렇게 많이 모였는지? 그 장소가 가진 운명인 것 같고 안양이 그런 전통을 가지고 있는 것도 앞으로 할 수 있는 것도 많은 것 같다는 생각이 들어요.
…중략… 다행스럽게 안양사터가 김중업 선생님의 박물관으로 될지 안 될지 모르겠지만 안양사터 위에 들어가 있는 유유산업 부지가 앞으로 어떤 방향으로 가느냐에 따라서 그 장소는 안양을 다시 한번 르네상스 할 수 있는 장소이지 않을까라고 생각해요.
지금의 공공예술공원이 이런 역할을 할 수 있는 장소가 된다면 이미 예술가들이 재미있게 해석할 수 있는 콘텐츠하고 다시 한 번 거기에 공공예술프로젝트를 한다면 안양이 또 하나의 꿈을 꿀 수 있는 벨트로 연결하고 또 새로운 일을 도모할 수 있는 중요한 콘텐츠가 있다고 봐요. (구술자: 심혜화)

두껍아! 두껍아! 헌 집 줄게, 새 집 다오. 뉴타운개발

유년 시절 '두껍아 두껍아 헌 집 줄게, 새 집 다오' 하면서 놀던 기억이 새롭다. 우리는 뉴타운개발이 이러한 호황이 가져다줄 것이라고 생각하고 있다. 지난 정치출마자들은 뉴타운개발을 하나같이 공약으로 제시하였고 지역의 비전을 가져올 것처럼 이야기했다. 그러나 그들은 지금 어디 있는가?

단지 허울뿐인 공약에 불과하지 않은가? 공약 내용의 핵심은 용적률과 관계된 공약뿐이다. 용적률은 재산증식과 직접적 관계가 있으므로 주민들이 선호하는 공약이다. 그러나 이미 그 당시에는 부동산 거품 논쟁이 일어나기 시작하였다. 그리고 인구감소 등의 문제로 인하여 주택수요에 적잖은 변화가 올 것이라는 것이 전문가들의 주장이었다.

그러나 선출직 공무원, 즉 선거출마하면서 어느 누구 할 것 없이 뉴타운개발을 공약으로 제시하였다. 인구감소 문제, 부동산 버블경기, 관리형 도시로서의 전략적 선택 등은 이들에게는 전혀 고려사항이 아니었다.

현재 진행되고 있는 주거환경정비사업(일명 뉴타운개발)의 목적은 무엇인가? 「2010년 안양 도시·주거환경정비기본계획」은 도시계획법에서 적용하고 있는 용적률의 문제에 기인하여 사업을 진행할 것으로 보고되고 있다. 향후 100년을 내다보고 계획된 계획이라기보다는 대기업 중심의 택지개발의 한계를 넘어서지 못하고 있다. 그리고 전면 재개발은 지역공동체 해체와 매우 낮은 재입주율을 보이면서 삶의 질은 더욱 쇠락해질 것으로 보인다.

안양시 뉴타운 관련 정비계획 지구 현황

구분	뉴타운개발 관련 민선4기 지방선거 출마자 공약
단체장	· 주거환경개선사업, 재개발, 재건축
광역의원	· 낙후지역재개발 사업 추진 · 건축 및 주거환경정비사업의 신속한 추진 · 그린벨트해제지역의 환경친화적 도시 조성
기초의원	· 재개발·재건축을 지원하여 쾌적한 주거환경 개선 · 안양6동 재개발사업 적극 지원 · 안양7동 재개발사업 적극 지원 · 안양8동 재개발사업 적극 지원 · 박달시장: 현대화시설 및 주차장 확보 · 공동주택 시설개선 보조금 지원 · 안양2동, 박달1동 주거환경이 열악한 지역의 주거환경개선사업 추진 · 동안구와 만안구의 균형발전을 위한 뉴타운개발 · 화창마을주변 석수2동 빌라단지 재개발 추진 · 안양시 주거환경정비기본계획 추진

구분	지구
주거환경개선사업	• 냉천지구, 새마을지구, 삼아연립주변지구
주택재개발사업	• 덕천지구, 삼영아파트 주변, 예술공원 입구 주변 • 소곡지구, 상록지구, 아랫마을 • 화창지구, 박달1동사무소 주변, 임곡3지구 • 호계유황온천지구, 구사거리지구, 능곡지구 • 삼봉지구, 덕천지구, 용창아파트 주변, 호계초원 주변

구분		지구
주택 재건축사업	만안구	• 진흥아파트, 향림아파트-1, 향림아파트-2, 청원아파트 주변 • 효진연립, 대일연립, 석수아파트, 백조아파트, 대보아파트 • 세우아파트, 석수한신아파트 주변, 동삼아파트, 석수주공2단지 • 석수주공3단지, 박달1동 연합, 동성2차 동아아파트
	동안구	• 미륭아파트, 비산2동사무소 주변, 비산삼익아파트 • 태광아파트, 성우아파트, 삼아연립, 호계주공아파트 주변 • 삼신6차아파트, 동양아파트, 뉴타운맨션삼호아파트, 포도원지구 • 성광, 호계, 신라주택

출처: 안양시(2006), 「2010년 안양 도시 · 주거환경정비기본계획」.

만안구에서 오랫동안 터를 이루고 살아온 어느 어르신은 이렇게 회고한다.

(화난 어투로) 아무리 재개발이 좋다고 재개발비 땅값이 평당 1,500만 원이면 1,500만 원에 맞추어서 집을 뺏어 가야지! 600만 원에 집을 압류시키는 것은 안 되는 것이지요. 공사가 지연되면 이자가 고스란히 땅 있는 사람이 그 집을 송두리째 정부에 바치고 월세 사는데 몽땅 다 같이 가는 거예요. 내쫓아 버리는 거지요. 세금으로 먹고사는 사람이 자기 땅 아니라고, 오산 국회의원이 연설할 때 뉴타운 할 때 1,500짜리 600으로 자기 땅부터 내놓고 하라고 그런 말이 나와요. 그렇게 하면 안 돼요! 우리들이 얼마나 고생하고 집 하나 장만해서 사는데 송두리째 다 먹히면 뭐 먹고살아요. 한 달에 200~300만원 나오는 땅인데 뺏겨 버리면 죽으라는 거지! 지금 행정이 그렇게 되어 있어요.
그리고 대농이라는 데는 도로가 딱딱 쳐져 있어요. 내가 알기로는 한 30년 동안을 여기 도로를 '그렇게 지금 포장을 해야 한다'고 말했어도, 국회의원, 건축가, 건설담당들이 무조건 재개발해서 여기를 살기 좋은 도시를 만든다고 그랬어요. 꼭 주민을 내쫓고 도시를 만들어야 해! 그러면 주민들은 어디 가라는 이야기야!
내가 지난번에 공청회를 갔는데 뭐냐 하면 그 입장을 지키는 데 재개발 찬성하는 사람은 불과 100명밖에 없어요. 2,500명, 3,000명이 왔는데 그 사람들 한 명하고 우리 한 명하고 그런 식으로 했어요. 사람들은 뒤에서 정신없고…… 통장들, 부동산 철거할 사람들 꽉 차 있어서 골목을 막아 버리는 거예요. 의자로 힘센 사람들이 막고 있으니 갈 수가 없어요. 갈비뼈 부러진 사람이 일도 못하고 있어요. …중략… 결과적으로 이런 것은 안양시가 초래한 거예요. …중략… 주민한테 자기들이 압박을 주는 거예요. 행정 자기들이 그러면 안 되는 거지!!

안양아카데미테마타운

안양시 만안구 박달동의 안양아카데미테마타운은 국내에서는 도시공동체형 대안주거지인 코하우징의 대표주자로 선보이던 주거단지이다. 1991년 여름, 서울대학교 석·박사 과정의 인문사회과학 동문 10여 명이 모여 서로 함께 연구하며 공동체생활을 도모하는 '공부하는 사람들의 마을'을 목표로 설립된 코하우징이다. 코하우징은 '개인의 프라이버시나 욕구를 충족시키면서 동시에 협동생활을 통해 얻을 수 있는 여러 가지 이점들, 즉 사회·경제적 실천적인 이익을 얻을 수 있는 거주형태' 혹은 '공동주거를 함께 모여서 공동체와 프라이버시 간의 균형을 제공하는 소규모 근린집단(10~50가구)으로서 공동생활을 이루면서 살아가는 대안주거'로 정의한다. 따라서 코하우징은 원하는 사람들이 모여 토지를 선정하여 매입하고 마을을 설계하여 주거단지를 형성하는 것이 아니라 공동체 생활을 원하는 사람들이 자발적으로 함께 모여 마을을 이루고 개인의 사생활은 유지하면서 일정부분의 공동생활과 관련된 부분에 대해서는 공동으로 상호작용을 통하여 고민을 나누고 자치적인 의사결정을 이끌어냄으로써 상호 의존적인 성격이 매우 강한 주거 형태의 특징을 지닌다. 그리고 코하우징은 구성원에 의해 소유되고 관리되는 것이며, 공동주거시설은 활동, 노동, 놀이, 아이보호 등의 개인가정이 감당하기 어려운 일을 하고 있으며 이웃과의 공동체를 위해 디자인된 곳이다. 따라서 공동주거의 주거디자인은 이웃, 계층, 세대 간의 교류를 도모할 수 있으며, 공동시설물과 정원을 통하여 여가시설의 충만을 느낄 수 있는 생활공간이다.

당시 30대 초반의 동문들이 모여 1992년에 착공하여 1996년까지 네 차례에 걸쳐 건축공사를 진행하였다. 당시 공사를 수주한 삼요건설은 코하우징을 위해 설립된 회사였다. 1992년 1차 1동과 2동 19가구로 시작하여 1996년 11동 88가구로 늘어났다. 3차 분양까지는 코하우징의 성격이 강했으나 8동, 9동, 10동, 11동을 4차 분양하면서 초기에 코하우징을 시작한 가구는 32가구였으며 나머지는 일반분양을 하였다. 당초계획과는 달리 안양아카데미테마타운은 일반분양비율이 높기는 했으나 기존의 아파트나 주거단지와는 다르게 가족 같은 분위기를 조성하기 위해 많은 노력을 하였다. 이들은 장을 한 번에 보아서 서로 나누어 사용한다거나, 가족끼리 모여서 늦은 밤까지 모여서 이야기를 나누거나 술을 마시기도 하고, 아이들은 스스럼없이 이웃집에서 놀고 잘 수 있는 공동체 분위기를 유지해 갔다. 당시 자모회라는 조직은 단지의 전체적인 관리운영을 총괄했는데 이 자모회는 놀이방에 자녀들을 보낸 주부들이 모여서 만든 자생조직이다. 이들은 단지의 관리를 담당하고 청소용역을 주지 않고 대신에 각 가정에서 순번제로 각종 업무를 처리하기도 하였다. 그리고 소풍, 크리스마스 장식, 재롱잔치, 매월 생일잔치와 청소 등의 각종 행사에 대한 의결권을 행사하기도 하였다. 단지에 있는 놀이방 원장도 단지주민이 원장직을 맡으며 공동육아 방식으로 놀이방을 운영하기도 하였다. 그리고 단지의 공동체를 유지하기 위한 공동시설로는 영화음악감상실, 독서실, 헬스클럽, 전산실 등 각 동마다 주민이 함께 이용할 수 있는 공동시설을 마련하였다. 그러나 건축과정에서 불거진 재정문제 등으로 코하우징의 기능을 상실하게 되었다.

그러나 안양아카데미테마타운과 같은 코하우징은 도시공동체의 특징을 지닌 대안주거지로 건축 시작과정부터 마감단계까지 모두 함께한다는 원칙하에 스스로 주거지의 문제를 해결할 수 있다는 점은 매우 주목받을 만한 도시공동체형 주거지이다.

모두가 살기 좋고 편안한 만안을 위하여

안양시 만안구는 오랜 역사를 통하여 모두가 편안한 세상을 만들어 왔다. 천 년의 세월을 통하여 만안을 만들어 왔다. 자연마을을 만들어 온 만안은 일제강점기와 근현대를 지나면서 지금 현재 많은 몸살을 앓고 있다. 모두가 편안하고 행복하게 공간을 위한 구상이 새롭게 요구된다.

기억이 말하다

은마는 오지 않았다

1991년 언례 역의 이혜숙, 용녀 역에 김보연, 황훈장 역에 전무송 그리고 석구 역에 손창민이 출연했던 장길수 감독의 <은마는 오지 않는다>란 영화는 미군부대를 배후지로 살아가는 질곡 어린 가냘픈 한 여인의 생존을 그린 영화이다. 한국전쟁은 강원도 산골짜기 마을도 피해 가지 않았다. 인천상륙작전으로 기세를 올린 유엔군도 강원도 깊은 산골에 들어온다. 영화 속의 인물 언례는 혼자 아이를 키우는 질곡이 가득한 삶을 사는 여인이며 한 아이의 어머니이다. 그녀는 미군에게 강간을 당한다. 그러나 그 사건은 그녀에게 손가락질의 대상이 되었다. 전쟁이 가져다준 아픔을 감당하기에는 가냘픈 한 여인이 생존을 위해 삶의 모든 것을 내던질 수밖에 없는 상황이 되었다. 어느 날 그녀는 미군부대를 따라온 양공주 틈에서 술장사를 시작한다. 그러나 그녀의 삶은 녹록지 않다. 헐떡이는 삶의 숨조차 감당하기 힘들었던 언례는 동업을 제안했던 양공주 용녀를 찾아가 미군을 상대로 매춘을 하기 시작한다. 그녀의 질곡 어린 삶은 이제 일상이 되어 하루하루를 살아가는 양공주가 된다.

<은마는 오지 않는다>는 단지 영화 속의 이야기가 아니다. 하늘 아래 가장 편안한 땅, 안양시 석수동에도 미군부대의 흔적이 비켜 가지 않았다. 한때 이곳은 안양의 중심지였을 만큼 먹고 즐길 것이 많았던 곳이다.

동아시아 전쟁의 한편의 땅, 석수동 미군부대

　안양(安養), 만안(萬安), 이 행복한 땅 위에 동아시아 30년 전쟁의 뒤안길에 드리워진 한반도 한편의 땅, 일제강점기에서 미군정으로 이어지는 아픈 상처가 드리워 있는 땅, 석수동 미군부대 터에서 한국 근현대사에서 하늘 아래 드리워진 사람들의 이야기가 있다. 그것은 'GATEWAY'라는 작은 간판으로부터 시작된다. 그러나 지금 성인이 된 그들의 'GATEWAY'는 유년시절의 행복한 추억이었다.

GATEWAY 사인판

닐 미샬로프

1967년 9월 6일, 나는 25살이 되기 5달 전 미국 군대에 징집되었다.
뉴욕 브루클린의 포트해밀턴(Fort Hamilton, Brooklyn, New York)에
배치받았고 1967년 9월 18일부터 11월 10일까지 남부 캘리포니아
포트 잭슨(Fort Jackson, South Carolina)에서 기초 군사훈련을 받았
다. 그는 첫 번째 훈련 여단, 4대대 E중대에 소속되었다. 이 당시
베트남 전쟁이 한창이었고 미국 정부는 엄청난 인력과 물자를 지
속적으로 확산되는 격전지로 보내고 있었다. 기초 군사훈련을 마
친 뒤 그가 속한 중대의 대부분은 고등의 보병훈련을 받기 위해 루
이지애나의 포트폴크(Fort Polk, Louisiana)로 가라는 명령을 받았는데
이것은 거의 확실히 베트남으로 투입되는 것을 의미했다.

미샬로프

슬프게도 미샬로프의 기초 군사훈련팀에 있었던 몇 명은 베트남에
서 살아 돌아오지 못했다. 그 또한 베트남으로 보내질 거라 생각했
었다. 그런데 그의 운명은 다른 방향으로 돌아섰다. 그는 한국으로
배치받아 13개월간 한반도에서 근무했었다.

1968년 3월 10일 한국에 도착해 제8군, 83보급대대 소속의 제7보
급중대로 배치받았다. 안양 부근 서울에서 25마을 남쪽의 석수동
이라는 작은 마을에 우리의 본부가 있었다. 우리의 임무는 전술 핵
탄두와 로켓을 보관하고 관리하는 것이었다. 그 저장시설은 거주
지역으로부터 5마일 떨어진 산비탈 길에 위치했고 경비가 철저한
곳이었다.

무기들은 주변 산에 파여 있는 터널 속에 보관되었었다. The MSA
(maximun security area, 최고 경비구역)에는 제7사단에서 온 보병중
대 하나가 상주하며 보초를 서는 임무를 맡고 있었고 제260헌병중대가 경비견들을 데리고 부대 내
경비를 맡았다. 그리고 제7보급중대(the 7th Ordnance Company)는 탄약과 관련한 일을 했었다.
근무지에 배치받고 얼마 되지 않아 83대대 주임원사 다니엘 니팡(Daniel Nifong)이 나를 83대대의
우편원으로 뽑았다. 나는 정말 운이 좋은 군인이다. 개인 지프차와 콜트 45구경 피스톨이 지급받았
고 일주일 6일 중 하루에 두 번 서울 용산에 있는 8군 사령부에 우편물을 가져오는 임무를 맡았다.
징집되기 이전부터 사진은 나의 취미였고 카메라와 렌즈들을 한국에 올 때 가져왔었다. 여기 소
장된 사진들은 니콘 F 2대, 5mm f1.4 그리고 200mm f3.5 렌즈로 촬영되었다. 모든 이미지들은
35mm 컬러 슬라이드로부터 인화되었고 내가 주로 사용한 필름은 아그파그롬(Agfachrome) ASA 50
슬라이드 필름이다. 거의 모든 필름은 구입할 때 현상비가 포함되어 있었다. 지금까지 한 롤의 필
름이 노출되었고 인화하기 위해 미국으로 보냈다.

이미 세계 자본주의의 헤게모니를 거머쥔 일본의 그 탐욕스러운 꿈은 한반도, 그리고
안양시 만안구 석수동도 피해 갈 수 없었다. 일제강점기에 설치된 서이면, 수탈의 경로
로 건설된 1번 국도와 경부선 열차, 그리고 경성(서울) 주변의 일개 촌에 불과한 안양도
예외는 아니었다. 국도 1번, 경부선 열차 개통에 따른 안양역 개설 등은 일제수탈의 주
요 거점 중의 하나이다. 물 많고 돌 많은 안양의 석수동은 섬유산업을 성장시키는 중요

한 거점임에는 틀림없었다. 당시 시흥군 동면 안양리 191번지, 지금 안양시 석수1동 석수주공아파트 자리이다.

1923년 서울 동대문 바깥인 숭인동에 공장이 들어서면서 문직기 108대와 준비기 등 일체 설비를 마친 일본은 견직산업을 시작했다. 그러나 1939년 화재로 공장이 모두 소실되었다. 화재가 난 그해 10월 시흥군 동면 안양 191번지에 공장을 설립하고 견직기 100대 외에 준비기를 일체 완비하고 견직산업을 재가동하기 시작하였다. 이것이 안양이 한때 섬유산업으로 잘나가던 시절을 만들던 계기가 되기도 했다. 당시 안양리 191번지에 조성된 견직회사는 1949년 남자 40명, 여자 170명의 종업원 210명에 공장 평수가 1,026평이었는데, 이는 비교적 규모가 있는 공장이었다. 1940년대 후반에는 공장노동자를 충원하여 3부제로 노동을 시키면서 월 15만 마를 생산할 정도의 규모로 성장한다. 그러나 한국전쟁으로 모든 시설이 전소되면서 그 자리에 미군부대가 자리 잡게 된다.

당시 미군부대가 있던 자리는 이렇게 기록되어 있다.

서리재고개를 넘어 석수골과 삼막골을 왼쪽으로 두고 도로를 따라가면 안양역 방향으로 350m쯤 거리에 관악역이 있다. 전철이 생기기 전 이곳에는 기찻길을 건너기 위한 육교가 있었는데, 육교 이전에는 간수가 지키는 건널목이 있었다. 건널목을 넘으면 현재 주공아파트 초입쯤에 미군부대가 있었다. 전쟁이 나면서 미군부대가 들어서고 자연스럽게 형성되는 것이 기지촌이다. 이곳에 있던 부대는 그리 큰 규모는 아니었지만 동두천, 파주 법원리, 쑥고개(송탄) 등과 함께 소문이 나 있던 곳이다.
사람이 많이 왕래하게 되니까 버스가 이곳을 그냥 지나치지 못했다. 급행버스도 이곳에서는 정거했다. 당시 급행버스는 '대동버스'라고 일반버스보다 크기도 컸고 모양도 꽤 세련된 버스였다. 이곳 버스정류장을 이용하는 것은 기지촌 사람들만이 아니었다. 꼬챙이고개 넘어 충훈부, 삼막골, 석수골 사람들이 농산물을 시장에 팔기 위해 영등포를 가려면 이곳에서 버스를 타야 했다. 하지만 1970년대 초 미군부대가 떠나자 부대를 상대로 했던 상인들도 떠났다. (『안양시사』 7권, p.112)

이 기록을 보면 미군기지가 제법 안양에서 잘나갔던 모양이다. 자연스럽게 형성된 기지촌, 다른 지역에 있는 미군기지와 마찬가지로 입소문이 제법 났던 곳, 그리고 오고가는 사람들이 많으니 제법 그럴듯한 버스도 정차하는 동네 거점이기도 했다.

당시 석수동은 일제강점기에 조성한 안양유원지가 수도권에서는 제법 입소문이 나 있었다. 변변한 위락시절이 없던 시절 석수동은 대한민국 수도권의 대표휴양지 중의 하나였다. 당시 안양유원지를 가는 길은 미군부대 앞을 통과해서 개울길을 따라가는 길이었다. 석수동의 아이들은 미군부대 그리고 안양유원지가 문화적 안식처였다. 그때를 기억하는 사람들은 다음과 같이 회상한다.

서울 분들이 안양유원지에 와 가지고 수영을 하고 가려면 성혜의원 앞에서 내려서 미군부대 앞 GATEWAY 앞을 통과해서 사진에 나와 있는 장환이 형네 집 앞을 통과해서 홍섭이네 쌀가게를 통과해서 우물을 통과해서 우리 집을 통과해서 기석이네 집을 통과해서 여러 집을 통과해서 유원지로 올라갑니다! 어떻게 가냐 하면은 쭉 올라오면 개울이 나옵니다! 유유산업 다리. 그 개울을 건너야 유원지로 갔습니다! 그 개울은 다리가 없어서 그냥 징검다리로 물에 빠지면서 유원지로 건너갔습니다! … 중략 … 그 전에는 전부 다 개울을 건넜어요. 그리고 늦은 시간에 유원지로 올라가려면 조명이 하나도 없어 가지고 반딧불에 의존해서 다닐 정도로 껌껌했어요. 개울 건너려면 부싯돌로 이러고 성냥을 켜고 그랬단 말이야! 무서워서 그랬던 기억이 나요. 개울을 한 번 건너야 유원지매표소가 나왔어요. 물론 저쪽 산 쪽으로 가는 길이 있었는데 그래서 여기를 통과하지 않으면 안양유원지를 갈 수 없었던 요충지였죠. (2012년 11월 11일 구술)

아침 8시부터 되면 요 앞으로 막 올라간다. 지금 사람들 오는 것 보면 1/10도 안 된다. 유원지 중에서도 안양유원지가 제일 좋다고 하데. 그때는 수영장도 있었다. 그때 요 위에 호텔 같은 것 없었다. 많이 개명(개발)되기는 개명(개발)되었지. 막 개울에서도 목욕하는 사람, 유원지 풀장에서 목욕하는 사람. 그때는 돈 받고 하지 않았거든. 자꾸 한 해 한 해 장사하는 사람도 생기고 그러더니만. 들어가면 귀신 나오는 곳도 만들고, 몇 년 있다가 그네도 만들고 자꾸 발전이 되데. 그때는 주장 서울서도 어데고 막 버스 내리면 우리 집 앞으로 다 올라간다. '아따 오늘 사람 많이 올라간다' 그러고. 아이스께끼 장사를 매고 쟤도 아이스께끼 장사를 몰래 했지. 나중에 알았다. 즈그 아버지가 알면 큰일 나지. 즈그 친구 집이 아이스께끼 공장이었다. 그 애하고 자주 만났다. 걔 아버지가 1년 먼저 죽고 이 양반이 다음에 죽고. 그때 얼음집이라고 하면 알아주었다. 부자였다. (2012년 12월 1일 구술)

당시 27세에 이곳에 온 79세의 어르신은 당시 미군부대를 이렇게 기억하고 있다.

여기에 미군부대 철조망이 이래(손으로 표시를 하며). 거리는 흙바닥이고, 철둑을 넘어가지고 이 길 하나밖에 없어. 이래 길이 하나야. 그때는 여! 여, 길이 산업도로가 산이다. 그리고 유원지도 집도 많이 없었고, 드문드문 있었고, 가게 하꼬방(판잣집) 가게 몇 개 있었지. 그 양반이 철렁철렁 다리 하려고 시청에 서류해 났다. 그 양반하고 만날 나하고 싸웠다. 돈 벌어 가지고 뭐 그런 데 쓴다고. 돈 10원도 안 벌고 돈 없으면 친정 가서 돈 얻어오고, 두

달에 한 번씩 이자를 붙였다. 한 몇 년을 넣고 끝났다. (2012년 12월 1일 구술)

전철 1호선 관악역에 내려 철로 공중다리를 건너 처음 만나는 곳이 성혜의원 자리이다. 당시 성혜의원은 안양에서 찾아보기 힘들 정도로 큰 의원이었다. 당시 성혜의원은 성병진료소 간판이 있었다. 당시 성병진료소는 아픈 한국 근대사의 한 이면이다. 동네 어르신에게 성혜의원 사진 한 장을 밀어내자 그분은 기다렸다는 듯이 이렇게 말씀하신다.

아, 이것이 성혜의원이가!(부산사투리) 여! 저 철둑 안에 지금 뭐라고 하노. 고물상 앞에 25시편의점 앞에 있는 집이다. 이 집 아버지가 여기서 할 적에 안 돼 가지고 여 아버지가 잡았다! 여 아버지가 어떻게 성혜의원 원장이 군의관으로 있었던가 봐. 그래 알아가지고 '들어온나. 병원이 없으니까! 잘 될 거야. 양색시들이 많으니까!' 그래 여기서 양색시들 검진도 하고 하다가 자꾸 나가려고 하는 것을 여 아버지가 잡고, 잡고 그랬거든. 그래서 양색시들 검진하고 돈 벌어 가지고 병원 크게 지었다. (2012년 11월 18일 구술)

한국전쟁, 그리고 정전

1948년 5월 10일 UN의 관리하에 처음 실시되었던 국회의원 선거 이후, 아직도 UN의 국가로 관리되고 있는 한국, UN의 아이처럼 자라온 이 땅에 그 흔적을 드러내듯이 서 있었던 것이 석수동 미군부대였다. 유년시절 미군부대의 단상은 '헬로, 양키, 기브 미 초콜릿, 꿀꿀이죽(일명 부대찌개)'이었고, 어른들의 기억은 '양공주, 팝송'이었다.

미군정 시절 또는 미군부대 부근의 생활을 보여 주는 영화의 한 장면에 등장하는 것 중의 하나가 '기브 미 초콜릿' 장면이다. 당시 석수동의 아이들도 예외는 아니었다.

어렸을 적에는 아픈 추억이지만 옛날에 유엔데이(UN DAY)라고 있었어요. 우리나라 국군의 날하고 똑같은 것이었어요. 그때 뭘 하나 하면은 미군 봉고 트럭 같은 데다가 초콜릿, 줄줄이사탕 같은 것을 잔뜩 싣고 던져주는 거예요. 막 던져주면 일단 큰 주머니가 있는 옷을 입는 거예요. 던져주면 주머니에 넣고 또 주우면 쫓아가면서 주머니에 넣는 거예요, 사탕들을. 그런 아픈 기억이 있어요.
그날뿐만 아니라 미군 트럭들이 지나가면 쫓아가면서 무조건 손 흔들면 미군들이 초콜릿을 던져줘. 차만 지나가면 애들이 쫓아다니면서 '기브 미 초콜릿' 했어요.
부대를 오픈하는 유엔데이날, 들어가면 하루 종일 먹을 것은 무료, 전부 다! 지금 생각하면 우리가 뭡니까? 환타도 있고 사이다도 있고 콜라도 있고 마음껏 먹는 것 이게 뭡니까? 자판기. 네! 그런 것을 생전에 먹어 보지도 못한 것을 우리 애들이 먹어야 얼마나 먹겠어요? 종이컵도 이만 한(큰 종이컵 사이즈) 것인데 그것을 하루 온종일 먹고 다니는 거예요. 가지고 갈 수는 없어요. 그래서 하루만큼은 먹을 것, 선물, 당구장 구경할 것 무지 많습니다! 그래서 하루 종일 유엔군이 대민 차원에서 그런 날을 정해서 하루 종일 오픈한 기억이 나요. (2012년 11월 11일 구술)

초콜릿 말고도 동네 뒷동산에서 보이는 미군부대는 이런 유년시절 병정놀이처럼 보였을지도 모른다. 미군의 성조기가 내려갈 즈음 뒷동산에 놀던 아이들은 잠시 자신들도 멋진 군인이 되어 경례를 했다.

동네 형 집 뒤에 산소가 있었고 지금 버스정류장 있는 데야. 안양 쪽으로 가는 버스정류장에 산허리가 잘렸잖아. 거기 아래쪽에 조그만 산소가 있어. 거기서 쳐다보면 미군부대가 보인다고. 하기식(국기 내리는 의식)이 보인단 말이야. 미군 애들이 성조기를 접고 하는 게 그런 것을 보고 멋있단 말이야. 빠— 빠! 빠빠라— 빠빠라— 빠빠빠, 이런 나팔소리 그런 얘기가 있는데 사실 우리 어렸을 때 UN군 병정놀이지. 그리고 우리도 같이 경례를 하고 생각이 나. 지금은 그 자리가 없어졌죠. 버스정류장으로 변했죠. (2012년 11월 11일 구술)

미군부대가 있던 인근 마을에 흘러나온 꿀꿀이죽, 일명 부대찌개이다. 미군이 먹다 남은 음식, 즉 잔반은 당시 굶주림에 지쳐 있던 가난한 이 땅의 백성에게는 좋은 먹거리였다. 생전에 구경도 하지 못하던 햄과 소시지, 드럼통에 담겨져 있는 음식물을 군불로 다시 데워 한 그릇씩 받아먹던 그 시절이 불과 몇십 년 전이었다.

가장 잘나가던 석수동

어느 시골과 다를 게 없는 안양이었지만 안양의 석수동은 그 어느 안양의 동네보다 화려했다. 미군을 상대로 한 문화가 석수동의 얼굴이었다. 일반가정에서는 엄두도 내지 못했던 다리미, 텔레비전, 선풍기는 미군을 통해 공수해 온 가전제품으로 석수동 미군부대 주민들은 호사를 누렸다. 농사를 업으로 하는 수입보다 방이 될 수 있는 집 안의 공간은 모두 방으로 바꾸는 것이 일이었다. 방 개조는 곧 수입이었기 때문이다. 일명 지금의 원룸 개념이라고 할까? 젊은 아가씨를 상대로 한 월세 방이 호황을 누렸다.

이런 것이 그 당시에 이런 기와집이나 이런 것이 많지 않았을 거예요. 미군부대가 들어와
서 미군이 살아야 될 것 아니에요. 그렇죠. 미군 군영 내에서 다 사는 것이 아니고 군무원
도 있고 그러면 영외에서 잘 수밖에 없으니까, 옛날에 집들이 다 뭐 초가집에 외양간 같은
것밖에 없었잖아요. 외양간을 허무는 거야. 세를 주면 그만큼 남는 장사이니까! 그런데 저
희가 집이 있었고, 외양간이 있었고 그랬는데 대문이 처음에는 하나였어요. 그러다 보니까
세를 주는데 돈을 버는 것이니까 미군은 정확하게 돈이 들어왔어요. 다달이. 그러면 우리
집이 대문이 3개야 맨 처음에 대문이 하나 있었고, 또 하나 만들고, 또 하나 만들어서 대문
이 3개야. 그러다 보니까 내가 어렸을 적에 대문을 뛰어넘어야 되잖아. 하도 많이 넘어져
가지고 이게 이게(무릎을 보여 주면서) 다 까진 것이 대문의 턱이 높잖아. 그것을 뛰어 다
니면 넘어지고 그랬는데, 월세를 그렇게 많이 줬었어. 우리 집 같은 경우에는 열 집이 살았
다고. 그 수입이 짭짤했던 거예요. (2012년 11월 11일 구술)

월세방뿐 아니었다. 미군부대로부터 흘러나온 공산품은 곧 미군부대 주변의 주민들의
생활수준이 되기도 하였다.

미국사람들이 그것을 들고 나오는 거야. 그래 가지고 집주인 아들 얘들한테 그것을 나눠줘
요. 옛날식 고깔모자, 풍선, 따르릉 흔드는 것, 최신식 장난감을 가지고 놀았어요. 먹을 것,
장난감만큼은 첨단이었어(웃음).
옛날에 비공식적으로 양키물건 장사하신 분들이 계셨어요. 어떻게 나오는지 나와요. 자! 가
지고 나오는 얘기를 하면은 가슴 아픈 얘기인데, 중요 부분에다가 넣어 가지고 나옵니다!
미군 놈들은 정문에서 센터를 확인해야 되는데 매너가 있는 애들이니까 다 뒤지지는 못한
거예요. 소위 언더웨어에 고무줄 같은 것을 묶어서 딱 넣고 오면 겉에만 볼록 나온 것만 확
인하지 속을 확인할 수가 없잖아요. 걔네들은 그런 문화가 강하니까! 그러니까 여자들이 갖
고 나오기가 쉬웠다는 얘기가 있어요. 저렇게 큰 물건(선풍기, 아이스박스 등)은 어떻게 나
오냐 하면은 미군부대 담이 있어요. 개울 쪽으로 집어 던져요! 제일 간단해!! 개울가로 던져
놓고 돌아 나와서 주워서 가지고 가는 거예요!(웃음) …중략…
우리 집이 열 집이 살다 보니까 걔네들도 김장을 해야 되잖아요. 김장을 하면 우리 집에 소 마
차가 있었으니까 드럼통에다 배추를 싣고 유원지 수영하는 데에다 돌을 막아놓고 거기서 배추
를 절여서 집에 와서 양념을 해서 김장을 해서 주면 양색시한테 돈을 받는 거예요. …중략…
옛날에 흑인 병사들이 글을 몰라요. 말을 할 수 있을지언정 글을 쓸 수가 없으니까 돈을 받
고 대필로 써주는 사람이 있었어요. 우리나라 사람들이 얼마나 잘 하겠어요. 그러면 그 편
지를 대필 써서 보내주고 답장이 오면 대신 읽어 주는 그런 선생님도 있었어요. 그냥 대필
선생님이야! (2012년 11월 11일 구술)

그뿐 아니라 하우스보이를 통해 반출된 물건은 '이거 미제여', '응, 미군부대에서 나온 거여'라고 하면서 목에 힘주고 물건을 팔기도 하였다.

하우스보이들이 물건 가지고 나와. 그러면 내가 10원 주고 사면은 나까마(도매)들이 영등포에서 와. 나까마이는 10원인가 1원인가 남겨 주지. 나는 미군 물건 받아다가 가만히 앉아가지고 여기 놔두고 그 사람에게 쪼깨이(조금) 남기고 팔아. 그러면 나까마가 가지고 가서 영등포 가게 하는 데 있거든. 말하자면 나는 1원 남기고 거기는 10원 남기고 거기다(소매상) 넘겨주는 거야! 응 뭐, 초콜릿, 커피, 담배 그리고 나는 촬영소 그때 영화 촬영소 있을 때 색시라고 있는데, 얘 동생 조만했을 때 업고 담배, 커피 가지고 오라고 하면 가지고 가서, 가지고 오라고 해야 가지! 거기 가면 촬영하는 것 테이프를 뭐 이렇게 하데? 그것 한참 구경하고 그랬어. …중략…
어떤 때는 매일 같이 오지. 또 양색시들도 미군 시켜 가지고 PX 가서 사가지고 오잖아. 그러면 우리가 말하자면 도매를 사는 거지. 커피 하나를 1,000원 주고 사면은 영등포 사람이 와서 1,100원 주고 사가. 나까마로 또 100원 붙여 가지고 팔고. 100원씩 올리기도 하고 1,000원씩 올리기도 하고 즈그들 마음대로. 양주도 많이 가지고 나왔어. 그것은 양색시들이 미군들 시켜 가지고 두 병씩 사오라고 해가지고, 담배니 뭐니 그때는 미제 물건을 사려고 하면은 귀했어. (2012년 11월 18일 구술)

LP판의 문화충격

미군을 통해 들어온 LP판으로 들은 팝송은 당시 트로트가 주류였던 한국가요와는 다른 문화적 충격이다. 그리고 미군문화가 동네 아이들에게 자연스럽게 스며들면서 미군방송 AFKN에 나오는 음악방송을 들으면서 유년시절의 성장기를 보냈다. 찌직거리는 턴테이블과 LP판을 갖는다는 것은 지금 아이들이 최신기종의 스마트폰을 갖는 기대보다 더 컸을 것이다.

자유 평화를 노래하던 Beatles의 <Yesterday>, <Let it be>, <Girl>, <Yellow submarine>, <Hey Jude> 외에도 Eagles의 <Hotel California>, <Desperado>, <Sad Cafe>, Queen의 <Bohemian Rhapsody>, <Don't stop me now>, <We are the champion>, <We will rock you> 등이 당시 시대를 풍미하던 팝송들이었다.

이렇듯 미군부대가 한국사회에 미친 영향 가운데 가장 큰 것 중의 하나가 대중문화이다. 미군부대로부터 듣던 팝송은 한국의 언더그라운드와 록 문화를 태동시키는 계기가 되기도 한다.

당시 언더그라운드계열의 '록(rock)' 장르를 가지고 혜성같이 나타난 음악인이 신중현이다.

미군 담장 너머로 건너온 팝과 통기타는 감수성이 예민한 사춘기 소년에게는 충분한 문화적 충격이었다. 정치적으로 사회문화적으로 통제되던 암울한 시기에 이들의 팝과 통기타는 문화적 해방구였다. 그 언저리에 태어난 사춘기 소년이 옥슨80의 기타리스트 '조연환'이다. 그는 당시 미군부대의 문화를 이렇게 회상한다.

> 석수동은 안양의 다른 동네에 비하여 경제적으로 그랬던 것이 왜 증명이 되냐 하면은 문화적으로 빨리 발달이 되었어요. 여기서 지금 있는 친구들이 팝송 하나 못하는 친구들이 없어. 옛날에 <Proud Mary(돌고 도는 세상)> 구술치기 하면서 다 배웠어요. <Proud Mary CCR>이라고 Credence Clearwater Revival 돌고 도는 세상. 얘는 <Who'll Stop The Rain>. 엘비스 프레슬리 삐빱바 룰라, 이것 엄청나게 유명했던 노래 아니에요!
>
> 왜 이것이 발달했냐 하면은 옛날에 이 사람들이 가지고 있던 기타가 담장 밖으로 나왔어요. 우리나라에서는 기타 생산하는 것도 어렵고 물론 서울에서는 구하기도 어려운 시절인데 그 기타가 유출이 되면서 그쪽 기타 문화가 발달이 돼 가지고……. …중략…
>
> 그런 문화를 일찍 접했다 이거죠 그리고 유원지가 가까이 있다 보니까 공부는 잘 못했던 것 같아요 노는 것 그런 쪽으로 잘 놀았고, …중략… 그 당시는 그랬었어요 (2012년 11월 11일 구술)

기억이 말하다

원향윤 어르신은 당시 부산의 명동이라고 할 수 있는 남부민동에서 약관 27세에 석수동에 왔다. 초등학교 5학년에 해방을 맞이했다 한다. 초등학교 시절, 일본이 지어준 자신의 이름도 잘 모르던 시절이다. 일명 창씨개명이다. 그녀의 창씨개명 이름은 '하라모토 다헤코'였다고 한다. 해방 후 호적에 하라모토로 적혔던 것 같은데 해방 후 2년쯤 지나니까 향윤으로 바뀌었다고 한다. 어떤 아이들은 일본 이름 그대로 한글로 바꾸어 쓰기도 했다고 한다. 일본어는 풀어쓰면 향윤이 아닌데 부모님이 향윤으로 지으셨다고 한다.

해방 후 한반도의 궁핍함은 그 어느 곳도 비

현재 79세의 노령이신 원향윤 어르신

켜 가지 않았다. 어르신이 사시던 부산도 마찬가지이다. 바닷가와 동네 뒷산이 유년시절의 아련한 추억을 간직하게 만든 놀이터였다.

그리고 얼마 후 한국전쟁이 발발했다. 부산에 사는 이 어르신에게는 피부로 다가오지 않았다. 북한군이 점령하지 못했던 부산에 거주했던 이 어르신의 한국전쟁에 대한 기억은 그리 상흔이 크지 않은 것 같다.

6·25는 뭣이 뭔지도 모르고 전쟁이 난지도 모르고 그랬는데 사람들이 피란을 와 가지고 우리 집에 막 몇 가구가 살았는지 몰라. 방 3개인데 막 요만한 구멍만 있어도 세를 주고 이라대. 응, 피란민들을 이북사람에게. 응, 그래 가지고 6·25가 뭔지도 모르고, 아! 이북서 쳐들어 왔다. 빨갱이들이 이남을 쳐들어 왔다, 그라고. 그 미친놈들이 왜 다 같은 한국 사람들인데 왜 쳐들어 왔을까? 이북이고 인천이고 서울이고 피란 온 사람들이 많고 우리는 막 정신없이 말씨가 '살략살락' 한다 하고, 그라고 우리맨키(같이)로 사투리가 아니니까네 아이고, 무조건 서울서도 이북서 왔다 하고, 이북서도 이북서 왔다 하고, 인천서도 이북서 왔다 하고. 무조건 이북사람이다 하고. 피란민이라 하고. 어디서 피란민이라는 얘기를 들었나봐. 피란민이라 하고. 전쟁이 났으니까 피란민이라고 하고 우리는 어릴 적에 '왜 이리로 피란 오지 복잡하게?' 우리는 그랬다. 그것을 잘 몰라 가지고.
사람이 갑자기 많아지고 나중에 지나고 정신을 차리고 보니까네, 몇 달이 지나고 보니까네, 아! 어디서 사람이 많이 죽었다. 대구로 쳐들어갔다. 뭐 어쨌다. 여 낙동강까지 내려오면 부산까지 다 내려온 것이나 마찬가지거든. 낙동강까지 막 쳐들어 왔다, 이리고. 중국 놈이 쳐들어온다, 이리고. 중국 사람이. 그때는 중국 사람이라고 안 하고 중국놈 쳐들어왔다 이리고 했어. 왜 쳐들어오지? 우리나라 사람은 가만히 있는데 이러지? 그렇게만 생각하고. 그 부산사람들은 아무것도 몰랐어. 나이 어린 애들은 6·25다 뭐다 하고.
그래 나중에 여기서 보면은 바로 우리 집 우에가(위가) 여 같으면 저 우에(위에) 상가쯤 되는데 (바로 옆 상가건물) 파출소야. 막! 두둘겨 패는지 '아야! 아야' 하고 그런 아우성 소리가 나더라. 6·25 때 빨갱이라고 잡아다가 두둘겨 패는가 봐! 경찰들이. 지금 생각하면 막 소름이 끼쳐.

한국전쟁이 끝나고 3년 후에 결혼한 어르신은 4·19혁명 즈음에 안양 석수동에 오셨다 한다.

60년도가 그때 내가 27살에 여기 왔는데. 5·16은 여기서 장사할 적에. 우리는 또 이북서 전쟁 났다! 그랬어. 그때 미군들이 철조망이 있는데 전부 다 총을 들고 이래가 서 있고, 그래 가지고 물건들 양색시들 와가지고 다 먹어도 말 안 하고 그 앞날 지나니까 아니다! 전쟁이 아니고 반란이다!

당시 맞선으로 결혼하신 어르신은 이렇게 회상한다. 인물이 너무 좋아 한눈에 반하셨다는 어르신의 삶은 석수동에서 자리 잡게 된다.

아버지(남편)는 공군에 있는데 엄마하고 시어머니하고 여기서 안양쯤 되는데 집이 오촌 아제인데 양자로 갔어. 양자 집에서 일 부려 먹으려고 결혼시키려고 했었나 봐. 엄마가 딴 데서 경찰인가봐. 형제가 6형제인데 맏이더래. 집에서 막 돼지를 키우고 이랬나 봐! 그래서 우리 엄마가 '우리 딸은 여기서 못 산다'고 이랬나 봐. 그렇게 하고 내려와서 어디 평상에 우리 시어머니하고 시아버지하고 앉아 있는데 그래. '아이고 할마시 딸이 있으면 우리 아들하고 결혼시킵시다'이라 더라고. '아들 있소? 형제가 몇이요?' '지금 여운 딸 하나 있고 이웃에 살고 아들 하나 군대에 가 있다.' 그 아들밖에 없다. 그래 '선 한번 봅시다.' 부모들끼리 해놓고, 저 아버지 아빠가(시아버지가) 군대로 자꾸 편지를 해가지고 내려오라고 했어.
저 사람(남편)이 인물이 좋았거든. 그때는 뭐 안 보고 인물만 보는 거야! 시집이라고 하는데가 부산서 우리 집하고 여기에서 안양역 거리인데, 시집이 3층집에다가 깨끗하게 하고 살거든. 우리 집 엄마가 호빡 넘어져가지고 '우리 사위 내가 살게.' 시집도 우리 집에 와가지고 처녀도 못나지도 않고, 사는 것도 오라비가 둘이지, 엄마 있지, 아버지 있지, 그때 배가 3척이나 있었어. 어업 하는 배가 3척이나 있으니까 아! 부자다! 또 호빡 넘어졌다. 부모들끼리 호빡 넘어졌어. 이 양반도 우리 집에 와가지고 뭐 더러운 게 없거든. 자기 양자 엄마한테 오면은 이런 처녀가 못 산다고! 집에서 맨날 군것질하고 잘 먹고 살던 사람이 김치 하나 세 가지고 먹는 사람 집에 와가 어떻게 사냐? 장가 안 간다고? 막 때다가, 때다가 1년을 끌었다. 아니 1년은 아니더라도 몇 달 끌었다. 끌다가 막 양자 부모들이 막 골을 내고 이래가지고 친가로 갔어. 시골에 포항에. 포항에 가니까 아니고 '마! 마! 웬만하면은 장가가라!' 그 집에서는 장가를 보낼 형편이 안 되거든. 그만하면 됐지. 처녀 집 부자겠다. 괜찮다. 그런 데 살던 사람도 그런 데로 오면은 괜찮다고 막 꼬셨나 봐! 그래 결혼해놓고 자기는 부대 들어가면 안 나온다고 생각하고 할 수 없이 승낙을 했어. 그래가 결혼을 했지.

여러 우여곡절 끝에 석수동 미군부대 부근에 자리하게 된 어르신은 양색시에 대한 기억이 선명하다. 그의 집에도 양색시가 있었다. 가장 많이 양색시가 있던 집은 방 9칸에 양색시가 있을 정도로 많았다고 한다. 당시 집에 방만 생기면 양색시나 미군의 거처가 되었던 듯하다. 어르신은 당시 장교부인으로 알려진 여성들과 살갑게 지낼 정도로 친했다. 어르신이 전하는 장교부인은 이 땅에서 미군을 상대로 생활하던 일명 양공주 이야기이다.

그들도 여느 사람들과 같이 살기 위해 몸부림친 대한민국 국민이었다. 당시 양색시들은 주민등록 나이와 실제 나이를 속이는 것은 당연한 일이었다고 한다.

지역의 역사가 된 미샬로프의 기록

미군부대 사병의 눈에 비추던 석수동의 그림, 지금은 하나의 역사가 되고 있다. 그의 사진은 서울과 컨트리라는 그림이 선명하다. 컨트리를 확인이라도 해주듯이 60년대 화려하게 장식했던 2층 건물, 지금은 목포항 횟집 간판이 걸려 있는 곳은 그 시절의 기운을 감당하기에는 너무 초라하다. 그 사이 골목길에 아이들이 편을 갈라 집찾기를 하던 '다방구'나 '무궁화 꽃이 피었습니다'를 하면서 술래가 눈 가리고 서 있었거나 아니면 '말뚝박기'의 든든한 기둥이 되었을 법한 늙고 오랜 나무전봇대가 아직도 그 유년시절의 추억을 이야기하듯 묵묵히 자리를 지키고 있다. 그 나무전봇대에는 여전히 한전에서(나무전봇대 번호는 세 가지가 있다. 맨 위에 '삼성三六', 중간에 '남북간선 十九左四', 맨 아래 '9617E 473 남북간 24 L3 L1', 주소는 석수동 184번지다) 번호를 당당하게 부여받고 자신의 임무를 성실히 이행하고 있다. 낮에는 아이들의 놀잇감으로 그리고 밤에는 낮달을 비웃기라도 하듯이 환한 불빛을 만들어 철이네 순이네 집에 행복을 전해주었다.

지금도 안양은 컨트리일까? 컨트리를 시골이라는 의미로 해석해도 될까?

당시 미군병사가 찍었던 사진 한 조각에 서울, 인천은 지명으로 표시되어 있고 서울 반대로 향하는 그 어느 곳은 컨트리로 표시되어 있다. 즉, 서울을 제외한 길은 컨트리였던 것이다.

그 미군병사가 안양 석수동의 미군부대에 근무했으며, 그가 사진으로 기록한 것을 보면 그의 눈에도 안양 석수동의 서울 그 언저리 한구석에 기대어 보려는 컨트리였을 것이다. 일개 사병의 눈에 컨트리로 비춰진 석수동의 일상이 지금은 역사가 되어 하나의 기록으로 자리하고 있다.

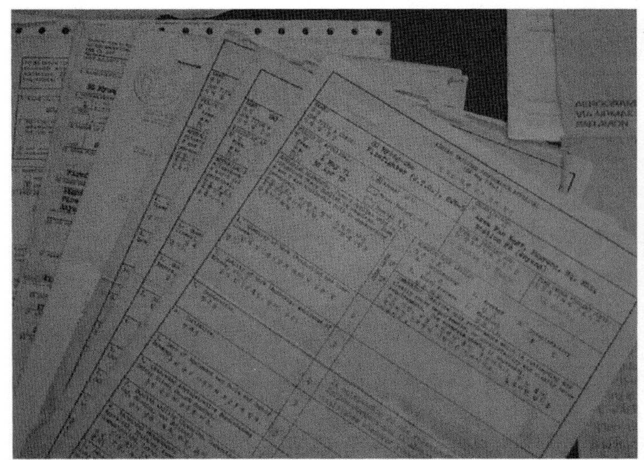

국제라사

83RD ORDNANCE BATTALION (AMMO)

교회가 희망이다

안양, 만안의 근대화

한국의 공업화와 산업화가 처음으로 본격화된 것은 일제강점기라고 할 수 있다. 1920년대에 조선에 진출한 일본 자본은 국내에서 독점에 밀려난 군소자본이었다. 일본 독점자본은 1930년대에 접어들면서 본격적으로 조선에 진출하게 된다. 그 이유는 조선이 근대공업, 건설지로서 몇 가지 유리한 입지조건을 갖고 있었기 때문이다. 그것은 첫째로는 풍부한 공업자원이고, 둘째로는 황민화 교육과 파쇼적 통치를 통해 이룩된 훈련된 저임금의 노동인구, 셋째로는 치안의 확보였다. 일본 독점자본의 조선 진출과 대규모 공장 건설이 시작되었다. 하지만 한국의 근대화는 일제가 아니더라도 내재적인 동력을 가지고 있었던 것으로 보인다.

> 사도세자가 돌아가신 후에 정조 대왕이 만든 이 국도가 시작이 됐어요. 그 전에는 과천길이라 이거예요. 만안 쪽에는 주도로에는 사도세자 저기 정조 대왕부터 만안로 1번국도가 있었어요. 국도가 된 후에 1902년에 우리 어르신들이 뭐라고 했냐면 '1902년에 이 안양철도 부설을 시작했다'라고. 1930년대 20년대서부터 30년도 사이에 이 사람들이 1902년도에 이 부설을 하면서 소위 요즘 이야기하는 구획정리할 적에 자기네들이 도시를 이야기했을 거야. (구술자: 변원신)

안양은 1870년 서울−부산 간 국도가 안양을 통과하였고, 1905년 경부선 철도의 개통으로 역이 생기게 됨으로써 근대적 도시로 점차 성장하게 된다. 그러나 이미 근대화의 싹은 조선 후기에 싹트고 있었다. 그것은 '길'과 관련이 있다. 길이 사람이나 짐승들이

다니면서 자연스레 이루어진 것이지만 그것은 통로, 방향, 순환의 의미를 가지는 동시에 형이상학적 개념인 이성, 도덕 등을 의미하며 행정구역을 뜻하기도 한다. 어떤 길은 단순한 통로와 방향으로 남지만 어떤 길은 근대화의 기반으로 산업의 순환, 대규모 이동이나 차량통행을 전제로 계획적, 대규모적으로 확장되기도 한다. 안양 중심부의 안양1동은 200년 전 정조 대왕이 사도세자의 묘를 수원 화산으로 천장하고 능행을 위해 유래정 뒤에 안양행궁을 짓고 능할 때 쉬어 가곤 했던 곳이다. 그 후 1870년 서울－부산 간 국도로 이어지고 안양을 통과하게 되고 1905년 경부선 철도의 개통으로 교통의 요충지로 발달하게 된 것이다(『안양시 · 안양문화원 · 안양대학교』, 1998: 42). 이러한 여파로 안양 최초의 금융기관인 안양금융조합이 생겼고, 안양시장이 개설되어 상권이 형성되었다. 안양의 성장도 철도역을 중심으로 역전취락(驛前聚落)의 마을 형태를 띠고 있었다. 일제강점기에 만안구에 새롭게 형성된 마을로는 꼬챙이(석수2동), 덕천동(안양7동)을 들 수 있다. 꼬챙이는 충분부 동북쪽의 안양천변에 위치해 있으며, 일제강점기 초기 사람들이 정착하기 시작했다(『안양시사편찬위원회』, 1992;『안양시사편찬위원회』 2권, 2008: 113-4). 덕촌동 역시 안양천변의 벌판에 있어 '벌터'라고 불리기도 했다. 일제강점기에 형성된 마을들은 하천변 충적지에 터를 잡았다는 공통점이 있다. 여기에는 일제강점기에 본격적으로 제방을 축조하는 등의 수해방지책도 한몫한 것으로 보인다. 일제강점기에 근대화를 경험하는 안양역 주변의 풍경은 다음과 같다.

> 안양역 옆에는 주재소가 있었다. 주재소에는 일본인 순사 두 명, 조선인 순사 한 명이 있었는데, 그 세 사람이 안양의 치안을 담당했다. 역 바로 옆쪽에는 운송점인 마르시보, 지금으로 치면 대한통운이 있었다. 마르시보 옆에는 우편소가 있어서 주재소와 우편소가 마주 보고 있었으며, 금융조합은 지금의 안양농협 자리 쪽에 있었다. 금융조합 뒤쪽으로는 서이면 사무소(안양은 1941년 시흥군 서이면 안양리에서 시흥군 안양면으로 행정명 개칭, 서이면 사무소는 안양리가 커지면서 1917년 이곳으로 옮김)가 있었다. 안양역을 마주 보는 앞쪽으로 300m쯤 떨어진 곳에는 신사가 있었다. 그리고 만안로는 따라 군포 쪽으로 1km쯤 떨어진 곳에는 신사가 있었다. 그리고 만안로를 따라 군포 쪽으로 1km쯤 떨어진 곳에 안양보통학교 (1929년 개교)가 있었는데, 지금의 안양초등학교 자리이다. 일제강점기에 안양의 경제는 화신 상회, 삼광정미소, 양조장 등 이렇게 세 집이 주도했는데 화신상회는 당시 안양에서 가장 큰 규모의 잡화상회였다. 1926년 안양역 뒤쪽 안양천 근방에 오일장인 구시장이 개설되었다. 1년 전 을축년 대홍수로 구군포장이 사라졌기 때문이다 (『안양시사편찬위원회』 2권, 2008: 5-13 재구성).

안양은 경인공업지역의 일부로서 일제가 식민지 강탈을 목적으로 1930년대에 본격적으로 공장을 설립한다. 1930년대 초기에 일제는 한국에 방직공장을 건설하기 위하여 전국에 걸친 수질검사를 실시하였는데, 그중 안양 박달동의 수질검사 결과, 가장 우수해서 안양1동 구 대농터에 조선직물주식회사가 1932년에 설립되었다. 안양지역 최초의 근대적 산업시설인 조선직물주식회사는 당시 안양의 대지주였던 일본인 다카세 세타로가 1만 평의 토지를 공장부지로 회사하여 자본금 100만 원으로 창립되었다(『안양시사』 1992: 1256). 뒤이어 석수동에 조선견직주식회사가 설립되었다. 일제가 북선개발이란 이름으로 북한지역에 대규모 중공업을 집중 육성하고 남한지역에는 주로 방직업을 중심으로 한 경공업을 배치했다는 점에 비추어 안양지역에 방직공장이 들어선 것은 어쩌면 자연스러운 것이었다. 안양지역은 경부선이 통과하고 서울, 특히 영등포지역과 인접했기 때문에 산업시설이 입지하기에는 좋은 지리적 조건이었다고 할 수 있다.

해방 이후 정치·사회·경제적 혼란이 극심했음에도 불구하고 안양의 공업은 오히려 발전하고 있었다. 1949년 안양지역에는 총 14개의 공장이 있었다. 그중 3개의 공장만이 일제강점기에 만들어진 것이고, 나머지는 해방 이후에 건설된 것이라는 점을 통해 안양지역의 공업이 해방직후에도 활발하게 발전하고 있었음을 알 수 있다. 이들 공장은 대부분 안양읍에 위치하고 있었으며 공장규모는 면적이 1,000평 이상이 되는 공장이 8개였고, 조선직물주식회사(298명), 조선견직주식회사(165명), 금성방적주식회사안양공장(138명), 제일방적안양공장(117명), 삼덕제지주식회사 안양공장(103명) 등 100명 이상의 종업원이 일하는 공장은 5개에 이르고 있었다.[3]

그러나 곧이어 터진 한국전쟁은 안양 공업에도 커다란 타격이었다. 전쟁 이후 안양지역의 공업시설은 대폭 축소되었으며 이러한 상황은 1960년대 초반까지도 이어지고 있었다. 이는 그만큼 한국전쟁의 피해가 컸다는 것이며 아직 본격적인 산업화가 시작되지 않았다고 할 수 있다(『안양시사』 7. 296-297).

1960년대 초까지 한국경제는 전쟁 후 복구와 물가안정 및 수입대체 공업화의 초기단계를 완료하였다고 볼 수 있다. 그리고 박정희 정권의 경제개발정책이 추진됨에 따라 안양지역 공업은 급속도로 발전하기 시작했다. 1961년 6개에 불과하던 기업체 수가 1966년에는 32개로 늘어났고, 1971년에는 64개가 되어 10년 만에 무려 10배가 증가했다(『안양시

---

3 시흥군(『금천지衿川誌』 1950)의 1949년 통계.

사』7. 2008: 298). 오일쇼크의 충격 속에서도 안양의 공업은 확대일로를 걷게 되었다. 1971년 64개였던 기업체 수가 1975년에는 169개로 증가했고 1979년에는 369개까지 큰 폭으로 증가했다. 1970년대 말과 1980년대 초는 2차 오일쇼크에 이은 경제위기로 전반적인 침체기였음에도 불구하고 안양지역의 기업체 수는 1981년에 409개를 기록해 지속적인 성장세를 이어갔다. 가히 기업과 공장설립이 폭발적이라 할 만했다. 이렇게 1970년대 들어 안양지역에 공장이 급증하게 된 이유 중의 하나는 고도경제성장과 함께 서울지역 공장 입주 억제정책으로 서울에 인접한 안양으로 공장이 몰렸기 때문이기도 했다.[4] 1920년대에 태어나 1930년에 교육을 받은 세대들은 학창시절에 영등포를 공업도시로 배웠지만, 1950~1960년대 출생한 사람들은 초등학교 과정에서 안양을 공업도시로 배우게 되었다.

1960~1970년대 초 금성방직은 여자 종업원이 3,000여 명이나 되었다. 그러다 보니 안양 경제는 금성방직에 의해 좌우되었다. 금성방직 여공들을 중심으로 계가 활발하게 조성되었고, 외상을 한 금성방직 직원들이 월급날에 맞추어 외상값을 갚곤 했으므로, 월급이 늦어지면 경제가 멈추는 지경에 이르렀다(『안양시사편찬위원회』 2권, 17).

지금은 국민은행이 들어선 주변 일대 만안구 안양3동 695번지 금성방직이 있던 자리이다. 생산이 한창이던 1968년에 만안구 안양1동, 지금의 태평방직과 합병하여 우리나라 최대 규모로 변신한 금성방직(후에 (주)대농이 됨)은 면직생산의 중심이었다. 회사가 한참 호황이던 1970년대에는 사원들의 사기 진작을 위해 해마다 가을체육대회, 웅변대회, 글짓기대회를 개최하였고, 이날은 공장 주변이 축제분위기였다고 한다. 금성방직 노동자들은 멀리서 출퇴근하는 사람도 있었지만 안양1동과 지금의 뜨란채아파트가 있는 자리, 구 시장 주변에서 자취를 하는 사람이 대부분이었다. 당시 안양천변의 가옥구조는 한 집에 여러 세대가 살 수 있도록 방 하나에 부엌 하나씩 세를 놓았고, 그런 집들이 다닥다닥 붙어 있는 형태여서 환경이 무척 열악했다고 한다. 1970년대 '안양 만안구' 하면 떠오르는 근대적 공장은 동화약품 안양공장(만안구 안양7동 189번지)이다. "활명수"로

---

4 1960년대 이래 한국경제가 급속한 수출증대를 통해 고성장을 지속해왔다고 할 수 있다. 안양지역도 1973년부터 계속적인 증가세를 보였고, 연평균 성장률은 11.9%에 달했다. 1973년 29개였던 수출업체는 1977년 34개, 1983년에 53개, 1990년에는 73개로 증가했다. 수출실적은 1975년과 1982년, 1990년에만 감소 추세를 보였고 나머지 연도에는 지속적인 증가를 기록했으며, 특히 1976년과 1978년에는 50%의 큰 폭의 증가를 보여 주고 있다. 금액별로 보면 1973년에 8,984만 6,000달러로 시작해 1978년에는 2억 달러를 넘어섰으며, 1981년에는 3억 달러를 돌파했다. 1989년에는 노사분규 등으로 다시 6억 달러대로 후퇴하기도 하였다. 수출 상품의 구성도 1970년대에는 주로 경공업 제품인 섬유제품이 대종을 이루었으나 1970년대 말부터 중화학공업 제품이 증가하기 시작해 화학, 기계, 금속, 전기, 전자제품의 비율이 증가하는 대신 섬유류 제품의 비율은 감소하기 시작했다. 섬유류는 1973년에 전체 수출액에서 72.4%를 차지했으나 1985년에 52.3%, 1990년대에는 45.9%로 감소한 반면, 화학제품류는 1973년 6.8%에서 1979년에는 20.5%로 증가하였다. 그러나 1980년대 들어 급속히 감소하다가 1990년대 들어 12.3%를 유지했다. 기계·금속제품류도 1979년 18.8%까지 증가하였다가 1990년에는 6.8%로 하락하였다. 전기·전자제품은 1980년 들어 급속하게 증가해 1985년 21.6%, 1990년도에 27.8%를 기록하였다.

유명한 이 공장은 1972년 덕천마을에 세워지면서 도로를 비롯한 기반시설이 정비되고 빠르게 상가가 건설되었다. 덕천시장 안의 순대볶음 골목과 옷집은 여성노동자들로 장사진을 이루었다고 한다. 한편, 1980년 만안구 석수동에 최신시설을 갖춘 GMP공장이 설립되어 천안으로 이전하는 1998년까지 13년간 "박카스"가 생산되었다. 석수동(1동)에는 종합비타민 "비나폴로(정식 명칭 비나폴로 엑스트라)"로 유명한 유유산업이 1959년 5월에 입성해 있었다. 안양역 부근에는 한국특수제지와 금성방직, 골판지를 만드는 삼덕제지, 국내 최초의 나일론 공장인 한일나일론과 오아시스 레코드사가 있었고 현대양행(이후 만도기계)은 박달동에, 동화약품은 덕천마을에, 동아제약과 유유산업은 석수동에 있었을 정도로 만안구는 공업화와 분리해서 생각할 수 없는 지역이었다. 안양지역의 공업화, 도시화에 있어서 1977년은 대단히 중요한 시점이라 할 수 있다. 새 도심을 가로지르는 중앙로가 완전히 형성되었고 중앙로 쪽으로 지하상가가 생겼다. 1983년에는 대규모 백화점인 본 백화점이 1985년에는 벽산쇼핑이 생기면서 중앙로 일대는 번화가로 변신하게 된다. 1980년대 후반 즈음 중앙로 일대를 둘러싸고 먹을거리와 입을 거리가 풍부해지면서 '안양1번가'라는 별칭이 생겨난다(『안양시사편찬위원회』 2권, 2008: 22).

그러나 1970년대 말과 1980년대 초는 10·26사태와 그 이후의 정치적 격동, 투기, 인플레이션, 임금인상 등으로 경제적 상황이 급속도로 악화되었다. 급기야 1980년대에 들어서는 한 번도 겪지 못한 미곡 흉작이 겹쳐 마이너스 성장을 경험하기도 하였다. 하지만 1980년대 중반 3저 호황으로 불황에서 벗어나게 되었다. 안양지역도 이에 따라 1980년대 중반 이후 공업화가 다시 가속화되기 시작한다. 이러한 경향은 1970년대부터 시작된 중화학공업화의 영향으로 안양지역에도 중화학공업이 본격적으로 확대되었기 때문이라 할 수 있다.5 1980년대 안양지역의 산업구조는 일정한 변화를 보였다. 그것은 제조업보다는 서비스업종의 빠른 성장이었다. 1981년 안양지역의 전 산업사업체 수는 9,717개로 전국의 1%를 차지하였다. 이것이 1986년에는 각각 1%, 1.2%, 1.6%로 증가하였다. 즉, 안양지역은 전국 평균보다 높은 산업화를 경험하고 있다고 할 수 있다. 이것도 잠시, 안양지역의 산업화는 1980년대를 기점으로 제조업보다는 서비스업으로 급속하게 이동하기 시작했다.

---

5 1981년 409개이던 기업체 수가 1985년에는 602개로, 다시 1990년에는 1,118개로 늘어났다. 업종별로 보면 전기·전자업의 평균증가율이 27%로 가장 높았고, 기계·금속업도 연평균 13%를 기록했다. 섬유업은 이보다 약간 낮아 11.5%가 증가했고, 화학업은 7.9%를 기록해 상대적으로 낮은 증가율을 보였다. 종업원 수를 보면, 1985년에는 4만 729명으로 증가했고, 1990년에는 5만 5,048명으로 증가했다. 기업체 규모별로 보면, 1990년 말 대기업이 31개, 중소기업이 1,087개로 중소기업의 비중이 97.2%로 1981년보다 높아졌다. 이에 따라 제조업체당 평균종업원 수도 1961년 614명이었으나 1966년에는 219명, 1971년에는 199명으로 점차 줄어들고 있다. 이는 역시 중소기업 및 영세기업의 입주가 급격히 늘어났기 때문이다.

즉, 1960년대와 1970년대를 거치면서 안양지역은 서울 외곽에 위치한 지리적 이점을 최대한 살려 섬유, 식품업은 물론이고 화학, 전자 등의 중화학공업으로까지 급속하게 공업화가 진전되었으나 1980년대에 들어 그 성장 패턴이 급속하게 바뀌게 된 것으로 보인다.

안양은 서울의 외곽지역이라는 입지적 조건을 바탕으로 전통적 제조업을 중심으로 성장해 왔다. 그러나 1970년대 이후 수도권 집중억제정책과 환경 관련 법제추진으로 공업입지 개발에 영향을 미쳐 지역산업의 경쟁력이 약화되었다. 그 결과 도시과밀화로 인한 지가상승을 부추겨 제조업체들은 보다 입지조건이 좋은 곳으로 공장으로 이전하게 되었으며 이로 인해 전통적 제조업의 성장이 둔화되고 서비스업의 증가로 인한 경제기반의 약화, 도시의 과밀화, 환경의 악화 등 적지 않은 문제점을 야기하고 있다. 더구나 1990년대는 환경문제에 대한 국민의 전반적인 인식 확산 및 정부의 정책 전환과 수도권 입지의 각종 제한조치로 안양지역의 제조업은 하강세를 면치 못한 시기였다. 기존의 제조업은 경기침체로 인해 성장률이 떨어졌을 뿐만 아니라 새로운 기업의 입지도 수도권 정비계획법의 규제로 인해 쉽지 않았고, 공해유발업체는 안양 밖으로 이전하는 사례가 많아 전반적으로 침체 국면이었다고 할 수 있다. 특히 1997년 말의 IMF외환위기는 제조업의 경쟁력을 떨어뜨렸을 뿐만 아니라 기업의 구조조정으로 종업원의 대량 감원이 있어 지역노동시장은 급격히 위축되었다.[6] 사업체 수가 소폭 감소한 것에 비추어 상대적으로 종업원 수가 큰 폭으로 감소했다는 것은 안양지역의 기업 및 공장 규모가 지속적으로 작아지고 있다는 점을 반영한다. 물론 생산자동화 등으로 인력 감축이 진행된 측면도 있겠지만, 그보다는 공장 규모의 축소가 더 크게 영향을 미쳤을 것으로 보인다. 안양의 급속한 도시화로 대규모 공장들이 외곽이나 타 지역으로 이전하게 된 이유 중의 하나라고 볼 수 있다.

1993~1998년에 지방으로 이전한 만안구의 주요 업체는 만도기계(박달2동), 한국제지(안양1동), 동아제약(석수2동) 등이 있다. 이렇게 제조업이 빠져나간 자리를 메운 것은 부동산, 금융, 보험 등 각종 서비스업이었다. 여기에 1990년대 평촌신도시가 개발되면서 안양지역이 주거단위로서의 성격이 강화되면서 공업보다는 서비스업이 유리한 조건을 조성하였다. 이러한 상황 속에서 안양지역의 공업발전 방향은 전통적인 제조업보다는

---

6 이러한 상황은 각종 통계에도 그대로 반영되었다. 안양시 각 연도 『안양통계연보』를 통해 이러한 변화를 살펴보면, 먼저 1990년 광공업 사업체 수는 1,050개로 처음으로 1,000개를 넘어섰으며 1993년까지는 지속적인 증가세를 보였다. 그러나 1995년에 1,394개를 정점으로 하여 점차 감소하는 추세를 보였다. 특히 1997년 1,376개였던 사업체 수가 IMF를 겪고 난 후인 1998년에는 1,113개로 대폭 줄어 IMF의 충격이 매우 컸음을 알 수 있다. 이후 현재 안양시의 광공업 사업체 수는 1,300여 개 내외를 기록하고 있어 정체현상을 보인다. 사업체 수보다 더 심각한 것은 종업원 수이다. 1989년 5만 3,167명에 달했던 월평균 종업원 수가 1991년부터 4만 명 선으로 떨어진 다음 지속적인 하락세를 보였다. 1996년에는 드디어 3만 명 선으로 하락한 다음, IMF외환위기인 1998년에는 2만 9,089명까지 떨어져 2만 명대를 기록하고 있었다. 1999년부터 다시 3만 명대로 증가했지만 2003년부터 다시 2만 명 선으로 하락해 지속적인 감소현상을 나타냈다.

첨단산업, 벤처산업으로 전환된 것이 특징이라고 할 수 있다. 이러한 문제점을 해결하기 위한 대책으로 아파트형 공장이 설립되기도 했다. 안양지역에 아파트형 공장이 들어서기 시작한 것은 1992년 10월 만안구 안양7동 쌍용제지(주) 부지에 유천팩토피아가 처음이었다. 그 후 동일테크노타운이 1995~1997년까지 4개 동의 아파트형 공장을 건설하였다. 그러나 단지 공장 형태만을 바꾸는 것으로는 한계가 있었고 보다 근본적인 대책은 산업구조의 전환이었다. 그래서 안양시는 이러한 문제점에 대한 구체적인 대안을 마련하고자 지역경제 활성화를 위해 안양시의 산업발전 구상의 내용을 살펴보면, 지역산업의 고도화, 첨단화, 소프트화, 수도권 첨단정보 및 업무정보의 공간적 분담, 환경친화적 산업유지와 계획적 공업입지의 유도, 도시상업 및 교육도시 건설 등을 계획하고 있다.

안양의 근대화와 노동자·노동운동: 일제강점기 노동자의 삶

일제에 의해 추진된 근대화 과정에서 노동자는 철저히 소외되었다. 방직공장이 많이 집결되어 있던 안양의 조선직물의 임금과 작업환경은 대단히 열악했던 것으로 보인다. 따라서 이런 사정을 아는 지역 사람은 입사하지 않았기 때문에 충청도, 전라도, 경상도 등 두메산골의 형편이 어려운 처녀들이 입사하였다고 한다. 공장은 노동자를 통제하기 위해 전원 기숙사 생활을 하게 했으며 외출은 금지되었다고 한다. 당시 식민지 노동자들의 삶은 가혹하였다. 몇 군데 공장을 제외하면 거의 나무판자나 양철을 누더기처럼 잇대 만든 창고 같은 공장으로, 변소가 설치되어 있는 곳조차 드물었다. 직공의 대다수는 거지 움막 같은 곳에 기거했는데 방 안은 음식을 먹을 수 없을 정도로 불결했다. 하루 다섯 시간 노동에 50전에서 1원이 안 되는 임금을 받아 일가족을 먹여 살려야 하는 남성 노동자들은 작업복이 한 벌밖에 없어 냄새 때문에 곁에 갈 수 없을 정도였다. 여공들의 처지는 더욱 암담했다.

농촌에서 대개 열다섯 살의 어린 나이로 모집되어 온 여공들은 하루 20전 정도 되는 임금을 받으며 공장생활을 시작해 몇 년 지나야 겨우 40전을 받는 정식공이 되었다. 기숙사는 한 방에 열 명이 넘게 수용되어 발과 머리를 엇걸리게 누워 칼잠을 자야 했으며 도망치지 못하도록 수위들이 교대로 감시했다. 기숙사 밥은 감옥의 그것과 다름없이 바람 불면 날아갈 것 같은 안남미와 콩을 절반씩 썩은 콩밥이었고, 반찬이라고는 시커먼 단무지가 전부이다시피 했다. 일본인 감독들은 여공들을 아무 제한 없이 욕하거나 때렸으며 조퇴나 외출은

일절 허가되지 않았다. 어떤 공장은 여공이 달아나는 것을 막기 위해 취업의 조건으로 보
증금을 받아놓고 몇 년 동안 의무적으로 노동하게 했는데 계약기간 전에 퇴사하거나 달아
나면 몇 배의 위약금을 물게 하고 그동안 강제로 저축한 돈을 하나도 받을 수 없게 했다.
그럼에도 불구하고 여공들의 유일한 저항수단은 탈출하는 것뿐이었다. 대공장에서는 기숙
사 담을 넘어 달아나는 여공들이 속출했다. (안재성, 2004: 91-93)

일제강점기 안양노동자들은 민족적·계급적·성별적 억압이라는 삼중적 억압으로부
터 고통을 받았고 저항하였다. 이 사실은 『동아일보』의 보도(1935년 4월과 7월 조선직
물 노동자의 투쟁과 36년 같은 공장 노동자들의 동맹파업)를 통해 간접적으로 확인할
수 있다.

안양의 근대화와 노동자·노동운동: 해방 후부터 박정희 군사정권하의 안양지역 노동운동

해방 후 노동자들은 세상이 바뀌는 줄 알았지만 전혀 그렇지 않았다. 한국전쟁은 반공
주의를 강화시켰다. 노동자들은 일체의 자기 권리를 요구할 수 없었으며 자신의 조직을
가질 수 없었다. 잠시 4·19를 통해 열린 공간이 만들어지기는 했지만 5·16군사쿠데타
로 노동자들은 또다시 침묵과 굴종을 강요당하게 되었다. 5·16군사쿠데타 이후에 노조
는 한국노총으로 전환되고 각 산별노조들이 집중적으로 조직 작업에 나서면서, 안양에서
도 1961년 고려석면 분회(9월 1일, 48명), 삼덕제지 지부(9월 3일 115명), 한국특수제지
지부가 결성되었고 다음 해 4월 21일에는 삼영하드보드지부(47명)가 결성되었다. 1960년
대 안양지역 노동조합의 대표적인 저항으로는 1969년 태평방직과 금성방직의 파업이 있
었다. 이는 전국섬유노조의 총파업의 일환으로 이뤄졌으며, 그해 9월 17일 협정서를 체결
함으로써 일단락되었다(이시정, 2007; 『안양시사편찬위원회』 3권 2008: 583에서 재인용).
1960년대 말에는 '차관기업의 부실화' 등 자본 축적의 위기와 노동자들의 저항이 커
졌지만 박정희 정권은 외국인 직접투자유치(「수출자유지역설치법」, 1970)를 추진하고,
사채동결을 통해 자본의 이익을 지원하는 '8·3조치(1972)'를 취한다. 1970년대 중반
본격적인 중화학공업화를 추진, 이들 업종에 투자가 집중되어 독점자본에게 경제력이
집중됐다.

1957년 5월 22일 이승만은 '메이데이는 공산 괴뢰 도당들이 선전의 도구로 이용하고 있으니만치 반공하는 우리 대한의 노동자들이 경축할 수 있는 참된 명절이 되도록 제정되도록 하라'고 지시하였다. 이에 따라 대한 노총은 1958년 11차 전국대의원대회에서 대한독립촉성노동총연맹의 결성일인 3월 10일 노동절로 정하고 보사부의 인준을 받았다. 1959년 3월 10일 제1회 노동절 기념대회가 열렸다.

5·16군사쿠데타로 권력을 잡은 박정희 정권은 껍데기만 남은 노동절도 그 이름이 마땅치 않아 1963년 4월 17일, 「근로자의 날 제정에 관한 법률」을 만들어 이름을 '근로자의 날'로 만들었다. 1987년 7·8·9투쟁을 경험한 노동자들은 1989년 메이데이 100회를 앞두고, '노동절은 세계 노동자의 연대와 해방의 날인 만큼 1천만 노동 형제들의 강력한 연대와 전투적 투쟁으로 쟁취해야 할 것'임을 선언하고, 전국에서 동맹파업, 총회투쟁, 거리시위를 벌였다. 이러한 투쟁의 결과 1993년 5월 1일 탄압받지 않고 노동절 집회를 열었으며, 1994년 정부는 3월 10일이 아닌 5월 1일을 노동자의 날로 개정하여 '합법성'을 쟁취하였다. 공식적인 이름은 여전히 '근로자의 날'이다.

1970년대 안양은 정부의 중화학공업에 힘입어 1972년 64개 업체가 1970년대는 350여 개로, 1971년에 10만 명이었던 인구가 1979년에는 20만 명으로 늘어났다. 1973년에 안양이 시로 승격되었는데, 1973년 안양상공회의소의 노동조합 실태조사에 따르면 5개사에 조합원 수가 5,291명, 1974년에는 같은 5개사에 10만 948명으로 기록되어 있다. 1970년 11월 13일 전태일 분신 이후 청계노조를 중심으로 민주노조운동이 전개되지만 안양의 섬유나 금속 등 대기업에는 노동조합이 결성되어 있지만 노조운동은 미비했다(이시정, 2007: 48). 그 이유는 1970년대 박정희 정권의 노동정책에서 가장 큰 특징인 '국가와 국가기구에 의한 직접적 개입'과 관련이 있다. 당시 정부는 노동운동을 '국가안보에 의한 사회질서와 치안유지의 차원'으로 다루면서 '노사 간의 대립갈등은 경제성장의 저해요인이면서 국가안보를 위협한다'고 설파하였다. '종업원을 가족처럼, 공장 일을 내 일처럼'이라는 구호를 전면에 내건 공장 새마을운동을 통해 노동자의 일상과 의식을 관리하고자 하였다. 동시에 노동관계법을 개악하여 단체교섭을 축소, 단체행동확산을 방지하여 노동쟁의 자체를 소규모로 제한하는 한편, 노사협의회 설치 및 운영을 통해 '협력적 노사관계'를 강조하고·노조활동을 축소했다. 노동자 통제의 중심에는 한국노총도 큰 역할을 수행한다. 한국노총은 한국사회가 민주화되는 1990년대 전까지 '군사정권 승인과 지지' 및 노조정치활동을 배제하는 '노사협조주의'를 표방했다. 일례로 1972년 10월 유신지지 성명 발표, 1974년 한국반공연맹 가입, 1976년 이후 새마을교육 강화시행을 비롯해서 1987년에는 호헌 지지 선언을 한 바 있다.

한국노총의 영향하에 있던 안양지역 노조들도 예외는 아니었다. 1972년 10월 17일, 박정희 정권의 10월 유신이 선포되자 금성전선지부는 10월 23일 유신에 대한 지지선언을 발표하고 계몽활동에 들어간다. 금성전선 노조지부장의 주요한 활동 중 하나가 각종 반공강연회에 참석하는 것이었다. 하지만 동양나일론, 삼풍섬유, 유유산업 등에서 노조 결성 투쟁이 전개되었고, 한편으로는 동일방직 등 대표적 민주노조운동을 전개하는 등 민주노조운동의 싹이 곳곳에서 움트기 시작하였다. 또한 1960년대 후반 도시산업선교회가 안양에도 존재하였다(이시정, 2007).

1970년대 안양근로자회관의 노동자운동

도시산업선교회는 와우아파트 붕괴, 광주대단지 사건 등으로 인해 도시빈민문제가 중요한 사회적 관심거리로 부각되기에 이르자 지금까지 훈련의 단계에 머물고 있던 빈민선교가 더 적극적인 빈민선교 활동으로 전개되어야 하는 필요성을 인식하게 되었던 것으로 보인다. 이에 예장, 기감, 기장 등 중요 교단의 성직자들을 중심으로 1971년 9월 1일 초교파적 선교기구인 '수도권 도시선교위원회'를 조직하기에 이르렀다. 창립 이후 위원회는 활동지역을 선정, 책임을 배분하였다. 선정된 활동대상지역은 서울의 중구 오장동 중부시장(권호경 전도사), 영등포 구로동(김동완 전도사), 한양대 뒷산 사근동(김진홍), 성동지역(윤순녀), 인천의 만석동(전용환 전도사), 안양지역(한성인) 등이었다.7 안양근

---

7 이 위원회는 도시빈민들의 생존이 심각하게 위협당하고 있는 현실 속에서 정책입안자들에게 윤리적·도덕적·개인적 회개와 각성을 설교하고만 있을 수는 없다는 판단 아래 '도시빈민지대의 힘없고 가난한 이들이 스스로 자신들의 문제를 보고 이를 스스로 해결할 수 있는 힘을 갖게 하는' 선교활동을 전개하는 것을 목표로 하였다. 이는 종래의 시여(施輿)하는 식의 구제활동을 근간으로 한 선교활동의 한계를 탈피하고자 하는 의지를 분명히 드러내는 목표설정이었다. 초창기의 경우 실무자들의 생활비는 소속교단으로부터 지원받고, 활동비는 크리스천 사

로자회관도 1969년에 설립되어 지역에서 활동하고 있었고 1971년 9월 28일 크리스천사회행동협의체(KACO-UIM)에 참여하였다.[8]

1970년대 안양지역 노동운동에 적지 않은 영향을 준 안양근로자회관은 국제가톨릭형제회(A.F.I)의 도움으로 노동자 사목을 시작하였다. A.F.I는 평신도사도직 단체로서 세상 속에서 세상 사람들과 함께 살며 그리스도교적 사랑과 형제애를 무기로 삼아 세상의 불의와 불평등에 맞서 싸우는 가톨릭조직으로 근로자회관의 1대 관장은 오스트리아 사람인 서정림 말가리다가 임명되었다. 근로자회관은 1969년 9월 10일 기숙사를 완비한 안양근로자회관의 낙성식을 거행하고, 10월 1일에 대농에서 일하던 5명의 JOC회원이 입사하면서 기숙사업을 시작하였다. 근로자회관은 1960년대 산업화 과정에서 가난한 노동자로 연명해야 했던 10대, 20대 청년들은 당시 큰 사회문제가 되고 있었다.

당시 10대 후반에서 20대 초반까지의 나이 어린 근로자들이 사회와 기업의 무관심 속에서 방황하기 쉽고 직장에서 혹사당하기 때문인지 직장이동이 상당히 잦은 편이다. 근로자화관은 이런 실정을 감안하여 숙소생활을 오랫동안 하도록 유도함으로써 직장생활의 안정을 꾀하고 다채로운 교육을 실시하여 정서를 순화시킴으로써 사회에 잘 적응하도록 하는 데 있었다(경향잡지편집부, 1980.1:92).

이들에게 희망을 심어 주고자 처음 노력을 기울였던 것은 장내동성당(현 중앙성당) 정원진 루가 주임신부였다. 실제적 설립과 운영은 서정림 말가리다 선생님과 한성인 벨타 등을 위시한 A.F.I(아피)들이 하느님 사랑을 현세에서 실천하려 헌신적으로 희생하고 노력하여 이루어져 왔다.

처음에는 여자 기숙사만 있었는데 입사조건은 '안양에서 100리 이상 떨어진 곳에 집이 있는 19세에서 23세 사이의 취업여성'으로 '최소 6개월, 최장 2년 이하' 기숙사에서 생활할 수 있는 근로청소년이었다. 기숙사비는 기숙사생들의 임금수준에 따라 다른데 기숙비 책정의 원칙은 기숙생이 받는 기본임금의 열흘치였다(1971년 평균 기숙사비는 3천 원). 이렇게 책정한 이유는 나머지 1/3은 문화비와 교육비, 마지막 1/3은 장래나 교육을 위해 저축하라는 뜻이었다.

그 후 근로자회관은 청소년근로자들을 위해 자습실, 도서관을 구비하였다. 기숙사는

회행동협의체(후에 에큐메디칼 현대선교협의체로 개칭)로부터 지원받을 것을 원칙적으로 하였다.

8 여기에는 도시산업선교에 관심을 가진 가톨릭 4개 단체 ─ 대한가톨릭학생총연합회, 가톨릭노동청년회, 안양근로자회관, 가톨릭노동장년회 ─ 와 개신교의 7개 단체 ─ 크리스천아카데미, 기독교도시산업선교위원회, 수도권도시선교위원회, 한국기독학생총연합회, 대한YMCA연맹, 대한 YWCA연합회, 영등포도시산업선교회 ─ 가 참여하여 사회선교를 향한 신·구교의 연합을 이루었다.

남녀 기숙사가 함께하는 것이 특색이다(1980년 현재, 남자 36명, 여자 78명의 근로자가 기숙사에 입주). 나이 어린 영세근로자로서 안양지역 출퇴근이 가능하고 공동생활을 할 수 있으면 누구나 기숙사에 입사할 자격을 주었다. 회관에는 4명의 지도자가 상주하고 있는데 이들은 근로자의 생활지도 및 교육을 담당하고 있다. 이곳에서 실시하는 교육은 그 내용과 목적에 따라 3가지로 나눌 수 있다. 오락지도, 요들송 및 고전무용 강습 등 일반 정서교양과 근로기준법, 노동조합법, 산업재해보상법 강의 등의 노동교육을 실시하고 특별히 교회기관인 만큼 산업선교를 위해 주 1회의 기도회, 월 1회의 미사, 예비자교리 등의 종교교육도 실시하였다. 그리고 기숙사생들은 월례회, 자치회, 기타 작은 모임을 열어 스스로 능력을 개발하고 문제를 해결하며 소비조합과 신용협동조합을 운영하면서 경험과 협동정신, 자신감을 키워 가고 있다. 그 밖에 불우이웃돕기운동을 전개해 자신들보다 어려운 처지의 사람들과 이웃사랑을 나누고 있다. 근로자회관 시설에는 앞에서 말한 대로 기숙사 외에 자습실과 도서관이 있다. 80석을 갖춘 자습실은 기숙생과 수험생, 취직시험이나 고시를 준비하는 사람들에게 개방되어 지역주민의 교육공간으로 활용되었다(『경향잡지』, 1980). 당시 기숙사생이었던 이금연(후일 전진상복지관 관장)은 근로자회관이 당대 노동자들에게는 새로운 세계를 열어 주는 공간이었다고 회고한다.

A.F.I(아피)라는 회원들을 거기에서 알게 됐어요. 근로자회관(기숙사)에서 그때 우리 독일에서 오셨었던 서정림(말가리다) 선생님하고 한성인 선생님하고 또 여러 스태프 선생님들이 계셨어요, 그분들이 만들어내는 그 안양근로자회관에서의 어떤 분위기, 문화, 이런 것들이 저에게는 굉장히 새로웠어요. 그때가 아주 1979년이었으니까 남자기숙사, 여자기숙사 뭐 상당히 활발하게 꽉꽉 찼을 때였어요. 그런데 뭐가 달랐냐면 그것은 안과 밖으로 나눌 수 있어요. 바깥세상은 오직 일터밖에 몰랐어요. 제가, 그랬는데 이(근로자회관) 안에 들어오면 그곳에 도서실이 있었어요. 그다음에 여러 프로그램이 있었어요. 그다음에 또래든 언니든 동생 또래든 같은 여성들이, 어, 뭔가 그같이 대화하고 이야기 나누고 놀고 그럴 수 있는 분위기가 있었어요. 그다음에 정성 들인 식사가 이렇게 준비되어 있다는 것이 더없이 좋았고, 그다음에 정기적으로 우리에게 하는 그런 생활훈련 같은 것, 생활교육 이런 것들이 재미도 있었고, 가끔 성당에 따라다니는 것, 그다음에 그 안에서 뭐 작은 모임들이 이렇게 만들어지고…… 기존에 제가 그때까지 10대에서 경험하지 못했던 그, 학교에서도 경험하지 못했던 새로운 세상이었던 것 같아요. 그리고 그 집 문을 열고 들어가면 일단 청결했어요. 그 정원 있었어요. 그 탁구도 칠 수가 있었어요! 문화가 있었어요. 또 우리가 공동으로 하는 것들이 많이 있었어요. 노래도 부를 수가 있었고, 그다음에 가끔 뭐 집단놀이들이 있었어요. 우리들이 스스로 하는

연극도 할 수가 있었고……. 그러니까 뭐든지 우리가 이게 나를 표현할 수 있는 기회라고 할
까! 이런 문화가 있었던 곳이었던 것 같아요. 그러니까 그 분위기상 저한테 굉장히 어, 새로
운 것을 주는 곳이었어요. (구술자: 이금연)

외형적으로는 기숙사 형태를 띠었지만 근로자회관은 공장에서는 절대 경험할 수 없는
다양한 문화와 소통공간이었다. 이런 분위기와 맞물리면서 1970년대 초반부터 노동자들
의 모임이 만들어지기 시작한다. 1972년에 교우근로자 모임은 기숙생들(전에 기숙한 사
람들)이 주축이 되어 교회 안의 젊은 근로자들이 그리스도의 눈으로 자기를 보고 비복
음적인 노동현실을 개선하자는 취지에서 만든 모임이었다. 일부는 노동절연구회를 만들
어 노동절 행사(3월 10일 근로자의 날)를 기획하여, 근로자 노래자랑을 지역민의 참여
속에서 진행하였다. 1975년부터는 경기지역 노동자를 대상으로 노동상담도 시작했다.
1975년만 상담 건수가 400여 건이 되었다. 1970년대 후반에는 탈춤반을 만들어 활동하
기도 했다. 1979년에는 안양근로자회관에서 탈춤 강습을 시작하였고 곧이어 노동법 강
좌도 설치하였다. 근로자회관이 생기고 나서 회관 프로그램의 성격 변화를 가져온 것이
다. 당시 한성인 근로자회관 관장과 신정숙이 관심을 갖고 많은 도움을 주었으며 프로그
램에도 참석했다(이시정, 2007: 54-56).
　　1980년대에도 근로자회관은 민주화운동과 노동운동을 지원하는 주요 공간이 되었다.
1987년을 전후해 안양에서 이루어졌던 미술학교, 민요연구회, 독서회 등 문화운동이 근
로자회관을 발판으로 지역사회로 퍼져나갔다.

1987년 안민청(안양민주화운동청년연합)에서 활동하던 때였는데, 시대상황이 험했던 때라
우리에게 모일 수 있는 공간을 빌려 주는 곳이 없었어요. 그때 우리가 모일 수 있는 공간은
이곳만이 유일했어요. (『안양시민신문』, 2007년 12월, 김인봉 「안양포럼」 총무)

안양근로자회관은 1990년대 안양지역의 산업구조가 변화하고 근로청소년들의 생활패
턴이 바뀌면서 그 성격도 변화되게 된다. 1998년 3월에는 전·진·상복지관으로 이름을
바꾸어 소외되고 병들어 고통당하는 가난한 이웃에 대한 의료사업을 행하며 영세민들의
삶을 질을 향상시키며, 지역사회의 문제를 해결하는 데 함께 참여함으로써 세상에 복음
을 선포·증거하는 것을 목적으로 활동하게 된다.
　　전진상복지관은 다양한 교육문화운동을 통해서 노동자문제, 지역빈민문제 등 당시 사

회문제를 지역사회에 알리는 역할을 했다. 1990년대 시작된 전진상복지관(전신 안양근로 자회관)의 어머니교실, 시민대학의 문해 학습공동체가 그 대표적인 것이었는데 교육으로 부터 소외된 여성들을 위한 한글, 영어를 가르치는 것과 함께 지역공동체에 대한 의식교 육을 시켰으며 여기서 배운 학생이 가르치는 곳으로 성장하는 성과를 얻기도 하였다. 또 한 2002년 전진상복지관에서 이주여성 한글교실을 신설했다. 1990년대 이전부터 산업사 회의 이주여성 노동자문제, 국제결혼가정의 이주여성 문제가 심각해져 일찍부터 이에 대 한 상담 및 후속 지원활동 등을 진행해 왔는데 이주여성 한글교실도 그 활동 중 하나였 다. 2003년에는 가정폭력, 성매매 피해로 고통받는 이주여성을 위한 쉼터인 'WeHome' 이 여성부의 위탁으로 전진상복지관에 개설됨으로써 이주여성을 위한 인권활동이 더욱 확대되었다. 전진상복지관은 특별히 이주노동자에 대한 지원활동에 적극적으로 나섰다.

근로청소년들이랑 1990년대 초 이렇게 살면서 기숙사는 어쨌든 계속 유지를 해왔어요. 그러 자 제가 거기 근로자회관에 있으면서 1992년 1993년 서서히 우리 근로자회관 근처에 있잖아 요. 중앙시장을 싸고 있잖아요. 그러니까 시장 보러 오는 노동자들, 방글라데시, 파키스탄, 네 팔 이런 노동자들이 주변에 왔다 갔다 하고 그 안에 전화기가 있었어요. 그래서 이주 노동자 들이 공중전화를 쓰기 위해서 들어오면, 어머 너무 너무 이게 무슨 일이야. 그게 내가 관심을 가지게 된 것도 우리 돌아가신 독일 말가리다 선생님이 코리아헤럴드를 매일 아침 함께 보는 데 그 헤럴드 뉴스에 외국인노동자들에 대한 관한 게 많이 나왔어요. 그때만 하더라도 300인 이상 업체의 10% 정도는 현지에서 데려온 노동자들을 쓸 수 있다, 뭐 이런 게 나왔었나 봐 요. 그래서 독일의 사례를 얘기해주시면서 이주노동자들의 문제가 어떻게 되고 기억이 난 거 예요. 그래서 그분들이랑 제가 영문과를 나왔으니까 그래도 그나마 영어로 한두 마디를 한다 는 핑계로 그러면서 어떻게 왔냐? 어디에서 일하냐? 바자회를 한다면서 초대하고 그러면서 이주노동자들을 만나게 됐어요. 그렇게 해서 근로자회관에서 일한 게 제 개인사예요. 완전히 거기서 이런 일을 했느니 마느니 이주노동자들을 만나게 됐어요. 그래서 1993년부터는 안양근 로자회관에서 사감하면서 이주노동자 상담을 시작하게 됐어요. (구술자: 이금연)

사실, 1990년대 이후에도 1960~1970년대의 노동자와 양태는 다르지만 그 고통의 본 질을 같이하는 비정규직노동자와 이주근로자가 나날이 그 수를 더해 가고 있고, 사회양 극화와 빈부격차의 심화로 대변되고 있는 인간소외가 나날이 그 극을 더해 가고 있다. 특히 3D업종에 종사하고 있는 외국인노동자의 열악하고 매몰차기만 한 노동현실은 어 린 근로자들과 복음적 삶을 함께 나누고자 했던 '전진상' 설립 당시의 이 땅의 현실과 오늘의 현실이 결코 그 본질에 있어 다르지 않음을 잘 보여 주고 있다.

안양근로자회관(전진상복지관)은 2007년 폐관된다. 그러나 1969년부터 현재에 이르는 근 40여 년 동안 근로자회관은 이 땅의 열악한 노동자와 여러 이유로 고통받고 있는 수많은 약자들에게 역사한 하느님의 축복과 증거였다. 그리고 한국 천주교가 이 땅에 '하느님의 사랑'과 그리스도적 형제애가 어떠한 것인가를 실천으로 가장 잘 현시하여준 기념비적 장소 중의 하나였다.

1980년대 이후 안양지역 노동자와 한무리교회[9]

한무리교회는 자신들이 수행하는 일의 규모에 비해 대단히 작은 교회이다. 주일예배 인원이 40명 남짓이다. 그러나 지역에 희망의 노래를 들려주는 교회이다. 한무리교회가 이 지역주민들을 섬기며 함께 나누는 일을 시작한 때는 1985년이었다. 한무리교회는 그때부터 종일탁아소, 노동자야학, 무료진료소, 노동상담소 등을 통해 지역의 노동자들, 빈민과 함께해 왔다. 그동안 상가 전셋집을 14년 동안 전전하며 6번의 이사 끝에 2000년 11월 지금의 자리로 이전했다. 군포 시유지에 지어진 무허가건물이지만 사용료만 내고도 계속 쓸 수 있게 됐다.[10]

다른 교회와 뭔가 다르게 보이는 한무리교회에 대해 제대로 알려면 먼저 민중교회에 대한 이해가 전제되어야 한다. 민중교회의 시작은 정확하게 어느 한 시기로 표현할 수는 없지만, 1970년대 후반부터 1980년대 초반에 시작되었다(이준모, 1996). 1970년대 사회인권운동의 주도 세력으로 있던 기독교운동은 1980년대 초반을 지나면서 기독교 내의 명망가를 중심으로 펼쳐졌던 과거의 기독운동을 반성하며 젊은 목회자를 중심으로 한국 사회의 민주화와 교회갱신운동을 목표로 하여 빈민지역, 공단지역에서 기층민중들과 연대하는 교회운동이 일어났다. 1960~1970년대로 이어지는 개발독재에서 지속적으로 배제된 민중의 고난, 이에 항거하는 민중과 학생들을 접한 일단의 그리스도교 지식인들의 신학적·신앙적 반성에서 출발하였다는 점이다(김진호, 1994). 실로 개척의 열악한 환경에도 불구하고 민중교회를 세운 목회자들은 민중선교와 한국교회의 갱신을 부르짖으며

---

9 여기서는 지면 관계상 안양지역(만안)의 여러 종교계의 노동운동 지원활동, 노동조합과 노동운동단체의 활동을 다 다루지는 않고 한무리교회를 중심으로 안양지역 노동, 지역운동의 흐름을 개괄적으로 파악하고자 한다.

10 최소란, 「뚝방마을에 울려 퍼지는 희망의 노래: 군포공단 노동자들의 고단한 삶 품는-한무리교회」, 뉴스엔조이, 2003. 8. 14.

교회운동을 전개하였다. 이는 마치 초대교회의 성령운동을 일으켰던 순교자와 같은 길이었다. 안양 한무리교회도 이러한 교회운동의 일환으로 세워지게 된다. 사실 안양지역의 본격적인 노동운동은 인천, 성남, 이리 등에 비해 많이 늦었으며, 1980년대 초반까지는 소수의 의식적인 활동가들이 지역의 사업장에 들어와 활동하는 수준이었다. 이러한 시기에 민중교회는 노동운동 지원의 저수지와 같은 역할을 수행한다.

한무리교회는 '일하는예수회'와 밀접한 관련이 깊다. 일하는예수회는 1983년 성수삼일(유재무정태효), 안양 한무리(박진석최주상우예현), 대전 빈들(김규복), 대구 달구벌(안기성현제식안미현), 영등포산선(이근복손은하진방주박진석신승원손은정), 울산(김영락박충호김용식), 복지회(윤창현)가 초기 멤버였다. 이때는 인명진 목사가 회원 자격으로 모임을 항상 같이했다고 한다.

> '이 교회가 처음 만들어졌을 때부터 노동교회라고 했어요. 목사님들도 그랬고 이런 이 장신
> 쪽 교회거든요. 장신대 장로회 통합 측이에요. 장신대 내에 현대신학연구회라는 그런 서클
> 이 있었어요. 진보적인 서클이었어요. 말하자면 사회과학 공부를 하면서 민중신학, 이런 거
> 공부했던 분들이었어요. 박진석 목사님도 기수가 있더라고요. 몇 분이 같이, 같은 학년이었
> 어요. 그분들이 기수를 만들어 가지고 현장에 들어가서 1년이면 1년 현장활동을 하고 나서
> 교회를 만드는데……' (출처: 구본철 · 문경식)

초기 멤버들은 이미 신학교에서부터 만났기에 조직에 대한 헌신이나 결합도가 높았던 것으로 보인다. 이들은 신학교를 졸업 후 기성교회에 들어가서 반노동자적이고 보수적인 교회의 재생산구조가 되는 것을 거부하고 고생스럽지만 개척교회를 해서라도 한국사회와 한국교회의 변화를 위하여 기층민중과의 연대를 통한 기독교운동을 도모하였다.

> 당시의 민중교회의 운동이 진보적이고 젊은 목회자들의 개척교회운동으로 평가되지만 우
> 리 예장만은 훈련구조를 가지고 의도적이고 계획적으로 '산업선교'를 하기 위한 것으로 기
> 록되고 기억될 필요가 있기 때문이다. 그때 우리는 후배들을 학내에서 진보적인 생각을 가
> 진 학생들을 발굴하거나 소개받아 권장하는 식이었는데 아무래도 '현대신학연구회'에 그런
> 진보적인 생각을 갖은 회원들이 있으니 그곳이 우리 회원들의 활동의 장이고 시작이었다.
> 현신은 76부터 시작되었는데 77기, 78기의 핵심인자는 이미 기독학생청년운동 쪽에서 만났
> 는데 이 운동인자들이 다시 신학교에서 만났다. 당시 운동을 평생 하려면 생활을 해결하는
> 토대 속에서 해야 하는데 교회의 갱신과 사회 변혁을 위하여 목회자가 되는 것이 자연스러

웠다. 그런데 막상 입학하였지만 보수적인 학풍과 기대보다 한계 때문에 겨우 졸업 후 다른 일을 하는 친구들도 많이 있었다. 그러니 76기부터 83기 정도까지는 조직력과 단결력이 높았다. 이미 학내외에서부터 서로 호형호제하며 지내는 사이들이다. 그러나 시간이 흘러 우리가 만든 '현대신학연구회'도 '건강한 교회를 위한 목회자협의회'로 옷을 갈아입었는데 객관적인 상황도 내적인 요인도 변화하였기 때문이다. (「일하는 예수회는 무엇을 할 것인가?」, 클럽 다솜교회 2011.2.6)

박진석 목사에 이어 한무리교회에서 사목활동을 한 고 최주상 목사가 한무리교회에서 민중사역을 꿈꾸게 된 계기는 1979년 장신대 3학년 시절 친구의 권유로 영등포산업선교회에 다니면서부터였다. 그곳에서 최 목사는 같은 또래의 노동자들이 장시간 저임금의 노동에 시달리며, 단칸방에서 살아가고 있는 것을 보고 강한 충격을 받았다. 그저 편하게 대학에 다니며, 자신밖에 모르는 삶을 살아왔다는 것이 부끄러워졌기 때문이었다. 그리고 이 시대 속에서 목회자가 어디를 향해 가야 하고 또 어떤 사람들과 함께해야 하는지를 깨달았다고 한다. '앞으로 목회를 한다면 이런 사람과 함께하겠다. 이 사람들과 함께 나눔과 섬김을 실천하는 교회공동체를 이루어야겠다'고 다짐했다. 그리고 대학원 졸업 후 '일하는 예수회'에서 훈련을 받으면서 안양에서 10개월간 공장생활을 하며 안양공단과 인연을 맺었다. 대학 동아리에서 만나 가정을 이룬 박광혜 사모는 나눔의 집 부대표로 나눔 사역을 도맡아하는 가장 든든한 동역자가 됐던 것이다.

민중신학에 영향을 받은 목회자들은 처음에는 산업노동자와 고용주들을 대상으로 기독교 복음을 전파하는 데 관심이 있었지만, 공장을 경험하면서 개인적인 영적 접근은 공허한 것이라는 사실과 공장노동자들의 집단적인 투쟁이 필요하다는 사실에 눈을 떴다. 그리하여 1960년대 말부터 가톨릭노동청년회와 도시산업선교회의 지도자들은 노조건설을 돕는 데 관심을 두었다(구해근, 2002: 118). 일하는 예수회 소속 목회자들도 이러한 문제의식을 가지고 활동했고 후일 '한국민중교회운동연합'을 세우는

고 최주상 목사

데 중요한 역할을 수행하였다. 일하는 예수회 소속 목회자들의 훈련과정은 교회 개척에 관한 것이 아니라 산업선교 실무에 관한 훈련과정을 중요시 여겼던 것으로 보인다. 이 훈련과정은 공장노동을 1년 혹은 6개월을 하였고 노동문제의 이론과 실무에 대하여 전문가들에게 교육받고 유관기관들을 탐방하는 방식이었다(일하는 예수회).

그들은 노동법과 노조조직에 관한 교육프로그램을 운영하고, 산업노동자들의 사회의식을 높이기 위한 다양한 활동을 후원하였다. 이러한 활동의 기본 목적은 현장의 자주노조 운동을 이끌 수 있는 소규모의 핵심적인 노동운동가를 길러내는 일이었다(조화순, 1988; 오글 1990; 『한국기독교교회협의회』 1984; 구해근 2002, 118에서 재인용).

한무리교회와 노동운동

한무리교회는 '버린돌교회'라는 이름으로 시작되었다. "건축자들의 버린 돌이 모퉁이의 머릿돌이 되었나니 이것은 주로 말미암아 된 것이요, 우리 눈에 기이하도다(마태복음 21:42)"라는 성경 구절에서 연유한 교회명은 나중에 바뀌게 된다. 한무리교회의 '한'이라는 말은 '크다, 하나이다, 함께'라는 뜻을 가진 교회이다. 버린돌교회라는 이름으로 1985년에 출발한 한무리교회는 박진석 목사로 출발하여 1988년 이후 최주상 목사에게서 꽃을 피운 교회이다. 때로는 교인들 이름조차 가명으로 사용하던 서슬 퍼런 전두환 군사독재정권이 한참일 때 개척된 교회이다. 그 당시에는 지역의 운동권이 마땅한 활동 공간을 찾지 못할 때 교회공간으로 찾아와 변혁을 모색하기도 하였다. 현재는 구군포다리 개천가 빨간 벽돌 건물이다. 이것이 한무리교회의 또 다른 주소이다. 구군포다리는 안양과 군포를 나누는 경계로 다리를 지나면 안양이고 교회 쪽은 군포이다.

> 박진석 목사님이 처음으로 교회를 열었습니다. 1985년 4월달 그냥 정확하지는 않아요. 날짜는 우리가 나중에 필요에 의해서 4월 1일 창립한 것으로 하자 그렇게 이야기했지, 처음에 와서 뭐 그런 건 아니었고요. 처음에는 아마 그 뭐 그렇게 허름한 건물 하나 얻어서 교회도 지금 한무리교회가 아니었고 버린돌교회가 처음 이름이었어요. 성경에 인제 뭐 그 버린 돌이 건축제 모퉁이돌이 된다는 말이 있잖아요. 거기서 따와서 '버린돌교회'라고 이름을 그렇게 했었는데 그게 1985년 여름이었다고 해요. 나중에 저는 이야기 들었고, 처음엔 이런 여기저기 옮겨 다녔어요, 그리고 교회가 '버린돌교회'가 뭐랄까요? 냄새가 나는 그런 말이었기에 때문에 노회에서 뭐라고 그랬다고 하더라고요. 버린돌교회가 뭐냐……. 교회가 그래 가지고

박진석 목사님이 이름 바꾼 게, 이게 한무리교회로 바꾼 거지요. (구술자: 구본철·문경식)

한무리교회 예배강단은 전통양식을 담아내려고 문창살로 강단을 둘렀고, 강단의 십자가는 정의의 푸름을 상징하는 소나무로 만들었고, 강대상은 밥을 의미하는 쌀뒤주로 되어 있었다. 강단 한편의 성찬대에는 전통다기로 된 성찬기들이 놓여 있었다. 강대 의자 역시 나무로 손수 제작하여 투박하지만 정감이 가는 의자로 하였다(한무리교회 카페 http://cafe.daum.net/hanmoori.org).

한무리교회는 초기부터 노동운동을 지원하기 위해 주민을 위한 탁아소와 진료소, 노동자교육을 담당하는 야간학교(야학)를 꾸준하게 운영하였다. 이어 안양노회 소속의 노동상담소를 운영하면서 지역 내에서의 노조설립과 활동을 지원하였다(이시정, 2007).

탁아소를 교회 안에서 만들었고 교회 안에서 애들 탁아를 하면서 사랑방학교라고 노동자 야학을 시작했습니다. 그게 교회 시작하는 시점하고 뭐 비슷비슷하게 갑니다. 이 지역의 공장들이 굉장히 많이 있었고 공장에 다니는 그 근로자를 대상으로 야학을 했는데 무슨 그 기타반, 상식반, 풍물반, 이런 식으로 반을 꾸려 가지고 야학을 했습니다. (구술자: 구본철)

노동자들의 연대와 계급의식 고취를 위해 교회가 후원한 가장 중요한 사업은 소그룹 활동이었다. 기타반, 상식반, 풍물반 등의 취미 소모임은 목사 혹은 교사들(초기에는 대학생 출신이 대부분)의 지도 아래 정기적으로 만나서 다양한 문화활동이 진행되었다.

그때는 박진석 목사님 후배들 전도사님들 옆에 있으셨거든요 전도사님들 몇 분이 교사였었고 그다음에 학생운동 출신의 활동가가 한 명 있었어요. 몇 분이 교사를 하면서 야학을 꾸려서 했고 그리고 초장기에 일들도 많았다고 하더라고요. 6개월이 1기였는데, 한 기수가 6개월이었거든요, 제가 와서 1987년 4월달에 왔을 때 4기가 시작이 되었고 4기 때부터 저는 교사로 참여를 했어요. 그 당시에 이 지역에 그 운동 그룹들이 많이 있었어요. (구술자: 구본철)

탁아소와 야학을 통해 자연스럽게 모임에 참여한 노동자들 중 일부는 친구집단이나 레크리에이션 집단을 넘어 더 노동자 계급의식과 노조의 중요성에 눈뜨기도 하였다. 그러나 초기 교회는 파라처치(para church)라는 평가도 있었다. 교회의 간판을 달았지만 교인의 자격을 한정했고 교회라는 합법적인 공간을 획득한 다음 노동자들을 유입하기 위한 야학이나 교양반, 한문반 같은 프로그램으로 노동자를 의식화하였다. 그리고 이 구조를 통하여 선발된 인자들을 지역의 노동조합 활동가와 연계시키고 교회공간도 지역의 운동거점으로 연대의 틀을 형성하기도 했다.

초창기의 조직화된 운동을 하시던 분들이 자기들이 교회를 만들면서 뭐라고 했냐면 '노동 교회다' 이렇게 이야기를 했어요. 처음에는 노동운동 지원이에요. 무슨 예배고 나발이고 없어요. 노동운동이 중요한 거지. 교회는 말하자면 외피 비슷한, 그 양반들도 그렇게 생각을 했어요. 목사님도 그렇게 생각을 했기 때문에 교인들이 어떠했느냐 하면은…… 교인들이 그랬어요. 야학에 나오는 친구들 중에 교회가 재미있다고 생각하는 몇 명, 두세 명, 그다음에 활동가들 야학교사들 그리고 사모님, 목사님, 전도사님 요렇게 10명, 요렇게 해서 요런 탁자 놓고 예배를 드리는 거예요 그러니까 무슨 뭐 부딪히는 게 없어요. 그런 생각을 하는 사람들이니까요. 기관에서 빨갱이 교회라고 그러고, 교회가 그렇게 시작을 했거든요. 초창 기에도 특별히 교인을 만들어야겠다는 이런 생각은 사실 많지가 않았고요. 노동상담소 만들 때도, 탁아소 만들었을 때도 마찬가지였어요. (구술자: 구본철)

이처럼 노동자 교육과 조직화를 중심으로 선교활동을 하였던 한무리교회는 정보기관의 요시찰단체였다. 많은 노동자들이 이 공간을 거쳐 나갔다. 특히, 한무리교회에는 안양으로 내려온 운동권(?) 대학생 그룹과 직간접적인 관계를 맺고 있었다. 1980년대 초, 학생 운동가들은 자신의 중요한 과제를 노동자들의 정치의식을 고양하는 것과 노동자의 조직을 돕고, 그들의 노동투쟁을 더 큰 정치적 목표로 이끄는 것으로 정의하였다. 이러한 정치적 신념을 가지고 공장으로 들어간 학생들이 크게 증가했다. 그들 중 일부는 대학을 중퇴했고, 일부는 대학을 졸업한 후 공장에 들어갔다. 조지 오글은 1980년대 중반 3천여 명 혹은 그 이상의 대학생들이 공장으로 들어갔다고 추정했다. 그들 대부분은 인천·부평·안양에 있는 중소기업체에 취업했고 극히 일부가 울산·마산·창원 같은 해안의 중화학 공업지역으로 들어갔다(구해근, 2002: 161).

당시에 이 지역에 그 운동그룹들이 많이 있었어요. 그러니까 학교별로 많이 현장 들어가서 현장활동을 했었어요. 모 서울대 친구들도 일부 있었고 그다음에 뭐 하여튼 학교별로 이대 그룹이 큰 그룹이 하나 있었고, 1988년 3월이었는데 그 상담소를 만들면서 그럼 이 상담소 활동가들을 누구로 할 것인가 이런 이야기를 하다가, 현장에 있는 현장 그룹들이 몇 개 있었어요. 성대그룹, 이대그룹 뭐 어디 그룹 어디그룹 있었는데, 어, 이야기하면서 그 그룹에서 대표자라기는 그렇고 하여튼 뭐 이렇게 같이 합해서 상담소를 좀 만들자, 이런 이야기

가 돼 가지고, 그러니까 상담원이에요. 상담활동가 이게 지역현장에 있던 활동가들이 대여섯 명이 상담소로 대거 들어왔어요. (구술자: 구본철)

특히, 1984년은 총선을 앞둔 시기로 전두환 군사정권은 대내외적 압력과 내적 필요성에 의해 기만적 유화조치를 취할 수밖에 없었다. 유화국면 속에서 노동운동권은 조직적 공간을 확대하면서 자발적인 요구투쟁과 더불어 활발한 운동을 전개하기 시작했다. 학생운동도 유화국면에서 1984년 초 복학생 대책위 활동이 이루어지고 학생운동으로 구속되었던 사람들에 대한 병역문제가 해결되었다. 이에 따라 각자 향후 진로를 논의하는데 크게 3개의 진로 중 하나를 선택하였다. 복학하거나 민주화운동청년연합 등 재야단체를 선택하거나 현장(노동, 도시빈민 등)을 선택하였다. 이에 따라 안양지역에도 다수 학생운동 출신자들이 진입하게 된다(이시정, 2007: 62).

안양지역의 경우 1985년경까지는 서울이나 인천에 비해 신원조회 과정이 덜 까다로웠다. 취업 시 지문조회, 주민등록증 확인도 일상화되지 않아 전과가 있는 경우에도 중소사업장에는 본명으로 입사가 가능했다. 그러나 1985년 대우자동차 파업투쟁, 구로동맹파업 등을 거치면서 안양에서도 통제가 강화되기 시작했다. 1986년경부터 안양에서도 취업 시 주민등록증 내용 및 가족사항 암기 여부, 전 직장에의 근무 여부 철저 확인, 손가락마디 확인(학생 출신인지 현장 출신인지 확인), 지문 조회, 출신 고등학교에 대학진학 여부 확인 등이 일상화되었다.

이처럼 안양은 1984년 말부터 1985년 이후 현장 중심의 노동활동가들에 의해 단위사업장에서 소그룹 활동 단계에서 1985년부터 안양노동상담소와 한무리교회 등 민중교회가 공개적인 활동을 하는 공간으로 자리 잡기 시작했다. 한무리상담소는 정부기관의 감시와 재정문제로 활동에 어려움이 많았지만 지속적으로 합법공간으로서 역할을 수행하였다. 한무리교회는 예장안양노회 소속의 노동상담소를 운영하면서 지역 내 노조설립과 활동을 지원하였다. 이는 공개 합법성과 재정적인 문제를 해결하는 것과도 관련이 있었던 것으로 보인다.

1987년 말 겨울부터 시작해 가지고 1988년 겨울, 이렇게 해서 노동상담소를 준비했어요. 그러니까 노조를 만들려고 해도 현장노동자는 일을 해야 하니까 법적인 문제에 대해 어두운 측면이 있었어요. 그래서 교회에서 노동상담소를 만들어서 법적 측면을 지원을 해주자는 논의가 있었어요. 따라서 박진석 목사님이 재정적으로 어려우니까 노회에서 사회선교사업의 일환으

로 재정을 지원받아 노회노동상담소를 개소한 거예요. (구술자: 구본철·문경식)

이처럼 노동자 교육과 조직화를 중심으로 선교활동을 하였던 한무리교회는 정보기관의 요시찰 단체였다. 많은 노동자들이 이 공간을 거쳐 나갔다.

탁아소 만들어서도 그 탁아소 만들면 자모 자부라고 했거든요. 애들 엄마 아빠 있잖아요. 애들 엄마 아빠 있는데 자모회·자부회, 이런 걸 조직했어요. 일주일에 한 번씩 자모회 조직해 가지고 거기서 또 탁아소 선생들이 자모회를 대상으로 공부를 하는데, 뭐 의식화 교육이었어요. 뭐 그렇게 했고 그런 자모 중에 교회 나오는 분들이 일부 있었고요. 이 교회를 거친 분들은 지역에서 많은 일들을 했어요. 일례로 사랑방 학교와 노동상담을 했었던 TND 노조위원장 백다래, 그다음에 TND 그 노동조합 활동가였는데, TND라는 회사는 일본회사예요. 위장 폐업하고 TND결사대 같은 돈 모아 가지고 한 달씩 했는데 내가 진짜 존경했던 친구거든요. 교회 나오고 있고 지금 YMCA에서 전례놀이 강사를 하고 있습니다. 지역사회에 배출된 지도자들이 꽤 많은 이영희(다우전자) 씨, 그 이영희 소장도 다우전자 위장취업을 같이 의논하면서 했어요. (구술자: 구본철·문경식)

민중교회의 정체성과 한무리교회의 변화

1980년 중후반 이후 노동운동의 지형도 변화된다. 초기 운동이 현장 중심의 노동자 소그룹활동에서 1986년 이후 단위사업장 중심의 노동기본권 확보를 위한 공동투쟁에서 공개적인 연대활동으로 전환된다. 특히 7·8·9노동자대투쟁의 경험으로 지역의 노동자 대중의 자주적 역량이 강화되었다. 1989년 12월에 들어서는 TND노조에 대한 연대와 승리의 여세를 몰아 12월 28일 안양역 앞 안양예식장에서 경기노련(전노협 지역조직)이 결성된다. 그리고 이후 시대의 변화에 따라 민중교회나 상담소 역할도 변화된다.

89년, 88년 말부터 89년, 90년 이때가 계속 그랬는데 계속 동구가 무너진 그런 시기인데 그러면서 활동가들도 많이 떠났어요. 현장을 어쨌든 우리가 생각했던 이상사회가 무너진 거니까. 활동가들도 대거 막 많이 빠져나갔어요. 그러면서 시민운동이 이때 태동을 했잖아요. 그렇죠. 88년 말 그때 시민운동 태동하고 그러면서 고 한무리교회와 같은 노동교회들도 성격을 조금씩(바뀌 나가야 한다)……. 이게 다는 아니었거든요. 노동운동 지원이 별 의미가 없어지고 또 뭐 활동가들도 다 떠나고 세상도 좀 바뀌고 노동운동같이 시민운동이 생기면서 그러면 교회가 어떻게 방향성을 잡아야 하는가 이런 논의를 많이 했어요. …중략… 89

년도에 그 최주상 목사님이 88년 말에 오셨거든요. 전도사로 오셨어요. 사랑방학교에 교사로 합류를 했지요. 합류하고, 박진석 목사님이 서서히 손을 떼면서 90년대인가 이쯤 최주상 목사님이 담임목사님이 되셨어요. 박진석 목사님이 떠나시고 저도 남아 있었고. 교회는 그런 시대적인 상황 속에서 그럼 어떻게 방향을 잡아서 우리가 일을 할 것이냐? 노동운동지원이 사명은 끝났으니까 그러면서 만든 게 여기 이런 거예요. 신용협동조합에 대해서는 85년 말부터 시작이 조금씩 있었지요. 89년 11월에 본격적으로 함께 사는 공동체를 만들자는 논의가 되면서 신용협동조합을 만들었고 96년 생협을 만들었어요. 신용협동조합도 사실은 처음에는 명확하게 뭐 공동체 이런 부분보다는 노동자들이 돈을 많이 쓰고 그러니까 함부로 쓰고 그러니까 그냥 맡아 놓고, 이런 개념으로 해서 처음에는 그렇게 갔었는데…… …중략… 80년대 말, 90년대 초 이러면서 교회가 어떻게 나가야 될지 방향 이야기하고 이러면서 공동체로 가야 한다, 생활공동체 뭐 이런 이야기들이 되면서 그런 쪽으로 방향을 잡게 되었어요. …중략… 신협, 초기에 그 돈 모였던 게, 3,000만 원 넘게 모였어요. (구술자: 구본철·문경식)

한무리교회는 동구사회주의 몰락과 노동조합운동의 성장, 민주화의 진전과정에서 진로에 대한 내부 논의를 거쳐 신협, 생협 등을 비롯해서 지역주민과 함께하는 공간으로 변모한다. 사실, 군사정권시기에는 지역주민들도 한무리교회에 대해 오해를 했고 은근히 꺼리는 사람도 많았다. 그러나 차츰 노동자들의 쉼터 집에 혼자 남아 있는 아이들을 모아서 공부도 가르쳐주고 밥도 함께 나누며, 지역을 위한 선교활동을 계속하자 차츰 주민들의 시각이 달라지기 시작했다. 그들이 중심이 된 신앙공동체가 이루어지기 시작했다.

매일 오전 10시 한무리 나눔의 집에서는 '신나는 밥집' 문이 열린다. 부지런히 60여 명분의 쌀을 씻어 군포그린재활용센터에서 얻은 70인분 가스 솥에 올려놓고 반찬과 국을 만들다 보면 두 시간 반이 훌쩍 지나간다. 오후 1시가 되면 신나는 밥집은 밥을 기다리는 아이들의 신나는 목소리들로 가득 찬다. 밥집은 원래 결식아동을 위해 시작됐지만, 지금은 어린이집과 공부방에 있던 아이들도 같이 모여 밥을 먹는다. 국가에서 준 식권으로 식당에 찾아가 우울한 어깨를 늘어뜨리고 밥을 먹던 아이들도 신나는 밥집에서는 당당하게 먹을 수 있다. 아이들의 배만 채워주는 게 아니라 가슴을 채워주고 싶다는 게 한무리 나눔의 집 식구들의 바람이다. (최소란, 「뚝방마을에 울려 퍼지는 희망의 노래」. 뉴스엔조이 2003.08.14)

한무리에서 운영하는 '노인참여나눔터'는 공동체적 감수성을 제고하고 있다. 참여자가 비누도 만들고, 힘든 분이 다른 힘든 노인을 돕는 두레라든가, 이런 걸 모태로 탄생했다. 대한노인회에 반하는 성격의 '한국헬프에이지'도 이런 과정에서 탄생했다.

화장실 옆에 공간이 또 있잖아요. 여기를 또 저희가 구입을 해 가지고 이주가정 사업도 했어요. 갈 데 없는 가정들을 저쪽에 무료로 들어와 살게 하고 필리핀 가정도 모아서 살고 그랬어요. 이금 여기에 이주민들 많거든요. 그렇게 쭉 사업하고 또 노숙자들 여기 와 가지고 밥 나눔도 하고…… 교회하고 나눔의 집은 하나였고 지금도 하나지만 일이 전문화되다 보니까 '한무리사랑나눔회'라고 해서 민간단체 등록을 2003년에 한 겁니다. 좀 더 체계적인 활동을 하자는 취지에서 그랬고 2004년에는 '노인 참여'라는 혼자 사는 어르신들 모아서 식사도 같이 하고 프로그램도 하고 그랬습니다. 물론 어떤 복지관처럼 밥 나눠주고 이런 프로그램이 아니고 모두가 끈질기게 함께(주체가 되는) 하는 공동체를 만들고자 한 겁니다. 회장도 스스로 정하고 자치조직으로 활동하고 교회는 도와주는 역할을 하고 있어요. (구술자: 문경식)

한무리교회는 2007년 4월 30일에 상을 하나 받았다. 출석교인 100여 명 안팎의 작은 교회지만, 지역의 빈곤가정을 지원하는 등 지역사회조직에 앞장섰기 때문이다. 상의 이름도 '지역사회와 함께하는 교회상'이다. 이 상은 기독교윤리실천운동(기윤실) 사회복지위원회가 시상했으며, 전국 11개 교회가 받았다. 상을 받아온 한무리교회 부설 '한무리나눔의집' 문경식 대표는 100만 원의 적은 상금이지만 '숙원사업인 교회간판을 만드는 데 보태 쓸 것'이라고 말했단다. 그러고 보니 진짜 교회간판조차 없는 교회, 한무리교회는 그런 교회였다.

한무리교회 부설 나눔의집 문은 8시에 열린다. 직장에 다니는 부모들이 자녀들을 맡기고 출근하는 8시부터 열린다. 노동자들의 미취학 아이들은 '열린학교'의 어린이집에서 오전 8시부터 오후 7시까지 하루를 보낸다. 단, 이곳에서는 전세 또는 월세살이, 맞벌이 부모나 한 부모 또는 친척의 손에서 자라는 아이들이 우선권이 있고 환영을 받는다. 나눔의 집은 그런 아이들에게 꼭 필요한 곳이기 때문이다. 공단마을 초등학생들은 열린학교 공부방에서 4명의 선생님들과 함께 소박한 꿈을 키워 나간다.

공부방에서는 아이들이 어려운 가정형편으로 느끼는 절망감에서 치유될 수 있도록 정서지원 프로그램을 갖는다. 아이들에게 일하는 엄마를 잘 이해하기 위해 '엄마가 다니는 공장 탐방하기', 환경오염이 심각한 안양지역의 환경실태를 배우는 '우리 동네 공해지도 그리기' 등 여러 대안적인 교육을 시도하고 있다. 방학 동안에는 목공·분해조립·십자수·연극 동아리 등 동아리별로 모임을 갖고, 방학이 끝날 무렵 방학과제를 가지고 '동아리 축제의 날'을 열어 지역 어른들에게 발표할 기회도 가진다. 중·고등부 공부방에서는 입시학원에 다닐 형편이 되지 않거나 학원에 잘 적응하지 못하는 학생들에게 '학교에서 보통 아이들보다 뒤처지지 않을 만큼' 교과과정을 가르친다.

하지만 한무리교회는 안양(만안구)과 군포시의 접경지역인 관계로 곤혹을 치르기도 했다. 관할지자체는 군포인데 빈곤가정 아동공부방과 결식아동급식소의 아이들은 안양 아이들이 많았다는 것 때문이다.

> 군포 쪽에도 공부방 하나가 나가 있어요. 우리 한무리팀들이 '기쁜공부방'이라고, 이쪽에 이주민들이 많이 거주하잖아요. 이주민이 많이 생겨서 이주노동자센터를 여기 안양에서 한 겁니다. 공부방 아이들이 무허가고 이러니까 지역아동센터로 시스템이 여기에 있고, 안양 아이들인데 군포에 소재지가 있으니까요. 군포에서 계속 지원금 좀 주면서 뭐라고 그러는 거예요. 이 문제로 한 거의 6개월 이상 싸운 것 같아요. (구술자: 문경식)

이런 문제 말고도 한무리교회를 혼란스럽게 하는 것은 또 있다. 공장들이 외곽으로 빠져나가고 있기 때문이다. 구군포다리는 소위 '농심다리'로 불릴 정도로 이 근방 전체가 공단지역으로 유명했는데, 이제는 외곽으로 빠져나가는 공장사람들과 함께해야 할지, 개발비용을 받아 이동해야 할지에 대한 고민이 커진 것이다.

> 이 근방에 유한킴벌리도 있었는데, 이런 공장들이 외곽으로 옮겨가면서 노동자들의 주거지도 자연스레 이동했어요. 90년대 들어 민중교회가 다들 정체성 혼란을 겪고 있는 것 같아요. 초창기 노동자들 중심의 사업을 하지 못하고 있습니다. 우리도 이주노동자 상담소를 운영하고 있긴 하지만, 정부에서 노동사무소도 만들어 운영하는 등 꼭 여기서 감당 안 해도 되는 상황이 도래한 거예요. 그래서 자연스레 그 자녀들의 문제, 즉 가정의 문제를 짚어 보게 되지 않았나 싶어요. (구술자: 문경식)

한때는 건물을 비워 주어야 하는 상황까지 간 적도 있었다고 한다. 그러나 한무리를 아는 지역주민들의 도움으로 문제를 해결할 수 있었다. 사실, 지역사회에서 한무리교회를 거쳐 가지 않은 사람이 거의 없을 정도로 한무리교회는 지역사회에 깊이 뿌리 내리고 있었던 것이다.

> 지역사회 여기 부근에서는 한무리를 거쳐 가지 않은 사람이 거의 없을 정도라고 생각합니다. 난치병센터가 이쪽으로 넘어갔을 때 건물주들이 반대했어요. 건물주들이 설득하고 그 사람(약사)이 부탁도 안 했는데 알아서 '한무리가 이 지역에서 한 게 얼마인데 당신들이 뭐

라고 반대하냐! 한무리가 하는 일이면 뭐든 지지하고 도와줘야 된다'는 이런 발언들을 하셔
가지고 분위기가 상당히 바뀐 사례도 있어요. (구술자: 문경식)

지역주민의 벗 한무리교회

한무리교회는 민중교회의 정체성의 혼란상을 나름 슬기롭게 이겨낸 것 같다. 이러한
바탕에는 1988년 5월 부임한 최주상 목사, 2007년 1월 취임한 박선진 협동목사, 2008년
11월부터 현재까지 담임목사로 활동 중인 우예현 목사의 노고가 크다고 할 수 있다. 특
히 작고하신 고 최주상 목사는 교회를 통해 힘겹게 살아가는 빈민들에게 실질적인 도움
을 주고자 도시빈민과 결손가정의 아동, 외국인노동자 등 소외된 이들을 지원하는 활동
을 앞장서서 전개했다. 그와 한무리교회는 결식아동돕기 밥집 운영, 독거노인을 위한 도
시락 배달, 난치병어린이돕기, 학원에 가지 못하는 아이들을 위한 공부방 운영, 공장 외
국인노동자를 위한 쉼터와 노동상담소 운영 등 소외계층을 위한 일들을 벌여 왔다. 군포
와 안양지역에서 사회복지와 노동자의 인권보호에 앞장서 온 최주상 목사는 지난 2004년
간암 판정을 받고 강화도에서 요양하던 중 지난 15일, 51세의 나이로 세상을 떠났다.

> 주상이 형은 주체의 형이다. 한 사람은 나에게 신학대 선배이고, 한 사람은 나에게 후배이
> 며 운동권의 핵심후배였다. 주상이 형은 나에게 그렇게 인상져 다가오는 사람이었다. 이사
> 를 한 그해 99년 교회 송년회에서 보여진 주상이 형은 목사임네 하는 근엄함이나 뻣뻣함보
> 다는 다 같이 하나 되는 데 똑같이 보여지고 앞장서는 모습으로 좋았다. 그래도 나는 교회
> 를 나가지 않기에 이래저래 조금은 먼발치에서 보는 입장이었다. 노동상담소, 쉼터, 공부방,
> 어린이집, 난치병, 쌀나누기 그리고 너무도 많은 사람, 사업들……. 그래서 그는 아팠나 보
> 다. (강현만, 카페 최주상 목사 추모집 http://cafe.daum.net/20090815)

현재, 한무리교회는 한무리 나눔의 집에서 다양한 복지활동을 전개하고 있다. 현재 '한
무리사랑나눔회'라는 비영리민단단체로 별도 등록하여 활동하고 있으며 2010년 2월, 난
치병 케어센터 '희망세움터'도 개소하였다. 한무리교회는 공부방계에서는 전국적으로
모범 사례로 손꼽히기도 한다. 지역의 노동환경상 일요일도 특근을 해야 하기 때문에
'주일'이라고 해봤자 교인도 거의 없는 한무리교회, 목사도 관계자들도 사람들에게 교회
에 나오라고 단 한 번도 강요한 적 없다는 한무리교회이다. 한무리교회와 함께해온 세
명의 관계자는 다음과 같이 한무리교회를 통해 새로운 희망을 이야기한다.

노동교회건 주민교회건, 무슨 뭐 노숙자건 뭐 결식아동이건, 그것은 결국은 그 당시에 한무리의 신앙이 그렇게 표출되었던 거라는 생각해요. 지금은 세상이 많이 변했고 80~90년대와는 달라진 상황이고 한무리에 나오는 교인들도 그때하고 많이 다른 분들이거든요. …중략… 지금 한무리는 올바른, 참 인간으로 이렇게 잘 살아야겠다. 그러기 위해서 어떤 일들을 해야 하는가? 이런 거를 같이 고민하고 올바른 신앙공동체 그리고 '우리가 갖고 있는 신앙을 어떻게 실천할 것인지 이런 걸 고민하는 게 아닌가' 이런 생각이 들어요. 그런 걸로 앞으로 일들도 찾아나가고 그래야 되지 않을까 그런 생각을 합니다. (구술자: 구본철)

사각지대라든가 그렇게 보이지 않는, 남들이 미처 손대지 못하는 소수자들, 그런 운동을 저희는 많이 찾아내서 하고 싶은 부분이고, 그런 게 결국은 지역사회를 밝게 하고 또 하나님 입장에서 실현하고자 하는 그런 의의가 아닌가 전 그런 생각을 해요. …중략… 갈수록 젊은 활동가들이 없잖아요. 그래서 저는 또 하나하나 하고 싶은 게 이런 일들을 계속 할 수 있는 토대 후배들도 실무자들도 잘 배양할 수 있는 재단을 만들고 싶어요. (구술자: 문경식)

한무리교회 우예현 현(現) 담임목사는 "한무리교회에 같은 식구가 된 것에 대해서 자랑스럽게 생각하고 또 우리 한무리교회 좋은 분들이 많이 계시다고 하는 것에 대해서 자랑스럽다. 특히, 교회에서 좋은 신앙을 가진 신앙인에 머물지 않고 이렇게 지역사회에서 열심히 헌신하면서 일하시는 모습을 보면서 더 자랑스럽고 고맙게 생각한다"고 덧붙였다. 한무리교회 관계자들은 공히 과거 민중교회의 활동방식과는 차이가 있지만 교회는 '지역시민사회단체들과 연대하면서 피해·소외당하는 사람들과 언제라도 함께하는 곳'이라는 데 일치하고 있었다. 그것이 고 최주상 목사의 뜻을 이루고 예수님의 뜻을 땅에 이루는 일이라 생각하기 때문이다.

그리고 아직 내 몸이 살아 있어, 다른 이에게 줄 것(장기)들이 있다면 서운해하거나 아까워하지 말고 기쁨으로 그냥 꼭 필요한 사람들에게 나누어 주오. 가난한 사람들이면 더 좋을 것 같소 그리고 나머지 내 살과 뼈는, 뜨거운 불에 태워 곱게 빻은 가루만 내가 오르내리던 모락산 골짜기에 뿌려주오. 아니면 내가 사랑한 공단 뚝방마을 앞을 흐르는 맑은 내에 뿌려 주오. 그렇게 다시 흙으로 돌아가고, 그렇게 내가 사랑한 사람들과 그곳으로 돌아가고 싶기 때문이요. (「그대, 나 하늘길 떠나거든」, 고 최주상 목사, 2003.12.29)

평생 가난한 노동자와 빈민과 함께 주의 뜻을 행했던 최주상 목사의 유언은 우리 시대 참된 삶에 대한 좌표와 같다.

마치며

    지금까지 살펴본 바와 같이 전노협(경기노연 안양지구협의회)과 민주노총이 발족하기 전까지, 즉, 1980~1990년대 초·중반, 안양지역 근로자회관을 비롯한 종교기관은 민중 교육, 노동문화 교육의 산실이었다. 1974년 긴급조치 이후, 그리고 1980년 쿠데타 이후 탄압을 받았던 학생운동 활동가들이 숨죽이며 피신하며 위로를 받고, 새로운 사회운동 을 준비하는 사회적 공간이 바로 종교단체였다. 지금까지 이들의 역사적 의미는 정치조 직에 비해 낮은 수준의 부차적 의미로 평가절하되어 왔다. 하지만 교회 내 노동야학, 산 업선교회, 노동사목, 청년모임, 각종 소모임과 같은 조직들은 사회운동의 물리적 공간만 제공했던 것이 아니라, 당대의 인문사회과학적 지식과 경험, 고민과 모색이 총체적으로 어우러지는 창조와 변혁의 공간이었음을 재평가하여야 한다.

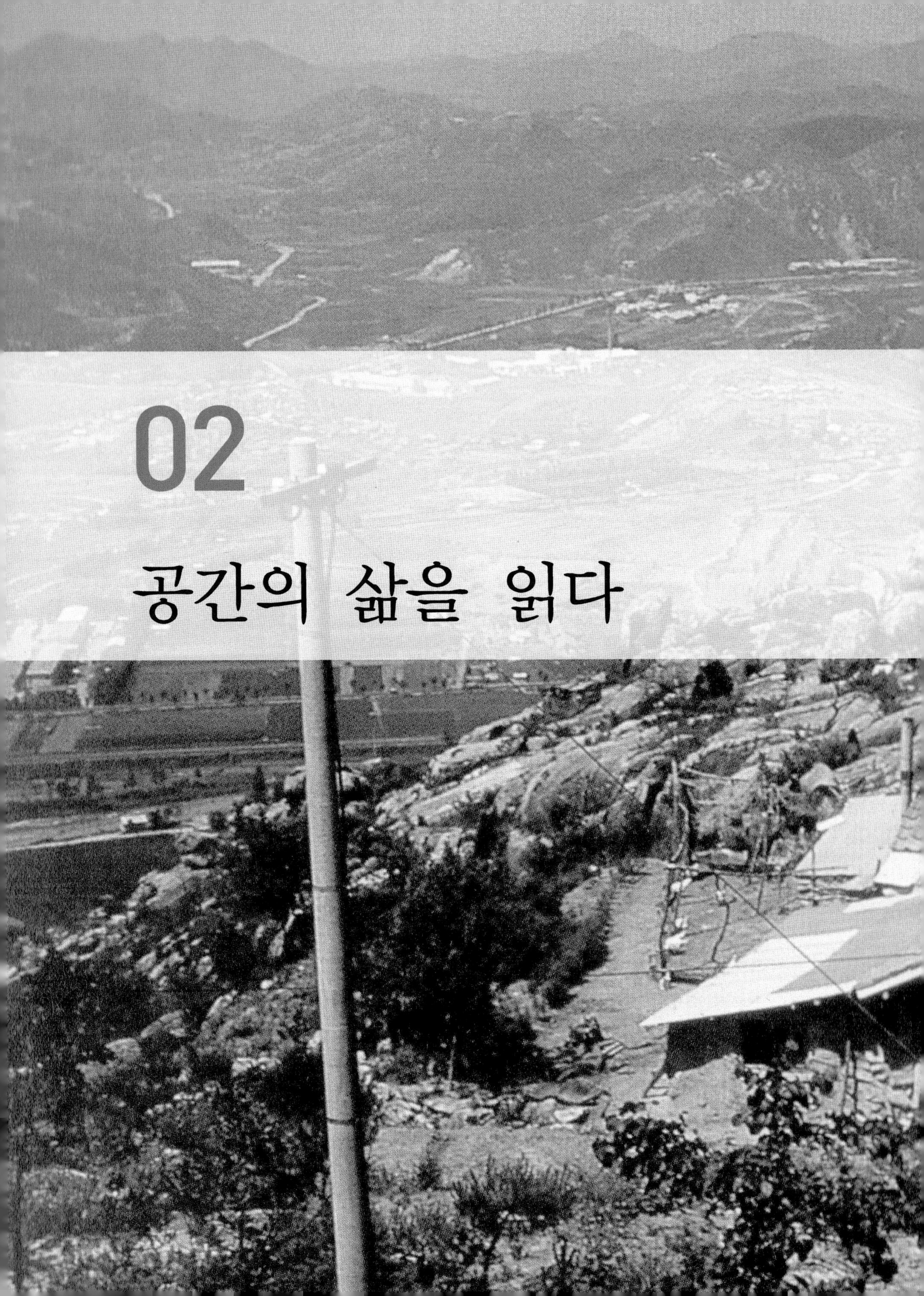

02

공간의 삶을 읽다

서민의 애환이 서린 삶의 터, 중앙시장

예전부터 동네의 여러 가지 물건을 팔고 사는 곳, 재래시장. 야채·과일을 팔고 사는 새벽 도매시장이 끝나면 만인만색의 사람으로 채워진 생활공간이 된다. 국적 불명의 "떨이 떨이"라는 외침과 "고등어 사세요"라는 가냘프고 수줍은 어머니의 목소리 그리고 콩나물 한 줌에 실랑이를 벌이면서 삶의 호흡을 맞추는 곳이 재래시장이다.

안양 중앙로를 기준으로 안양1번가 상권 맞은편에는 중앙시장 상권이 있다. 이곳은 안양시 만안구 안양4동에 속한다. 1926년 안양시장이 개설되며 1940년대 안양장과 1960년대 안양우시장으로 명칭을 변경했다. 1960년 9월 화재로 11월 안양4동에 안양공설시장이 개설되었다. 그 후 1970년대 상설시장으로 변모하면서 안양 최대의 재래시장으로 발전하였다.

중앙시장은 재래시장 중심의 상권으로서 식품 및 생필품 위주의 도소매업이 중심을 이루고 있다. 곱창골목 등을 포함한 한식점들과 포장마차식 주점들이 분포하여 상권 뒤쪽에는 미용과 댄스·스포츠 학원들이 입점해 있다. 유동인구는 40~50대 여성이 가장 높은 비율을 차지하고 있다.

중앙시장은 도심 재래시장이다. 도시가 규모를 늘리기 전부터 있던 시장이다. 아니 도시의 성장과 함께 시장의 규모도 커졌다. 중앙로가 건설되면서 이곳을 중심으로 새로운 시장이 형성되었으니 도로가 시장을 잉태한 셈이다. 교통의 발달로 사람들의 접근성이 좋은, 일명 '목이 좋은 자리'에 파는 사람과 사는 사람이 만나는 공간이 형성된다. 시장 길거리에서 상점과 물건, 사람이 만난다. 시장은 북적이는 사람들과 다양한 상품들이 공존하는 곳이다.

1970년도에 안양과 인연을 맺다

용인에서 스무 살까지 있었고 서울에 올라와서 대학교를 다녔어요. 자취도 하고 친척집에서도 있고. 내가 온 지가 70년도에 왔어요. 고향은 여기가 아니기 때문에 그 이전에 안양에 대한 건 잘 모르고 내가 온 후부터…… 70년 이전의 문제는 내가 잘 모르고 이 건물이 61년도에 지어졌던 거예요. 이 건물의 전신이……

흐르는 물처럼 안양에 터를 이루다

(생각에 젖으신 듯) 어찌하다 보니 주위 사람들을 통해 여기까지 오게 됐고 장사하러 다니다가 70년도에 여기 오게 됐어요.

처음에는 내복 메리야스 이런 것부터 시작했어요. 고생했어요. 인생이라는 자체가 고생인데 대통령도 고생을 했고 부잣집 자식들도 고생을 했고, 고시생도 고생을 했어요. 유학 갔다 온 사람들도 유학 갔다 오면 더 고생이고 다 고생했어요.

중앙시장에서 물 흐르듯이 들어와 자리 잡은 그는 20년 동안의 노점장사를 밑천으로 행복한 살림을 꾸렸다.

결혼은 서른네 살에 했어요. 89년도에 20년 동안 노점하고 조금씩 저축하고 가게를 샀어요. 한 20년 걸렸지요. 애들 셋 다 가르치고. 결혼은 경제랑 연결되는 거예요. 살기 힘들면 결혼이 늦어지고. 중앙시장 일하면서 만난 아가씨와 결혼했어요.

안양에 왔을 당시의 상황은

70년도니까 시로 승격이 안 됐을 때예요. 그래서 시장에는 두 건물만 서 있고 이게 시장이니까 여기 옆에는 전부 다 주거지역이었지요. 그래서 이게 족보를 만들래야 만들 수가 없었어요. 또 허가도 안 됐고. 다시 또 허가를 못 냈어요.

안양에 시장이 이것 하나밖에 없었지

이게 장사가 잘 되고, 그 당시 주위에 안양시의 시장이 이것 하나밖에 없었거든요. 지금의 평촌 동안구는 전부 다 논밭이었으니까요. 이 시장을 보기 위해서 근거리 반경 거의 4㎞, 여기서 과천 사람들 전부 여기로 왔어요. 시흥군도 넓지만 그때는 여기 장사가 잘 됐어요. 주변에 주택가는 많지 않았어요. 그런데 여기가 활성화되면서 도시집중화가 되기 시작했어요. 71년도에 안양시로 승격됐어요. 그때 7만 이상이니까 (시 승격 기준이) 시가 18만인가? 이게 아무튼 인구가 시로 승격됐는데, 시장이 이것밖에 없고 다른 데 허가 내주지도 않고 … 중략… 그러니까 장사가 공급이 수요를 못 쫓아갔어요.

그땐 1층 건물에 상점이 100개가 넘었어

그때 당시 1층 건물이었는데 가건물이었어요. 아마 그때도 상점이 한 100개 넘었어요. 그때 물건들은 공산품이었어요. 식생활 식품 같은 것은 자급자족이 다 됐잖아요. 지금하고 반대예요. 농사 잘 되지, 고구마 가져와서 다른 것 바꿔 가고……

그러면서 장용준 회장은 당시 장사 중에 가장 잘된 장사는 옷장사라고 한다.

입는 게 최고지. 옷장사가 최고지. 우리 어렸을 적에는 양말 하나 애들 것이 기본이에요. 더 쓸 돈도 없지만 지금은 양말이 패션이지만요. 옷이 공산품이니까 옷하고 한복, 포목이 잘 됐어요. 포목 같은 것이 90년대 초까지 아무래도 시장 중간서부터 많이 쇠약해지고 포목 쪽은 여기 3분의 1도 안 남았어요. 옷도 그래요. 지금은 먹는 것 그게 여기 시장 안에 18개 그러니까 우리 재래시장의 주종이에요.

슬레이트 지붕으로 된 가건물

처음에 가건물 두 개가 있었어요. 가건물 지붕은 슬레이트고, 기둥을 나무로 하고 가운데를 시멘트로 했어요. 꼭대기만 지붕을 이어 가지고 가건물은 아닌데 실제 건물을 지을 때 허술해서 더 춥기도 하고 그랬어요. 2003년에 저쪽 건물을 헐어서 우리가 지을 때 지붕에 올라가면 버석버석했어요. 그래서 허가받고 다시 싹 개축했어요.

82년도에 헐어 가지고 새로 짓고 현 번영회 상가는 신축을 못하고 돈 줄 거니까, 그냥 있다가 DJ 정권 때 재래시장특별법이 만들어져서 지원을 받아가지고 개축을 했어요. 옛날 금방 쓰러질 것 같던 것을 다시 재건축했어요.

버스 타고 서울 가서 물건 떼어다 팔았지

내가 70년에 와 가지고 그 당시 여기서 러닝셔츠라고 속에 팔 없는 것도 있고 팔이 있는 것도 있고. 그런 것 팔았어요. 그때는 서울의 신설동에 가면 섬유공업 가내공업이 엄청 발달됐어요. 거기서 만들어 가지고 평화시장 도매시장이에요. 그 당시 가내공업으로 해서 브랜드 원가가 250원이면 소매가 500원, 800원이래요. 러닝셔츠 하나에 3분에 1 가격도 안 되니 거기서 떼어다 팔았어요. 그 당시 서울까지 가는 버스가 있었어요. 새벽에 전농동까지 가는 버스를 타고 서울운동장[11] 앞에 가서 내렸어요. 버스에 차장들이 있었는데 손님이 많으면 안 태워주고 '오라이!' 하고 그랬어요. 어떤 아가씨들은 잘 태워줬는데, 눈치껏 해가지고 탔어요. 어떤 때는 바쁘니까 타려고 하면 보따리까지 있어 차장이나 승객들이 못 앉는다고 보따리 있어서 못 타고 두세 대 지난 다음에 타고 그랬어요. 그래서 승차시간이 한 시간 넘게 걸렸어요.

그렇게 한 20년을 장사했어요. 그런 식으로 사람들이 약아지니까 여기서 봉고차를 가지고 운전 장사하는 사람이 있었어요. 여러 명 모아서 몇 시에 출발한다 하면 각자 n분의 1로 나눠가지고 서울로 다녔어요. 그 후로는 개별적으로 승용차 한 대씩으로 다녔어요.

---

11 동대문운동장 옛 이름.

지금은 80~90%로 거의 메이커 같은 것이 많지만 그때는 없었어요. 가내공업 운영하는 것
도 많고. 평화시장, 남대문시장, 동대문시장을 주로 이용했어요. 평화시장 그쪽으로 가면 주
로 메리야스가 있었어요.

중앙시장 옷 장사는 서울행 만원버스에 몸을 싣고 직접 물건을 떼어 장사를 했다.

월급날이면 물건이 바닥이 나

주변에 공장이 많이 있었어요. 금성방직이니, 평촌에 동양나일론도 있고 하여튼 거기에 공
원(工員)이 엄청 많았어요. 공원(工員)들은 월급 받는 날이 딱 정해져 있어요. 28일 받는 데
가 있고, 25일 받는 데가 있고, 18일 받는 데가 있고. 한 달에 세 번인가 네 번 월급 받는
날 퇴근할 때쯤 되면 8시나 9시쯤 된 거 같은데, 이 위에 있으면 중앙시장사거리에서부터
걸어서 시장에 물건 사러 오는데. 그 상황을 표현하자면 개미떼마냥 새카맣게 보여요. 그리
고 메뚜기 떼가 와서 싹 긁어먹고 가는 것마냥 물건이 바닥나요. 월급 받는 날이다 그러면
물건을 많이 가져다 놨어요. 한 여덟시 되면 몰려오기 시작해서 개미떼같이 새카맣게 몰려
들었어요.
그때 재미있었어요. 한 달만 장사해도 송아지 한 마리가 떨어졌어요. 그때 송아지면 쌌어
요. 그런데 그때 시골에서 서울 올라와서 월급을 받으면 2만 원서부터 3만 원, 한 2만 원
받았어요. 그 당시 송아지 한 마리면 15만 원이었어요.

유난히 대규모 공장이 많았던 안양에는 여공도 많았다. 월급날이면 여공들이 개미떼
처럼 시장을 점령했다.

리어카로 시작했지

리어카로 노점장사를 시작했어요. 그때 노점도 많지 않았어요. 단속도 심했고 점포로 들어가기
엔 조금 부담이 되고 점포가게가 이런 메리야스니 뭐 이런 것들은 점포에서는 덜 팔고 노점에
서 싸게 많이 팔았어요. 당시 사람들이 돈도 아껴 써야 하고 그러니까 싼 것을 많이 샀어요.

안양에는 외지인이 유독 많았다. 그래도 그들은 이것저것 하면서 먹고살 수 있었다.

60년대 4·19, 5·16 겪고 일을 여러 가지 했어요. 60년대 4·19 나고 5·19 터지고 박정

희 정권이 두 번째 정권을 잡고 이미 정책적인 기조가 현대사회로 진입하여 상업화, 도시 집중화가 되면서 시골에서 사람들이 올라왔고, 조금 배웠던 사람들이 공장에서 일했고, 공장에도 못 가고 직장에도 못 가는 사람들이 장사를 했어요. 그때는 맨 밑바닥 사람들은 안양사람보다 외지사람이 70~80%로 됐을걸요.

나도 장사하기 이전에 돈이 없으니까 돈을 벌어야 하고 8남매 장남인데 돈은 벌어야 했고. 그 까짓것 데모해야 아무 소용없는 거고. 장사를 하면서 시장이란 시장은 안 가본 데가 없어요. 그게 하나의 인프라가 형성됐어요. 장사하면서 많은 경험이 바탕이 됐어요. 평택, 오산, 인천, 수원시장 안 간 데가 없었어요. 시골 5일장도 있고 상설시장도 있고 여기는 상설시장이라 항상 열리고, 중앙시장 정도는 수도권에서 거의 상설시장이었어요.

그때 포목이 잘 됐어요. 한복 안감이 잘 팔렸어요. 안감을 서울서 받아 가지고 앉아서 장사하는 사람들에게 왔다 갔다 했어요. 내가 버스 타고 가져와서 팔고 저녁에 수금해 가고 그러면 빨리 수금을 해야 하는데 밤 9시, 10시나 돼야 문을 닫아요. 그때 11시는 보통이고 추석 같은 명절 때는 새벽 3시까지 밤새서 하고 그랬어요. 명절 때는 대목에 3일 정도 장사가 잘돼요. 3일 정도 장사하면 가게에 물건이 거의 없었어요.

나는 의류장사니까 많이 팔래야 팔 수가 없고. 서울 가면 기껏 해봐야 2만 원, 3만 원어치 그것만 팔아도 큰 거였어요. 저녁에 수금하고 나면 돌아갈 차비도 없을 때가 있었어요. 밥 사 먹으려니까 돈이 아깝고 배는 고프고 여기 큰길 옆에 막걸리 항아리를 묻어놓고 막걸리 바가지 하나 놓고 떠먹는 데(무인가게) 200원이었어요. 도매하는 사람들이니까 200원 신경도 안 써요. 그 당시만 해도 술 마음대로 못 먹게 했으니까, 시골에서 농사지으면 힘든 일 하니까 한 말 두 말 사가야 돼요. 그땐 원 양조장이 있고 중간도매를 그렇게 했어요. 끝나는 건 7시에 끝나는데 막걸리 한 바가지 먹으면 배가 부르고 안주도 없이 소금 탁 찍어 먹고, 배가 부르면 취했다가 한두 시간 지나면 더 배고팠어요.

지금 생각하면 추억이라고 할 수 있지만 그런 과정은 상당히 인생에서 자기를 살찌게 했어요. 고생 없으면 인생의 참맛이 없지요. 요즘은 일부러 사서 극기훈련한다는데 그건 사치예요. 없어서 고생을 해야 진짜 고생이지, 경험한다고 하는 것은 효과가 안 나요. 진짜 없어 가지고 처절한 그런 상황을 겪어 보지 못하면 그것이 자기 양식이 되지 않아요. 뭐 배가 아파도 아까워서 막말로다가 활명수 한 잔 못 사 먹었어요. 막차가 12시까지 있었고 통행금지가 있었어요. 한 9시, 10시 30분 끝나면 버스를 못 타게 되면 그냥 가야 했어요.

재래시장의 길을 찾다

나는 의류업이니까 셋째 일요일 날 쉬는 날이에요. 재래시장이 침체가 되고 그러니까 1996년도 세계유통시장개방인가? WTO 우리나라 유통업 개방을 시키라 그래 가지고 우루과이

협정이라고. 시장을 열라고 하니까 열 수밖에 없었어요. 외국의 대형마트들이 들어오기 시작했어요. 그러니까 재래시장이 침체됐어요.

1999년 중소기업 활성화 뒤에 재래시장을 발전시키겠다는 법이 만들어졌어요. 앞에 아케이드 씌워주고 지금 노점이 꽉 찬걸요. 차가 지나갈 길이 없었어요. 재래시장 중에서 골목시장의 운명이라는 게 중앙시장뿐만 아니라 50~60%가 이러한 운명에 꼼짝을 못했어요. 옛날에는 조그만 가게도 장사가 됐는데 요즘은 조그만 가게는 장사가 안 돼요. 소프트웨어 정신교육, <6시 내 고향>도 나가고, 이벤트 행사를 해서 재래시장을 지금 살리려고 하는데 재래시장하고 일반유통마트하고 싸움이에요. 지금은 SSM이 재래시장 500m 안에 못하게 싸우고 입법화시켜놨는데, 그 지원체계나 업무지시가 우리는 전부 개개인이 하잖아요. 그래서 힘들었어요.

90년대 들어와서 시장 업무에 조금 참견하기 시작했어요. 장사하면서 힘든 것 많이 하고 싸우기도 했어요. 시청에도 가야 되고 전국상인연합회가 있어서 재래시장 대표들 워크숍을 1년에 두 번 참가하고 내년이 임기가 끝인데 2000년대 들어서 많이 힘들었어요. 2009년에는 국가에서 재래시장 지원을 전국적으로 지원했어요. 자기 자본 30%를 지원받으라고 했는데, 다들 안 하려고 했어요. 그때 고생 많이 해서 내가 병원에 15일 입원도 했었어요. 제일 힘들었어요. 이런 것 아무도 몰라요. 청와대 영빈관에 가서 점심도 얻어먹고 왔어요. 그리고 저(손으로 벽을 가리키며) 표창장이 저거예요. 안양시에서 지역경제에 많은 공헌을 했다고 도민상 주더라고요 난 안 받으려고 했는데, 뭐 제3자들이 인정해줬다는 것에 대해서 나쁠 것 없잖아요. 그래서 하여튼 내가 그걸 받고 나서 다 알아보더라고. 그 후에 이쪽 건물 손을 봤지요. 81년도에 지었기 때문에 노화돼서 비도 새고 전기배선이 엉망이었어요. 소방시설 이걸 전부 다 그 당시에는 20% 중 안양시 지원 10%, 자가부담금 10%로 하니까 가져다 쓴 거예요. 비오면 빗물이 줄줄줄 새고 노화된 것을 정비했지요. (구술자: 장용준)

_삼덕제지_이준열

제지산업의 심장 삼덕제지

섬유제지산업은 한국의 근대화의 전략산업 중의 하나였다. 물이 풍부했던 안양천 덕분에 안양은 한국 근대화의 과정에 쉽게 편승해 갔다. 그리고 전국 팔도에서 많은 젊은이들이 안양으로 모여들었다. 안양에 사는 어르신 가운데 많은 분들의 다수가 경상도, 전라도, 충청도가 고향이다.

제지산업의 심장, 삼덕제지

학교는 안양상고 나왔고, 삼덕제지 입사할 때는 참 어렵게 들어갔어요.

지금은 돌아가신 회장님을 옛날사람이 어떻게 보면 구두쇠고 또 어떻게 보면 열심히 살아오신 분이에요. 자기의 전 재산이 한 몇 천만 원, 몇 억을 가지고 있어도, 돈 있는 집인데도 일찍 돌아가는 날에 사람이 한 일곱 여덟 명이 오면 자기는 뒤로 가서 전철 타고 나머지는 자가용으로 집으로 모셔다 드리고 겸손했던 사람이에요. 좋은 사람이었어요.

삼덕제지가 옛날에는 폐수가 나왔어요. 회사는 시의 정책도 있으니 폐수를 정수장에서 걸러서 마을에 피해 없게 내보내려고……. 그리고 내가 안타깝게 생각하는 것이 뭐냐면 폐수 내보내가지고 여기 주민들이 있는 곳이 시커멓게 그랬었어요. 어떤 사람은 폐수가 나오는데 회사 안에다 묻었다고 그러는 사람도 있더라고요. 그런 건 절대 없었어요. 공장 안에 폐수를 묻었다면 파이프 하나가 250kg 나가는데 250kg짜리 15개 묻었다면 몇 t씩 되는데 무거워서 가라앉지요. 공장 안에 폐수를 묻었다는 것은 모르는 사람들이 하는 말이고 나는 오래 근무했기 때문에 잘 알아요.

공장부지 땅을 기부하는 것은 중요한 일인데 결과적으로 그 땅을 아들들하고 상의해서 땅을 내놓은 거예요. 폐수 때문에 여러 사람이 고생했다고 땅을 시에다 준 거예요. 그 아들이 과장도 아니고 바닥부터 시작을 했어요. 제일 겸손한 아들이 자기가 노력해서 지금 사장이 됐는데 그렇게 열심히 산 사람들이에요. 삼덕제지 터에 지하 주차장을 640평을 넣으려고 그랬대요. 굴뚝은 없애지 말라 했던 거예요. 시에서 이미 땅은 시행사에 줬으니까 공장부지는 기부자가 이미 줬으니까 우리가 용도를 변경시켜 가지고 지하주차장 하려고 했던 건데……. 그래서 안 된다고 재판까지 갔대요. 삼덕제지는 그런 실정이에요.

그 양반 재산이 무지하게 많은 양반이에요. 빌딩도 세 개 있고, 마산에도 파이프공장, 제지공장을 만들었고, 울산에도 파이프공장이 있어요. 성함이 전재준 사장님인데 참 좋은 분이에요. 빌딩도 내가 알기로는 세 개 있는 걸로 알고 있어요. 공장이 천안, 평택, 창원에 있었어요.

하루 100t 생산하다

공정이라는 게, 십만t 몇 십만t 쌓아놔요. 종이 원료는 인천에서 25t 트럭으로 펄프 원료가 오고, 그리고 활석이라고 종이에 글씨를 쓰면 미끄러지지 않게 하는 원료인데 한 자루가 1t이고 트럭에 16자루가 들어왔어요. 이 안에 칼날이 있는데, 그것이 돌면 막 갈립니다. …중략… 약품도 여러 가지 있고 조종실도 있어요. 모터가 일곱 여덟 개가 되는데 거기서 모터로 거쳐 나가면 갈려져 탱크로 가요. 거기에 돌아가는 게 있어요. 풀 밑으로 받치는데 풀을 만들어 이놈이 쏴주면 붙여 나가고 앞에 와서 종이가 만들어지는 과정이 되는 거예요. 물기를 말리는 드라이가 한 20개가 있어 앞에서는 금방 바짝 말라서 나가요. 하루에 생산량이 많을 때는 내가 알기로는 100t 정도예요.

60명의 여공, 700% 보너스

그 당시 여공들은 60명이었어요. 100명 있을 때도 있었고, 60명 있을 때도 있었고. 100명 있을 때에는 두꺼운 파지로 종이를 만들어낼 때는 사람이 30명이 더 필요했었고, 나중에 기계로 바로 녹여 갈아서 한 300~500㎜짜리 파이프에 투입시키면 바로 나오니까 30명 사람이 필요 없었어요. 앞에 포장하는 사람만 60명 있었어요.

여공들은 처음에는 마미라지 두꺼운 것, 그걸 만들 때 겹치는 신문지 같은 것, 철사 같은 것 고르느라고, 이것저것 고르느라고 사람들이 60~70명이 있었지 지금은 다 자동화돼서…….

월급이 나오고 보너스가 700% 나왔어요. 많이 준 거예요. 봉급을 하루도 미루는 날이 없었어요. 그러니까 그날이면 무조건 다 술 한잔 마시고 그랬지요.

전국 각지에서 모이다

여기 삼덕제지 있을 때는 사람 살기 좋았어요. 일터가 있으니까. 처음에는 300명 있었어요. 가족들을 따지면 1,000명 정도가 있었을 거예요. 그때 공장에 300명이면 적은 숫자는 아니에요. 처음에 1,000명 있다가 60명, 아니 남자들도 있으니까, 여자들은 단순 노동을 할 거고. 포장하는 사람들이 60~70명 있었고, 위에 몇 명 있었고 따져 보면 140명 정도 있었어요. 구성원 중에는 안양 토박이들이 많았죠. 경상도에서 오고, 전라도에서도 왔는데, 안양 사람이 많았어요. (구술자: 이준열)

책 72권으로 꿈을 이룬 대동문고

안양의 자존심 대동문고, 현재 안양1동 668-33 본프라자 1지하 1·2층에 약 1,000여 평 넓이로 자리 잡고 있다. 종업원 50여 명, 매장에 진열되어 있는 도서는 줄잡아 40여 만 권, 운영하는 규모로 보아 명실상부 수도권 최고 최상을 자랑하는 대형서점이다. 단돈 1만 환으로 시작한 책방을 오늘날 대동문고로 일구어낸 사람이 전영선 씨이다.

전영선 씨는 어린 시절 가난 때문에 영광에서 서울로 상경했다

나야 고향을 떠나온 것은 뭐, 정말 우리나라에서는 오지 중 정말로 가난한, 말하자면 돌밥 속의 조밥 숟갈로 찌르면 들어갈 수 없을 정도로 가난하고 처진 동네지요. 그래서 나야 뭐, 떠날 돈이 없으니까 중학교만 나오고 상급학교에는 갈 수가 없으니까. 밥이나 얻어먹으라고 남의 집에 양자를 보냈는데 그 양자로 가서도 그냥 공부만 하겠다고 하니깐 그 집에서 벼 한 가마니를 주더니 나가라고 하더군요. 우리 집에는 너무 가난하니까 단 10원 하나도 받지 못했어요. 영광에서 서울역까지 오는데 시간이 꼭 16시간 걸렸어요. 서울! 공부하고 싶어서 책가방 하나 들고 떠난 거지. 그리고 가난하니까.

서울에 올라와 처음 시작한 일은 물을 길어다주는 일이었다

1958년 12월 1일 날 벼 한 가마 가지고 내복도 없이 서울에 올라왔어요. 돈이 없으니까 방법이 없잖아요. 맨 처음 한 일이 음식점에다 공동수도 물을 길어다 주는 거였어요. 당시 종로2가 낙원동은 공동수도를 사용했는데 음식점들이 아래층위에 판잣집처럼 다다닥 붙어 있었어요. 물을 7번 길어다주면 밥을 얻어먹고 3번 길어 주면 누룽지 얻어먹고 연명하고 그랬어요. 저는 장갑이 없잖아요. 거기서 장갑을 빌려 가지고 하루 노동하면은, 예를 들어 지금도 그런지 모르지만 현금을 안 주고 전표를 줬어요. 거기서 또 아리깡(할인)하는 사람이 있었어요. 예를 들어서 만 원 현금 받아야 할 걸 종이(전표)로 받으면 8천 원에 받아요. 장갑 값이 없어 가지고 빌려 가지고 하루 하고. 그때는 미군부대에서 나오는 꿀꿀이죽 있잖아요. 점심에는 3원짜리 그거 먹어 봤어요.

그 후 그는 중국집에 취직을 하게 된다

12월 1일 올라와서 12월 20일부터 지금도 잊어버리지 않아요. 을지로2가 회영루라는 중국집 주방에 취직했어요. 그때 겨울이 너무 추우니까 겨울은 지내야 하잖아요. 그때 얼마나 추웠냐 하면 영하 18도, 20도까지 내려가요. 주방 구정물을 문 열고 버리면 찬바람에 아가리(입) 쫙쫙 갈라질 정도로 추웠어요.
처음에 주방에서 한 일은 그릇 씻는 거였어요. 뭐 서투르니까 삐뚤면 그릇이 깨지지요. 그래 가지고 우동 만드는 주방장한테 얼마나 구박을 받았는지. 하나씩 깨지면 나중에 몰래 눈치 보고 감추고 그랬어요. 12시에 영업 끝나면 주인장 중국 사람이 다음 날 쓸 석탄을 창고에서 가져오라고 시켜요. 그러면 주방에서 제일 하바리한 놈이 가서 얼어 있는 것을 깨서 아침에 난로도 피고 주방 불도 피고 그랬어요. 창고에 가서 석탄을 깨다 보면 서러워서 울고 눈물 닦다 보면 얼굴이 까맣게 되어 있더라고요. 그리고 다다미방에서 자는데 이불이 있어요 뭐가 있어요. 새벽에 벨 울려서 깨우면 일어나서 주방으로 바로 가야지요.
그래 가지고 나는 주방에 있는데. 야! 저놈의 홀에서 우동 배달이나 하면 얼마나 좋을까. 그게 원인이 돼서 배달을 했어요.

중국집에서 일하던 시절 그는 공부하고 싶은 의지를 신문 읽기로 대신하곤 했다. 하지만 그에게 신문조차도 허용되지 않았다.

내가 공부하려고 나온 놈인데 이런 데서 이 짓이나 해야 하나. 그러다 보니까 식당에서 피할 길은 화장실밖에 없잖아요. 화장실에 신문이라도 가져가서 읽으려고 하면, 거기 딸년이 말이야, 뚱뚱한데 말이야. 신문 가져가면 똥냄새 나니까 가져가지 말라고. 더럽게 신문을 꼭 붙잡고 뺏어 버리고……

1960년도 그는 살기 위해 닥치는 대로 일을 했다

봄, 따뜻할 때 아이스케키, 아이스크림 집에서 일하는데 아이스케키 소리가 나와야지. 골목에 가서 외워 보기도 하고. 옛날에 병을 갖다 주면 아이스케키를 받았어요. 예를 들어서 병을 주면 아이스케키 세 개를 줬어요. 맥주병은 비싸서 아이스케키 네 개, 다섯 개 값이 되었지요. 현금으로 받으면 천 원어치면 세 개인데 맥주병은 천 이삼백 원 벌 수 있는 거예요. 그때 빈병은 아이스케키 집에서 다 수거했어요.
그다음에 등사기 미는 것도 하고 뻥튀기 장사도 했어요. 뻥튀기 장사는 내가 직접 실로 다껴서 양쪽에다가 메고 산동네 구멍가게마다 외상으로 깔기도 했어요. 그다음에 동대문에 가서 며루치(멸치) 장사를 했어요. 한 열 포 사면은 등에다 메고 의정부, 동두천 할 것 없이 팔러 다녔지요.

1961년 5월 15일 친구의 권유로 그는 책 좌판을 시작했다

친구가 나보다 네 살 더 먹었는데. 고향 동창은 아니지만 이장도 13년 하고 그랬어요. 그놈이 '야, 이 새끼야. 너는 천냥(천생) 책장사나 해먹을 놈이다.' 그러는 거예요. 거기서 계기를 준 거예요. 왜냐하면 단어장을 보면서 리어카를 끌고 다녔는데 그것을 보고 그놈이 한탄강 여기서 책장사하면 괜찮을까? 그래서 거기로 간 거예요.

리어카를 팔아 소자본을 만들고 거기서부터 서점을 시작했어요. 내가 생일이 음력으로 4월 20일인데 양력으로 하면 5월 15일 스승의 날이거든요. 서점을 하게 된 동기가 나는 스승의 날 태어났기 때문에 장사가 아니고 교육한다는 신념으로 시작했어요. '아, 스승의 날 태어났구나' 해서 창립기념일을 5월 15일로 했어요. 그래서 리어카 팔아가지고 그 앞에 포천상회라고……. 책이 72권이더라고요. 그래서 돈으로 계산하면 21만 원 거기서부터 시작이 된 거지요. 이렇게 시작이 됐는데 신세를 지고 평생 동안 갚아야 하는 분을 만났어요. 기독교 다니는 아주머니 한 분이 있었는데 서울에 와서 결혼하고 실패해서 친정으로 온 외동딸인데 지금 팔십칠팔 세 되겠구나. 거기서 팥죽장사를 하셨어요. 그 양반 앞에서 한 다섯 평 정도 되는 조그마한 가게를 하고 있었어요. 그분이 나보고 자꾸 그러는 거예요. '젊은 사람이 이런 데서 있으면 전망이 없으니까 나가라고' 나보고 자꾸 나가라고.

불의의 사고는 안양과 연을 만들어 주는 계기가 되었다

내가 그러다 사고가 났어요. 동맥정맥 다 잘리는 큰 사고였어요. 다행히 헬리콥터 있어서 미군부대가 있는 의정부로 빨리 후송돼 가지고 동맥정맥 다 잇는 치료를 받았어요. 그걸로 해서 인생 1막이 끝났지요. 치료도 하고 서점하는 동안에 아줌마가 하여튼 돈 얼마인지 털어서 그 돈 가지고 계속 돌아다니다가 드디어 안양으로 오게 됐어요.

사고 이후 그는 안양에 정착하게 된다

안양에 63년도 7월 달에 왔어요. 그때 안양여고 앞은 콩밭, 수수밭이었고 딱 집 한 채 있었어요. 그 안양여고 바로 앞에 가게 하나 얻어가지고 좌판을 손수 사다가 짰지요. 밑에다 군용 야전용 침대 놓고 자고, 연탄불 피우고, 국수 먹어 가면서 서점을 시작했어요.

안양 금성방직과 태평방직의 출퇴근 시간에 맞춰 그는 좌판 장사를 시작했다

가장 크게 좌우된 것은 금성방직하고 태평방직 교대시간이었어요. 몇 시에 교대하냐 하면 아침 여섯 시에 교대해서 들어가는 사람은 다섯 시 반에나 들어가고, 나오는 사람은 여섯 시에 나왔어요. 새벽 다섯 시까지 나가서 좋은 자리 잡고 있어야 되고, 교대로 가서 장사해야 되고, 추운 데 일찍 가서 거적때기 같은 것 물고 딱 깔아놓고 자리 잡고 있어야 됐어요. 상상을 해 보세요 장사꾼들이 정문 앞에서부터 양쪽으로 길을 따라 쫙 있고, 우리 같은 경

우 책 대여섯 박스를 양쪽에다 놓고 했어요. 어두울 때는 카바이트 불빛 쫙 켜놓고 그랬어
요. 나는 책 다섯 박스 정도였는데 지금 돈으로 30만 원 정도 됐어요. 거기서 아는 사람들
은 외상도 주고 그랬어요. 새벽 다섯 시에 시작해서 일곱 시면 끝나요. 이제 들고 나와서
한두 시간 자고 아침에 본 점포를 열어요. 본 점포에서 학생들한테 몇 권 팔고, 또 짐 싸서
각 공장 회사 정문으로 가서 팔고. 회사 직원들 책 많이 봤어요.

좌판 장사를 하면서 그는 새로운 인연을 맺기도 했다

68년도 1월 7일 날. 1월 7일 날 이사 갔는데 거기다 세 평, 네 평 서점하고 세 평, 네 평하
는 방인데. 거기서 가난하니까 뭐 여동생도 오고 남동생도 오고 우리 어머니도 오고 서너
평에서 다 같이 잤어요. 거기서 68년도 1월 19일 날 결혼했어요. 7일 날 이사했으니까 19
일이면 이사하고 12일 만에 결혼한 거지요. 금반지 하나 해줬어요. 그래 가지고 한 달 만에
금반지 잠깐 빌려 달라고 그거 팔아서 그걸로 빚 갚아 버리고.

그에게 편의를 봐줬던 수위 아저씨의 정년퇴임 이후 그는 서점에서 일하게 되었다

책을 많이 봤어요. 동공물산, 유유산업, 아트제지, 한국제지 각 공장마다 순회하는 거지요.
각 공장 정문에다 점심 때 깔아놓고 그랬어요. 한국제지 같은 곳은 정문 수위가 정진황 씨
라고 나하고 참 끝까지 인연되다가 얼마 전에 죽었는데 그 딸이 정은혁이라고 남편이 한미
은행 다녔어요. 그 인연이 지금까지 되는데 정진황 씨가 수위 할 때 많이 편리를 봐주고 그
랬어요. 그분이 55세 때 정년퇴직을 하고 또 다른 곳에 취직해서 60세 정년퇴직했어요. 그
후 7년인가 내가 서점에서 근무하게 해줬어요. 77세 몸이 아파 가지고 우리 집에서 퇴직한
그런 인연도 있고……

대형서점과 맞서다

내가 서점을 시작했으니까 서점은 책을 통해서 교육이죠. 안양의 교육 쪽은 내가 정말 어
떻게 맡아야겠다면 참 건방진 이야기지만 그런 부분에 자꾸 작고 큰 것을 양심껏 열심히
했다고 생각하고, 또 한 가지는 비오는 날 자동차 뒤에 헤드라이트를 보고 가면 실수가 없
잖아요. 그와 마찬가지로 지난번에 대학에서 한 학생이 리포트를 쓰는데 이 세상에서 가장
훌륭한 사람이 자기 어머니라고 썼더라고요. 이 세상에 가장 존경하는 인물이 누구냐, 내가

아주 감동해서 칭찬했는데 난 그거야 뭐, 지금 현재 책을 통해서 위인전의 무슨 공자다 맹자다 하느님이다 부처님이다 무슨 뭐 베토벤 하는데 아니 언제 봤냐고요. 가장 가까운 사람의 말이죠, 신념이나 의식이나 행동이나 그것도 채우지 못하면서 그 유명한 사람은 왜 그거를 읽어 가지고 실천도 못하고 하냐는 거죠. 나는 그런 주의예요. 내가 이게 자취하는 것보다도 요즘 노점장사 그때부터 돈 21만 원부터 이만큼 말이야 일어났으면, 뭔가 그 사람들 신념이 있을 거 아니에요. 그리고 7평부터 9층까지 해서 서점 하나를 일궈냈으면 현재 바로 옆에 인물 있잖아요. 내가 가장 여기서 실패한 게 교보 저놈새끼들이 와 가지고……. 오기로 저게 그대로 있어야 내 인생도 그렇고 안양의 문화나 정서도 그렇고, 내가 하고자 하는 일이 멋있게 게임이 끝나는데……. (구술자: 전영선)

그의 서점은 아쉽게도 2008년 11월 26일 부도가 났다.

_보영운수_신관선

서민의 발이 되어준 뛰뛰빵빵

　여러 사람이 이용하는 교통이 대중교통이다. 안양에서 판교까지 그리고 영등포로 등짐을 지고 가던 시절에 서민의 발이 되어준 버스는 커다란 위로가 아닐 수 없다. 다 쓴 드럼통을 망치로 펴서 자재를 충당하고 차가운 겨울바람을 맞으며 희미한 백열구 하나로 버스 정비를 하던 노고들이 모여 안양 대중교통의 산실이 되었다.

안양 대중교통의 산증인, 신관선을 만나다

안양공립초등학교 17회 졸업생인 신관선 씨는 안양중학교를 다니던 중에 한국전쟁을 겪었다. 아버지 고향인 충남 예산으로 피란을 갔다 온 신관선 씨는 이후 자동차 관련 일에 몰두하였다.

17살 때 왔나. 왔다 갔다 했어요. 폭격 맞아서 다 없어졌거든요. 우리 집이 역전에 롯데백화점과 맞은편인데 거기 집이 타다 말았어요. 그래서 거기에 살기 시작했어요. 그때는 내가 면허증도 없었지요. 내가 18살, 19살 때 운전을 하기 시작했어요. 논에 세워 놨던 거 타 보기도 하고 그러다가 면허증을 56년 8월 10일인가 따고 58년도에 군을 갔어요.

신관선 씨는 제대 후 본격적으로 자동차 관련 일에 종사하였다

69년도 그 전에는 자동차가 별로 없었어요. 56년도 그때에는 그런 게 두들겨서 만들고 타서 시작을 한 거지요. 제일 처음에 운수사업 시작을 한 것은 서울역에서 천호동 가는 차를 했었어요. 그때는 전차가 있었어요. 그런데 전차가 없어지고 서울역에서 쫓겨나서 을지로6가 국민의료원에서 천호동 가는 차를 했었고 그리고 청량리에서 화랑대까지 가는 차를 했어요. 그전에 안양에서 서울로 가는 버스가 없었고 합승차가 있었어요. 9인승 합승 철로에 마루 깔고 넘나드는데 그 당시에 버스는 노량진까지밖에 못 가고…… 이 합승이 수원에서 서울역까지 가는 합승이 있었어요. 천호동까지 가는 우리 합승차가 덕수운수라고 수원까지 다니는 합승운수가 있었어요. 그래서 그 차를 사기 위해서 서울에서 잠시 서울 차를 샀다가 그 차를 바꿔서 수원에서 서울로 다닌 거예요.

이후 운수사업은 활성화되었다

수원에서 서울까지 다니는 회사가 덕수운수와 혁신운수가 있었어요. 협진운수 사장이 수원시 의회의장까지 한 이지원이라는 사람인데 그 차를 갖게 됐어요. 서울 차나 경기도 차가 병합해서 다니는데 나중에는 통합을 했어요. 경기도 협진운수를 계기로 차가 마이크로버스, 그러니까 17인승으로 커졌어요. 그 연도는 그때가 61년이었어요.

그는 61년도에 생애 처음으로 버스를 샀다. 버스 운영에는 안내양과 운전기사의 식사 제공, 심지어는 숙박까지 포함되어 있었다.

우리가 버스 다니고 나서 이듬에 화폐교환이 됐어요. 화폐교환이 됐는데 다른 데는 돈이 없었어요. 하지만 우리는 버스가 다니니까 금방 돈이 들어왔어요. 그래서 돈 만진 기억이 나기 때문에 기억이 생생해요.

협진여객에서 12대 가져왔을 때에는 협진여객으로 가기 전에 개별적으로 차주가 되었어요. 그때에는 우리 차가 안양에 열 몇 대 되었을 때 당시에 역전의 마당에서 다녔을 땐데 안내양, 기사가 우리 집에서 밥을 해먹였어요. 거기다가 세워놓고 막 뛰어와서 밥 먹고 점심때 또 나가고. 그래서 유원지도 가고 삼부리도 가고 청계도 가고 지금처럼 정기적으로 차 시간표가 있는 것도 아니고 배차가 있어서 보내고, 그렇게 해서 우리 식구가 고생을 했어요. 밥 해먹이느라 아주 안내양 밥도 먹여야 하고. 안내양 잠자리도 제공하고. 운전사는 자기 집에서 다니고 안내양은 우리가 그때 당시에 저기 텔레비전 여러 드라마 나오고 여러 텔레비전 와서 구경하고 차도 집으로 가져와서 고치고……

1969년 12월 22일 삼영운수에 대한 창립과 이후 성장과정을 그는 다음과 같이 회고했다.

내가 만든 것이 아니고 윤창로라고 윤금로 사촌 형인데 지금은 80도 넘었어요. 그때 당시에 안양읍 시절인데 차가 열 대 이상이었는데, 그래서 13대를 가져왔어요. 수원서 안양으로 와서 안양서 유원지도 다니고 3번지도 다니고 그러다가 시흥에서 서면 4대가 있었고 전부 자동차가 13대 있었어요. 그래서 시흥군 안양읍 당시에 13대로부터 간판을 달고 삼영운수 상호가 생겼어요. 그랬다가 69년에 사장님의 차가 35대까지 늘어 번창했어요. 옛날에는 차 운영을 기업으로 한 것이 아니라 개개인이, 회사는 삼영운수가 있고 그 사람들이 세금이며 돈을 내서 돈을 벌었어요. 자기가 월급 주고 자기가 운영했어요. 그러고 얼마 있다가 기업화라는 문제가 생겨서 회사에서 기사한테 월급 주고 그런 시대가 됐어요. 안양이 시로 승격되는 73년도인데 그때부터 회사가 상당히 어려웠어요. 나도 차가 몇 대 있었고 차주가 그때는 차주라 그랬거든요. 차주가 서울 사람도 있고 시흥 사람도 있고 뭐 청계 사람도 있고 그랬는데 사장이 못하게 되었어요. 이후 77년 9월 13일 날 임시주주총회를 해서 내가 사장이 됐어요.

이후 날로 높아지는 대중교통의 수요로 인해 삼영운수는 부광교통으로 분리되었다.

안양시가 번창을 하다 보니까 차가 많이 늘어나서 79년도 그니까 77년, 78년, 79년도에 차가 82대가 됐어요. 그러니까 사람이 많을 것 아니에요. 뭐라 그럴까 의견들도 그렇고 그래서 79년도 말로 버스자격면허분리인가를 해준다는 공고가 있었어요. 12월 말로 다가 부광교통이라는 것이 탄생됐어요. 그래서 80년 1월 5일자로 부광교통 회사가 분리됐어요. 삼영운수는 그대로 있고 부광교통이 분리된 거지요.

버스운수 계속하시면서 가장 기억에 남는 사건은 다음과 같다.

우선 어느 정도 자리가 잡혔을 때는 서울시에 토큰이라는 게 있었어요. 그런데 경기도에는 토큰이라는 게 없거든요. 우리 차가 서울로 다니고 영등포로 다니니까 서울 토큰이 많이 들어오잖아요. 경기도는 토큰이 버스회사에 반 이상 그걸로 들어왔어요. 교환을 해야지 월급도 주고 그래서 경기도로 가서 이야기를 할 것 아니에요. 경기도에서는 답변하기를 '우리가 만든 것이 아니다. 서울이 만든 것이다. 서울 가서 만든 것이다. 서울 가서 이야기해서 받으면 되는 것 아니냐' 이런 이야기가 나오는 거예요. 그러니까 경기도 업자들은 다 그랬을 것 아니에요. 행정계장이 그 당시에는 대위급 이런 사람들이 과장, 사무관 그걸 했거든요. 그렇다고 이야기를 못했다는 것은 아니고 안양시 그전에는 통일주체 이런 사람들이 들고 일어나서 토큰 교환해줬어요. 업자들끼리 통해서 그랬는데 조금이라도 뿔따구가 나면 안 바꿔주고 동결시키고 아주 고질적인 나쁜 짓을 했어요. 그러니까 뭐라 그럴까 완전히 통일시켜서 바꿔줘라.

버스 노선에 대한 사연도 깊다.

서울 노선 새로 생기면 서울 시계에서 서울 쪽으로 15km를 우리 경기도 차가 갈 수 있고 시계에서 15km 경기도로 올 수 있고 이런 교통사업법이 있었어요. 우리가 15km를 가려면 여기서 신흥으로 해서 사당동으로까지밖에 못 가요. 못 가는데 서울고등학교가 서초구에 있거든요. 서울고등학교 학생들이 거기 가야 하는데 차가 거기까지밖에 못 가니까 수원시에서 학교에서 들고 일어났어요. 그래서 거기까지 가게 되었어요. 그런 여러 가지 말도 못해요 지금은 안전이 돼서 고정된 것 같지만 그때는 법이라는 게 없는 시대였어요.

그는 만안구를 다음과 같이 기억했다.

만안구는 발달이 거의 없었어요. 뭐 아파트도 현대아파트가 삼익아파트가 처음 생기고 두 번째 현대아파트 단지가 생긴 건데. 이쪽으로 다 가는 아파트 단지도 없었고 평촌이 생기기 전에는 평촌이 절대 농지였기 때문에 이쪽으로만 발전이 있었는데 평촌이 절대 농지가 없어져서 신도시가 됐어요.

버스 운수업 종사자답게 그는 안양시에게 다음과 같은 사항을 요구했다.

안양은 내가 뭐 안양 본토고 그러니까 사는 동안 여기 살 테니까 안양이 참 좋아요. 그런데 행
정관 몇 사람이 결과적으로 시장이랄까 관공서 직원이 말씀드린 대로 지역발전을 위해서 자기
가 몸을 던져야 한다, 시민들한테 던져야 한다, 이런 생각이 들어요. 내가 눈물 나는 일이 있어
요. 2002년도에 모든 버스를 안양시에 헌납한다는 공포를 한 적이 있어요. 그래서 신문에도 나
고 그랬는데 시장한테 주고 나는 잘 못하겠다, 나중에 추진위원 선정해서 해라 해놓은 게 있어
요. 그래서 나중에 그렇게 안 되면 팔면 되지 않느냐 이런 이야기가 나왔는데. 그게 가장 안타
까운 이야기예요. 지금은 6월 공용차고지가 됐지만 그 전까지는 안양 공용차고지가 없었어요.
그러면 안양시장이 늦게까지 광명이고 의왕이고 군포고 뭐 이렇게 됐는데 안양은 없는 거북이
행정은 이건 운수업자를 위해서 만드는 게 아니고 이런 것은 잘 한 게 아니고 이게 급해요 유
원지 그게 급해요. 그런 식으로 해서 돈 580억 들여서 유원지 만들고 장사꾼들 그거 장사 잘 돼
요. 환경의 지배를 받고 분위기에 따라서 먼저 만들고 나중에 할 게 있는데. 뭐든지 그렇지 우
리 버스터미널 만든다고 그럴 때 노력을 했다고 치지만 결과가 없으니까 소용이 없는 거지. 평
촌에 예를 들어서 신도시 만들 때 공영차고지 1,000평 마련을 못하나……. (구술자: 신관선)

신관선 씨의 생애사를 만안과 안양시의 기억과 연결시켜 보려 했다. 그중 버스 운
행 및 관리에 대한 안양시에 대한 그간의 감정은 당분간은 쉽사리 해소되지 않을 듯
보였다.

_에이원라사_백승규

역사와 전통을 입힌 동네 양복점

　　라사, 지금 젊은 층에게는 낯선 단어이지만 중년층에게는 양복 한 벌의 추억이 어린 곳이다. 대기업의 기성복이 등장하기 이전 동네 양복점에 가는 일은 큰 기쁨 중 하나였다. 양복 맞추러 가는 날, 몸 치수를 재고 나온 후 가봉하던 날을 기다리던 아련한 추억이 있다.

　　'어, 양복점이 아직도 있네.'

　　1970년대는 양복이 오늘날처럼 기성복이 아니었다. 그래서 양복을 만들어 주는 양복점은 고급용품을 취급하는 곳으로 인식되었다. 양복 만드는 기술이 있으면 양복점을 차려 사업을 할 수 있었다. 그 시절 일류 양복기술자는 요즘 잘나가는 직장 못지않았다.

　　양복 기술자들은 도시의 상가 지역에 자신의 양복점을 개업했다. '○○라사', '서울라사', '반도라사', '동양라사', '장미라사'……. 라사는 1) 실과 옷감을 취급하는 곳이다. 바느질/재봉하는 곳=옷 짓는 곳=양복점. 2) 라사는 유럽 양복지를 뜻하는 말이다. 3) 라사는 포르투갈어 **Raxa**에서 유래한 말로 두꺼운 모직의 한 종류를 지칭하는 말이다. 4) 난초 등 식물을 키우는 사람들 사이에서 잎의 질감이나 상태를 표현하는 용어로 쓰는데 잎의 표현이 전체적으로 울퉁불퉁한 것을 '라사'라 한다.

주문신사복 전문브랜드 BUKISH
에이원라사
기술인정 등록번호 1339호   안양점 벅쉬 449-4441
에이원 라사 예복전문
brother

수제양복점, 에이원라사

정의: 경기도 안양시 만안구 안양1동에 있는 맞춤양복점
변천: 에이원라사는 양복 기술 장인인 백승규(1949년생)가 개업한 양복점이다. 고향이자 삶의 터
　　　전인 안양에서 1970년 설립하여 현재까지 수제 양복점을 운영하였다.
주요 사업과 업무: 주로 남성용 수제 맞춤양복을 만든다.
현황: 1970년부터 현재까지 30년 넘게 양복점을 운영하고 있다.

1970~1980년대는 맞춤 양복의 호황기이다. 그때만 해도 동네에 100여 개 정도의 양복점이 있었다. 하지만 수제양복은 1980년대 후반 브랜드를 앞세운 기성복의 등장으로 설 자리를 잃게 됐다. 특히 자본력을 가진 대기업들이 기성복 시장에 잇따라 진출하면서 타격을 입었다.

'에이원라사'는 33㎡(10평)의 작고 평범한 동네 양복점이다. 1949년 안양에서 태어난 백승규 씨는 그의 삶 대부분을 안양에서 살아온 그야말로 알짜배기 안양 토박이다. 가정 형편이 어려워 학교를 중퇴한 후 안양에 있던 미도사 양복점에서 양복기술을 배웠다. 몸이 허약했던 터라 이발기술과 철공기술은 힘이 들었기에 다른 것을 찾던 중 양복기술을 선택하게 되었다. 바느질 관련 기술은 안양에서 했지만 재단과 관련된 업무는 서울 명동 에이원라사에서 배웠다. 그 후 기술을 배워서 용산역점 앞에 있는 유일라사라고 철도청 지정 양복점에서 3년 정도 일을 했다. 17살 때부터 기술을 배우면서 1970년 6월 5일 지금의 에이원라사를 개업했다. 그때부터 지금까지 한자리에서 양복점을 운영하고 있다.

안양1동 상가 주변에서 오랫동안 운영한 이유를 다음과 같이 설명했다.

> 이것도 운이에요. 건물 주인이 자주 바뀌게 되면 이렇게 오래 있지 못했어요. 이 건물 주인은 내가 개업할 때부터 지금까지 건물을 매각하지 않고 여태까지 계속 가지고 있어요. 나는 여기서 40년 있었기 때문에 우리 사장님이 임대를 상당히 싸게 해줬어요. 그래서 여태까지 있게 됐어요. 그렇지 않았으면 이걸 임대료가 많이 올라가면 어떻게 운영을 해요. 운영을 못해요.

백승규 씨는 양복 기술을 처음 배웠을 당시를 회상했다.

> 거기 들어가서 처음에 연탄불 피우고……. 옛날에는 다리미가 전기다리미가 아니고 연탄불

난로 위에 쇠난로 쇠다리미를 올려놓고 그걸 가지고 다림질을 하고 그랬어요. 사고도 많이 났지요. 태워 먹기도 많이 태워 먹고 그거부터 시작했어요. 그다음에 바지 기술자하고 일하게 되고 바지기술을 다 배우고 나서 우아기(상의)를 배워서 남의 집에서 월급쟁이로 일하다가 이걸 차리게 됐어요.

개업하던 당시 상황과 이후 운영하던 일들을 다음과 같이 이야기한다.

아주 그냥 이것 차릴 돈은 없었는데, 전세 살고 있는 집 빼 가지고 사글세로 가 가지고 내줬어요. 그때 당시 보증금이 20만 원에 월세 8천 원이었어요. 7만 원 가지고 양복 값 열 개 가져다 걸어놓고 재봉틀 하나 사고 다이도 짜고 그래 가지고 혼자 하다가 나중에 일이 많아지니까 직원들도 쓰고 그러다 지금까지 오게 됐어요.

그는 명동 에이원라사에서 맺은 인연을 계기로 자신의 양복점 상호명도 에이원라사라고 붙였다. 그 당시 에이원라사 하면 꽤 유명했다. 서울에 있는 양장 만드시는 분들하고 교류가 있었지만 사양사업이 된 후에 다 헤어져 만날 수 없는 상황이다.

양복점은 1980년도에 활발하게 운영되었다. 심지어 10명 정도를 채용하고 중앙시장 등 양복점 인근에 공장을 몇 군데 운영할 정도였다. 하지만 2003년도에는 혼자 가게를 운영했다. 양복을 해 입는 사람이 적어지면서 맞춤복은 기성복에게 밀리기 시작했다.

안양에 양복점들이 한 60군데 정도 있었어요. 그렇게 많았어요. 지금은 다 없어지고 안양1번가에 나 혼자밖에 없지만 그때 당시에는 그렇게 많았어요. 안양1번가에서 장사했으면 다들 잘하니까 특별하게 잘 한다는 게 아니고 그 최선을 다해서 맞춰주는 거니까. 옛날에 바쁠 때는 밤새 가면서 일하고 제 날짜에 납품도 제 날짜에 못 시키고 일감을 30벌, 40벌 쌓아놓고 일했는데, 안양에서 양복점이 서로 경쟁하고 그랬어요. 기술자도 서로 빼가고 옛날에는 그랬어요. 옛날에는 의학기술 빼고는 양복기술을 제일 알아줬어요. 어려울 때 넥타이 매고 일하는 직업은 양복집밖에 없었으니까 좋은 직업이지요. 그런데 세월이 많이 변해서 골동품 장사예요. 이게 어디 가서 명함을 못 내밀어요. 양복점이 기성복 때문에 안 된다는 거를 아니까는 어디 가서 명함을 못 내밀어요.

백승규 씨가 양복점 운영을 고집하시는 데에는 양복기술에 대한 자부심도 있었다. 백승규 씨는 자신의 옷도 직접 만들어 입고 두 아들의 양복도 만든다. 양장은 못하기에 아내 분에게는 여자 바지를 가끔 만들어준다.

내가 이게 뭐 벌이 안 돼서 벌써 안 했으면 됐는데, 막상 요즘은 경기도 어렵고 그래서 이걸 치우고 딴 사업을 해봤댔자 성공할 확률이 굉장히 낮았어요. 난 장사가 안 되지만 그래도 내가 할 수 있는 데까지 장인정신을 갖고 계속 이걸 붙들고 있었던 거예요.

앞으로도 계속 양복점을 운영할 계획에 대해 백승규 씨는 머뭇거렸다.

그것은 앞으로는 계속 못했어요. 앞으로 길어야 2년 정도. 내 나이가 65세가 되니까. 그 정도 하고 우리도 손 뗄라고, 이것 사양사업이기 때문에 이것 가지고는 밥을 못 먹어요. 지금은요.

양복기술 전수에 대해서 조금은 비관적이었다.

양복기술을 배우는 사람이 지금 없어요. 그래서 지금 안양에서 양복 일을 하는 사람이 딱 두 사람밖에 없었어요. 그 사람들이 손 떼고 나면 양복 일을 못해요. 자연히 앞으로 양복점은 없어질 것으로 생각해요. 맞춤양복은……

최소한 수제양복 한 벌이 55~60만 원대이니 가격대에서 20만 원대인 기성양복에 밀린다. 특히 요즘 젊은이들에게는 양복 값이 만만치 않다. 대량생산에서 가격이 낮아졌지만 과연 우리는 우리의 몸에 딱 맞는 옷을 입는 것일까?
장인의 오래된 기술이 낮은 가격과 경쟁을 해야만 하는 시대에 살고 있다. 오래된 재단기구만큼이나 그의 기술 역시 빛을 발할 날이 다시 찾아올 수 있기를 기대한다.

30년 된 가위, 재봉틀, V자, 연적, 어깨 다리미 받침, 모형판, 줄자, 40년 된 통장, 69년 병적증.

이것은 진짜 내가 가보로 가지고 있는 건데. 무진장 오래된 거예요. 천 원 이천 원씩 저금하고 그랬던 거예요. 조흥은행 72년도부터 저금을 하기 시작했어요. 아마 만기돼 가지고 이게 얼마야. 1,103원, 이것으로 우리 동생 장가보냈어요. 이것은 죽어도 안 버리고 가지고 있는 거예요. 제일 처음에는 저금을 못했다가 개업하고 나서 2년 정도 있다가 그때서부터 천 원도 큰돈이에요. 양복 한 벌에 7천 원, 바지 하나에 1,500원 막 했을 때니까요. 지금 바지 하나가 15만 원씩이니까. 천 원, 2천 원, 500원 막 저금한 게 이게 얼마나…… 보증금 20만 원에 월세 8천 원은 큰돈이지요. (구술자: 백승규)

충훈약수탕 이천우

물로 맺은 나눔공동체, 충훈약수탕

    대형 찜질방에 밀려난 동네 목욕탕, 그러나 목욕탕 옥상에 바람이 사뿐히 흔들리고 있는 목욕탕 수건은 지나가는 중년층에게는 아련한 추억 중의 하나이다. 명절 즈음이면 목욕탕에 북적대던 아련한 추억 하나쯤은 만들어주던 곳이 목욕탕이다. 아직도 안양의 공간 한편에는 그 추억의 흔적을 찾을 수 있는 충훈약수탕이 있다.

충훈약수탕과 인근 지역민들의 지하수 사용

대도시 특히 수도권에 살면 수돗물 사용을 당연시한다. 2010년 안양시 상수도 보급률은 99.9%이다. 수돗물 보급률이 100%에 육박하고 있다. 하지만 0.1%가 존재한다. 대표적으로 충훈약수탕을 중심으로 지하수 이용자를 들 수 있다.

석수3동에 있는 충훈약수탕

석수3동은 충훈부 조선시대 관아였다. 석수3동은 옛날에 충훈부라는 지금의 보훈과 같은 것으로 공신들의 집과 농토가 있었던 곳으로 경주이씨가 10대째 살고 있는 곳이다. 이곳에는 충훈약수탕이라는 목욕탕이 있는데 그 탄생 배경과 사연이 매우 독특하다.

이천우 씨의 부친은 경주이씨 자손임에도 불구하고 충훈부에서 논농사를 크게 지을 만큼의 넓은 땅이 없었다. 그래서 60년대에 네덜란드에서 꽃씨를 수입해서 꽃 재배를 시작했다. 당시에 하우스재배를 시작한 것은 획기적인 사건이었다. 70년대 이천우 씨의 부친은 꽃 재배에 이어 당시 수원농촌진흥청에서 시험재배 중이던 느타리버섯을 전국에서 최초로 도입하기로 결정하고 느타리버섯을 키울 물로는 공업화로 오염된 안양천이 어렵게 되자 지하수를 개발해줄 것을 요청하고, 70년대에 지하수개발을 하게 된다. 지하수개발로 느타리버섯을 재배하던 중 80년대 충훈부 들녘을 토지공사가 주택단지로 개발하면서 농토는 단지로 편입시키고, 기존에 있던 자연마을은 보존되는 상황이 발생한다.

농토에서 주택단지로 변화하게 된 마을에서 더 이상 농사는 힘들다고 생각한 이천우 씨의 부친은 지하수는 있고, 아파트가 들어서자 목욕탕을 하기로 하고 85년에 목욕탕 공사를 착공하게 되고, 지하수인 약수가 올라오는 물이 있어서 동네 사람들이 약수탕으로 지으라는 충고에 충훈약수탕으로 이름을 지었다. 그런데 여기서 특이한 점은 지하수개발로 천연암반수가 나오는 상황에서, 주택단지에 들어오는 상수도를 충훈약수탕 인근의 계량기 기준 30개(지금은 빌라로 변해서 100호 이상 사용)가 상수도물을 거부하고 기존의 지하수를 식수 및 생활용수로 사용하게 되었고, 그것이 지금까지도 이어지고 있다.

지하수 계량기 30개를 현재까지 충훈약수탕에서 관리하고 있는 상황이다. 이천우 씨 부친이 살아생전에는 본인이 관리하다가 이후 부친께서 돌아가시고 30개 개량기 가구가 빌라로 전환된 상황에서 아내 분이 관리하고 있다. 지난 30여 년 전의 지하수개발과 택지개발에 대해 잘 모르는 새로 이사 온 사람들은 지하수에 대한 고마움과 다른 한편으로는 불편함이 공존하는 모습을 보이고 있다.

충훈약수탕을 운영하는 집안의 아들인 이천우 씨(1964년생)는 충훈부 약수탕의 기원을 다음과 같이 설명한다. 공업화의 과정 속에서 안양천이 더 이상 농업용수와 음용으로 사용이 불가능해지자 충훈부를 중심으로 지하수 사용을 추진했던 것이다.

> 10여 년 전부터 농사를 짓던 안양천 물을 이용해서 농사를 짓던 지역인데 60년대 안양이 공업화가 되면서 안양천이 매우 오염이 되었잖아요. 그 물을 농업용수로 쓸 수도 없고 또 식용수로도 쓸 수도 없는 상황이니까요. 75년 정도로 기억이 나요. 내가 초등학교 5학년 때 안양시에서 안양천 물로 농업 기반시설인 식용과 농업용수로 쓰는 게 어렵다는 판단을 내려서 몇 개 마을에 간이상수도사업을 시행을 했어요. 시에서 예산을 지원해주고 자체 주민들이 약간의 자부담도 하고 해서 그래서 충훈부 지역에 간이상수도라는 것을 팔았어요. 지하수를 파서 이용을 했는데 물이 좋다 보니까 이용하는 주민들이 스스로가 약수물이 나왔다, 물이 좋으면 약수물이라고 그랬지요. 옛날 사람들이 약수물이 나온다고 스스로가 약수라는 명칭이 정해진 거고 이방인이 정했다기보다도 만안 마을사람들이 스스로 입에서 입으로 나오게 된 거지요.

현재 지하수 물을 이용해 목욕탕을 건설하게 된 배경은 다음과 같다. 농업과 도시 근린지역의 화훼농업이 더 이상 경제적으로 타당성이 떨어지자 지하수 물을 활용하게 된 방도를 모색하게 되었다.

> 안양천이 오염돼서 그 물로 농업용수를 쓰다 보니까 농사를 지을 수 없잖아요. 오염된 물이니까. 그 물을 끌어서 벼농사를 지었거든요. 물이 오염돼 더 이상 벼농사가 될 리가 없어요. 그러다 보니까 시에서 그 당시에 도시계획을 해가지고 농사를 지을 수 없으니까 마을 주택단지로 택지개발하는 걸로 조성을 했어요. 농토가 없어지다 보니까 돌아가신 아버님이 무언가를 해야 되는 상황인데 뭘 할까 하다가 지하수 물을 활용하자 이런 게 있었었고 또 한 가지는 그 당시에 버섯농사도 지었어요. 느타리버섯을 대량으로 재배했었는데 그 버섯농사가 지하수 물을 사용했어요. 순수하고 깨끗한 물인 지하수가 자체적으로 그때 농업용수를 팔았어요. 아주 깊이 그래 가지고 깨끗한 지하수가 대량으로 자체적으로 약수물 말고도 나왔어요. 대량으로 많이 나왔어요. 좋은 지하수가 많이 나온다고 하는 것을 활용해서 무언가를 할 수 없을까 하다가 아버님이 목욕탕 사업을 구상하게 됐고요. 그 물을 이용해서 목욕하다 보니까 이름을 지을 적에 약수물 가지고 목욕탕을 하니까 약수탕이다 해서 약수탕 사업이 시작이 됐어요. 사업장의 명칭이 그렇게 유래가 됐어요.

깨끗한 지하수 물인 약수물을 사용하는 목욕탕이 바로 약수탕이다. 약수(藥水)는 먹거나 몸을 담그거나 하면 약효가 있는 샘물이다. 약수물 하면 사람들에게 좋은 것으로 통한다. 현재 목욕탕 운영 상황은 어떤가가 궁금했다.

요새 뭐 24시간 찜질방에서 대형으로 시설이 좋은 게 많이 있잖아요. 우리는 옛날 재래식 동네 목욕탕이니까 잘 되지는 않았어요. 동네 그냥 대부분 연세 드신 분들이에요. 할머니들, 할아버지들 순수한 동네 주민들이에요. 외부에서 시설 잘 됐으니까 찾아가고 찜질방 같은 것 젊은 사람들 멀리서 찾아가고 그러잖아요. 하지만 이 목욕탕은 순수한 재래식 목욕탕이라고 봐야 돼요. 동네 재래식은 다들 안 되는 추세 아니에요. 슈퍼마켓도 대형마트나 이런 데가 잘 되지 동네 조그만 구멍가게 안 되잖아요. 이치가 다 이런 상황이니까 마찬가지예요. 그럭저럭 유지해 가는 거예요.

좋은 물을 사용한다고 하던 약수탕도 찜질방과의 경쟁력에서 뒤처질 수밖에 없는 것이 현실이다. 그럼에도 대도심에서 지하수를 사용하는 목욕탕이 브랜드가 될 수 있다. 도심에서 지하수를 음용으로 사용하는 공동체는 흔하지 않다. 그 속에서는 어떤 일이 일어나는지 궁금하다. 지하수 관리 문제가 관건이다.

지금은 계량기 한 30개 정도인데 세대수로는 계량기 하나에 여러 가구가 쓰다 보니까 가구수는 아마 모르긴 몰라도 60~70가구 이상은 쓸 거예요. 계량기는 30개 정도가 남아 있는데 그 전에는 훨씬 더 많았어요. 한 마을에 다 쓰던 거니까 물이 여유분이 생기니까 그 당시 85년도에 시작한 건데요. 그 당시 그것만 가지고 가능했었는데 나중에 아파트가 입주하고 빌라지역으로 완전히 주거지역이 돼 버렸어요. 손님들이 늘어나니까 약수물만 가지고는 물 양이 부족했어요. 그러다 보니까 또 그것은 응용수로만 쓰고 버섯농사용을 자체적으로 개발한 지하수만 가지고 지금은 목욕탕 영업을 하게 됐어요.

현재 지하수를 사용하는 데 있어서 지하수 계량기 관리를 누가 하는 것이 최대의 문제이다.

지금도 계속해서 어머님이 관리하고 있는 상황이었어요. 관리하는 데 어려움이 있어요. 그래도 그 전에는 어머님도 젊으시고 저도 활동하고 그럴 때니까 그랬는데 어머니도 관절이 굉장히 안 좋아지셔 가지고 관리하기도 어렵고 전기요금이 한전에서 우리한테 와요. 그거를 사용

한 양을 다 계량기를 30개 정도를 조사해서 n분의 1로 나눴어요. 각 가정에 쓰는 집에 전기요
금을 받아요. 그래 가지고 모았다가 한전에 전기요금을 냈어요. 그 전만 해도 괜찮았는데 아무
래도 연세가 드시고 연로하시니까 관리하기가 어려웠어요. 그래서 전에부터 쓰시는 분들한테
관리하기가 어려우니까 다른 분에게 의뢰를 하든가. 지금 같은 세상에 자기 직장생활하거나
자기 사업하는 데 그걸 누가 관리하려고 해요. 일일이 돈 만지고 계산하고 다 해야 하는데 그
러면서 그 물을 없애자, 뭐 그냥 상수도를 썼으면 하고 권하는 거예요. 우리 입장에서는 세상
도 변하고 하는 상황이니까 근데 쓰시는 분들 입장에서 대부분 서민이고 수십만 원의 돈을 대
야 상수도를 대잖아요. 안양시 상수도를 대려면 돈도 들어야 하고 수돗물을 주민 입장에서는
목돈을 들여가면서 안 좋은 물을 들이는 거고, 돈 안 들이고 그냥 깨끗한 약수물 마시는 거를
돈 들여가면서 수돗물을 대려고 해요. 끓여 마셔야 하고 그리고 요금이 비싸요. 상수도 요금이
이것은 전기세만 1/N로 나누다 보니까 리터당 가격이라고 해야 하나 가격이 싸요. 사용요금이
사용요금도 싸지, 목돈도 안 들어가지. 깨끗한 물이지. 그것을 누가 버리려고 하겠어요.

지하수 관리를 노부모가 하고 있다는 점에서 계속 사용하기가 난감한 상황이다. 사용
자를 위해서는 폐지하기도 난감하지만 관리하는 어머니를 생각하면 현재와 같은 운영
방식은 지속되기 어렵다.
지하수 사용자들은 물에 대해 대단히 만족하고 있다.

좋아요. 만족하지 않으면 스스로가 그 물을 쓰겠어요. 요즘 같은 세상에 시청에 전화 한 통
만 하면 시청에서 바로 다해주는데 물론 돈을 내야 하지만 뭐 자기가 1년 365일 마셔야만
하는 물 없이는 못 살잖아요. 물처럼 신체 건강에 중요한 역할을 하는데 근데 그게 해롭다
고 하면 억만금을 줘도 본인들이 싫다고 하지. 예를 들어서 자기한테 피해가 간다고 하면
은 전화 한 통으로 해결될 문제를 수십 년간 그렇게 하겠어요. 주민들이 스스로가 만족을
하니까 그렇게 하는 거지요. 우리 입장에서 관리하기가 벅차니까 꺼려하는 거지. 어쩔 수
없는 건 봉사라는 게 원해서 불가피하게 또 해야 하는 상황도 있는 거고. 봉사예요. 스스로
어떻게 아는 사람들도 지금은 언젠가 한번 시청에서 그와 관련해서 이렇게 오래되다 보니
까 수시로 터져요. 지하에 매설된 관이 겨울에 얼기도 하고 옛날에 매설한 거라서 터지기
도 하고 그런 거를 바로 설비업자를 불러서 공사를 하고 그런다고요. 누가 할 사람이 없잖
아요. 그러면 터진 관 밑에 사는 사람 입장에서는 물이 안 나오잖아요. 불편했어요.

이러한 지하수 사용에 대한 애로사항은 세입자들은 잘 모르는 상황이다. 무엇보다 안
양시청 담당 관련 부서에도 지하수 사용에 대해 적극적으로 행정제반 사항을 관리하기

보다는 자율적인 역할에 맡기고 있는 상황이다. 이렇다 보니 날이 갈수록 지하수 관리에 대해 어려움이 더해져만 간다.

어머니께서 목욕탕을 운영하시면서 생기는 에피소드나 약간 지역의 지하수 운영하면서 애로사항을 다음과 같이 전한다. 물은 공공이 사용하고 있지만 지하수 관리는 한 집안에서 책임을 맡고 있기 때문에 운영에 있어서 문제가 발생하는 것 같다.

어떤 사람들은 잘 모르고 항의를 해요. 마치 뭐 우리가 봉사를 하는 건데. 그 사람들 입장에서 물이 안 나오니까 답답하니까 항의를 하고 그래요. 자초지종 설명을 하고 그러면 나중에는 끄덕끄덕 하고 알았다고 하고 가요. 그런 게 애로사항이 있어요.

지하수 사용에 가장 큰 어려움은 다음과 같다. 지하수를 주기적으로 교체해야 하는데 막대한 비용을 누가 지불하느냐의 문제이다. 1996년 당시 시의원이었던 이천우 씨 덕분에 시로부터 지원금을 받을 수 있었다. 하지만 앞으로는 정말 난감하다.

노후가 돼 가지고 큰 전환점이 그때가 96년인가 97년인가 시의원 초선 때인데요. 그때 설날 직전이에요. 겨울이지 한겨울이지. 그게 한 75년도쯤에 파고 나서 96년 정도니까 약 20년 정도가 지나서예요. 그때 완전히 고장이 나고 지하 상태가 안 좋게 됐나 봐요. 20년 지나가 보니까 기술적인 것은 잘 모르지만 물이 안 나왔어요. 겨울에 물은 안 나오지, 설날은 다가오지, 뭐 어떻게 할 수도 없지, 화장실도 못 써요. 밥도 못해 닦는 것은 고사하고 얼마나 큰 난리예요. 주기적으로 교체공사를 하고 그래야 돼요. 교체공사를 근본적으로 20년 지나다 보니까 큰 공사를 다시 해야 하는데 그런 시점에 도달해서 돈은 없었어요. 목돈이 들어가니까 그 당시 구청장 자초지종 설명을 하고 말씀을 드렸어요. 그 당시만 해도 구청장 허가사업이라는 게 있었어요. 예산이 딱 정해진 게 아니고 임의대로 긴급사항 때 투입할 수 있는 명칭이 포괄사업비인데 긴급 시 투입할 수 있는 목돈이 어느 정도 구청장이나 시장이 가지고 있는 게 있었어요. 그 돈을 써서라도 급하니까 시급하니까. 당장 밥도 못해 먹잖아요. 해달라고 하니까 그때 당시 구청장께서 큰 결정을 내려주신 거예요. 그때 재공사를 한 거예요. 지금은 지하 200m로 그 당시에 96년 정도니까 그것도 15년이 지난 거고요. 그것도 5~6년만 지나면 또다시 큰 문제로 봉착하는 거예요. 다시 재공사를 해야만 하는 그런 시점이 올지도 몰랐어요. 오랜 시간이 지나면 그런 일이 벌어지잖아요. 그때 가서는 2~3년 뒤가 될지도 몰라 지하 200m에 있는 상황이니까 시에서 예산 달라고 하면 아마 안 해줄 거예요. 제가 현직으로 일하는 것도 아니고 신경 써주는 사람도 없고 그래서 주민들이 큰 어려움이 그때 가서 닥쳐올 거라고 예상은 했어요. 지금 당장은 아니니까 버티고 사는 거예요. (구술자: 이천우)

　지하수 사용의 존폐 여부는 지하수를 사용하는 공동체 안에서 해결해야겠지만 좀 더 지방자치단체 차원에서의 세심한 배려가 필요하지 않을까. 지하수 사용에 관련한 업무에 대해 지방자치단체의 적극적인 관심을 기대한다.

박달동의 터주

    그 어딜 가도 그 동네를 잘 아시는 어른은 꼭 한 분씩은 계시다. 일명 '터줏대감'이라고나 할까? 마을 개천에서 멱 감던 코흘리개 유년시절의 아련한 기억이 이제는 나이가 들어서 그런지 점점 선명해지는 듯하다. 그건 아마도 변할 만큼 동네가 변했을지라도 그 기억은 아름다움으로 가득 차 있기 때문인 것 같다.

지역이 넓고 확 터진 형세를 지니고 있다 하여 붙여진 동네, 박달동

구씨하고 엄씨하고 제일 처음 스타트로 그 지역에 된 것입니다.

먼저 박달리라는 유래를 말씀드리려고 합니다. 박달동이 12골짜기에 12부락이 있었는데 아주 길고 넓은 골짜기가 있어서 앞이 터졌기 때문에 무슨 일을 해도 앞뒤가 다 터진 데서 모이면서 전달이 되고 12골짜기에 그런 삼태기처럼 생겼어요. 박달이라는 게 '넓을 박' 자에 '통달할 달' 자 아닙니까? 지역이 넓고 확 터진 형세라 그게 박달리라는 자체가 거기에 처음으로 탄생이 됐어요. 그래서 박달리라는 명칭을 붙여 온 겁니다. 그렇게 해서 박달리라는 유래가 '넓을 박', '통달할 달' 시작이 되었고요.

태어나기 전, 이미 그는 안양에 있었다.

유년의 기억

박달동에는 태어나시기 전에 여기로 이사 왔어요. 이 골짜기에 그때 할아버지하고 오셔서 토대가 된 거지. 농사지으시면서. 이 마을이 제일 끝이 박달이고 여기는 서면으로 학생들이 서면초등학교를 4km를 걸어 거기로 다녔어요. 나는 초등학교를 1학년 때 거기 서면초로 들어가서 안 가고 울고 그러니까 그때 당시에 안양에 강습소라고 있었어요. 거기로 들어갔다고. 그게 안양국민학교로 편입돼서 그렇게 해서 안양초등학교를 제가 나온 것이에요.

교육열이 높았던 부모님

원래가 우리 부친께서 아홉 살 때 조실부모를 하셨어요. 아홉 살 때 조실부모를 하다 보니까 그 일자무식 아닙니까? 그런데 그때 당시에 땔나무 지게를 지고 왔다 갔다 하는데 글방에서 공부하는 게 그렇게 부러워서 집에서 숯검정으로 지게 등에다 써서 어깨 너머로 배운 거예요. 그래서 이야기 책 같은 것 보면 정신은 이 양반이 좋아서 그 말 방에 가서 이야기를 하면 유식해도 그렇게 유식해요. 이야기책을 보면 삼국지 보면 말로 다 술술 하니까 한 번 보면 암기력이 좋을 거예요. 그러다 보니까 자식만큼은 시켜야겠다고, 땅을 다 팔아줘도 실력 있어야 보내준다 실력이 없으면 못 가면 그것으로 끝이다, 그리고 아예 재산을 물려받을 생각을 하지 말라고 했어요.

안양천에서 멱 감고 천렵하고

수암천도 있고 안양천도 있는데요. 수암천은 농사짓는 가운데를 흘러 내려온 거라 논에 물을 전부 빼 가요. 그래서 고기 잡는 데는 안양천이 많아요. 수영을 안양천에서 했어요. 원래가 그 전에 미역 감는다고 하지, 수영이라고 하지 않았지요. 그때 당시에 안양천이 그렇게 넓지 않고 지금의 한 반 정도도 안 될 거예요. 그런 넓이도 전부 대부분 둑으로 되어 있었어요. 대부분 둑으로 막아서 거기에 잔디가 쫙 나고 잡초가 나고 그래서 그런 둑으로 양쪽으로 장마가 지면 떨어져도 나가고 그런데, 가서 노는데 밤이면 그저 초롱불 솜방망이에다 불 붙여서 물에 쭉 올라가면 고기가 잡니다. 그래서 고기를 주워 담았어요.

안양천은 당시 멱 감고 물놀이하고 물고기 잡던 놀이터였다.

여기 부락이 몇 군데 안 됐어요. 친구들이 여러 명 있었는데요. 전부 다 농사를 짓는 그런 상태이기 때문에 친구라고 지금같이 놀러 다니는 친구가 아니고 시간 있으면 부모 농사짓는데 돌봐가면서 틈바구니에 저녁때 모여라 그러면 모이고 호두서리도 하고…… 둑 밑에 포도밭이 있으면 팬티도 안 입고 발가벗고 가위하고 자루 가지고 기어들어가요. 포도밭에 개를 길러서 소리가 나면 개가 옆으로 가고 나서 그걸 따서 둑을 넘으면 안양천의 백사장 모래가 쫙 있어서 달밤에 모래사장에 앉아서 먹고 남으면 손으로 파서 묻어놓고 오고 그랬어요.

봄이 오면 수암로 비포장 길에 자갈을 깔고

그때만 해도 부락이 박달리로 되어 있을 거예요. 원래 필동이라고도 불렸어요. 얼마 전에 박달이라고 불러서 된 거예요. 지금 이 큰 길 수암로가 길이 2차선이었어요. 2차선을 비포장으로 그래서 봄쯤 되면 땅이 얼었다 녹았다 그래서 땅이 움푹움푹 파이고 그랬어요. 그때 당시에 아스팔트는 생각도 못했을 때니까요. 그래서 부역이라고 다 나와서 이 자리에 말뚝을 박아놔요. 말뚝을 박아 놓으면 그 안에 돌, 자갈을 쌓아 놔야 돼요. 어느 날 공동으로 모여라 그러면 여러 사람이 삽괭이 가지고 씻어서 정렬을 시키는 거예요. 애들이 어린데 쫓아가서 부모가 하라고 하니까 하는 거지 안 할 수 있나요. 거의 열다섯 열넷 됐을 거예요.

도로 주변이 다 논밭이고 밤에 학교에서 늦어서 혼자 오면 무서워

내 외갓집이 반월인데 구반월 거기를 걸어갔어요. 힘이 들어서 못 걸어가면 아버지가 등에 업고 걸어서 갔어요. 그게 지금 얼마나 멉니까? 그런 상황으로 이 교통이 좋지 않았고. 그

래서 비포장 때는 도로 주변이 다 논밭이고 밤에 학교에서 늦어서 혼자 오면 무서워서. 그
게 왜 그러냐면 비포장에서 차사고로 사람이 죽지 않습니까? 죽으면 밖에 실어 놓는 게 아
니라 그 자리에 거적때기로 덮어놔요. 그게 누구인지 파악하는 것이 한참 가요. 그거 덮어놓
으면 시체 다리 이게 다 보여요. 치고(죽은 사람) 나면은 밤 같은 때 그 근처를 가기 싫어요.

당시 일명 주먹소굴이 광산 덕분에 박달동에 전기가 들어왔다.

지금하고는 전혀 다른 그런 식이 벌어질 정도로 이 주위가 아주 뭐랄까 음침하고 어둡고 가
로등이 어디 있어요. 가로등은 찾아보지도 못하지. 처음에 여기도 전기가 안 들어와서 호롱
불을 켜고 살았는데 안양에서 처음으로 전기가 들어온 것은 박달동일 거예요. 그게 왜 그러
냐면 광명에 도고내광산이 있었어요. 그 광산으로 전기를 놓기 위해서 여기로 지나갔어요.
그래 가지고 박달동에서 전기가 가장 먼저 들어왔고 이 근처에서 제일 우범지역으로 되어
있었죠. 여기가 주먹소굴이었어요. 안산서 학교를 다녀도 안양공고나 안양중학교 다니려면
박달동을 지나치지 않으면 못 가요. 안산에서 학교를 다녔으니까? 안양중학교 안양공고를
그래서 나쁜 애들이 길목에서 텃세하는 거지요. 어른들 지나가면 나쁜 애들이 담배 한 대 달
라고 그러고. 그때 어른한테 그러면 맞아 죽었거든요. 그런데도 그런 식으로 해서 우범지역
으로 찍혔던 곳이에요.

중학교 땐 벼를 한 마차를 털고 학교에 갔다

소를 키우고 그러니까 가면은 소 풀을 베어야 해요. 노인네들이 농촌이니까 쌀을 팔아야
그거 가지고 학교를 다녔으니까 우스운 이야기지만 제가 통학을 하는데 안양역이 그때만
해도 하발 통이에요. 건물이 하나 있어서 들어가고 나오지, 내려서 아무 데로 나와도 뭐라
할 사람이 없었어요. 그렇게 하발이었는데 새벽 통근차를 타고 새벽 다섯 시에 나갔어요.
그동안 먹을 양식을 확보하기 위해서 우마차로 벼를 하나 실었다가 가져다 놓고 그거 탈곡
기는 넷이 있어야 밟는데 둘이 밟고 양쪽에 짚을 넣어주고 빼주니까요. 그래 가지고 그거
한 마차를 털고 학교를 갔어요.
(중학교 때 수업이) 보통 교련이라고 군사훈련을 받았어요. 목총으로 아침에 조회한 때는
소대별로 중대별로 조회를 했었어요. 그래서 1소대, 2소대, 소대장, 대대장 해서 군대식으
로 조회를 했다고요.

수류탄을 가지고 놀다

이 일본 애들이 들어와서 군용지에 탄약을 쌓고 뭐 하다 보니까 거기서 흘러나오는 수류탄을 일본 애들이 수류탄을 구두에 탁 쳐서 던지면요 그게 다 폭발이 돼요. 그게 지금같이 빼는 게 아니고 그냥 신발창에 때려 던지면 터져요. 그래서 이 근방에 있는 6·25전쟁 일어나기 전에 부락과 부락 사이에 있는 패싸움이 많이 일어났어요. 그래서 다른 동네 애들이 들어와서 싸움을 하면 박달리 애들이 이 돌을 집어 가지고 죽인다고 하면 다 도망갔어요. 그러니까 그만큼 부대일 때 군인들한테 깨이고 그래도 광산에 들어가는 전기가 다른 데는 초롱불을 켜도 여기는 전깃불을 켰고 그래서 다른 데보다는 깨어났지요. 지역은 여기가 변두리라 원래 서면서 안양으로 행정 개편 때만 해도 촌구석이었어요.

기차소리 들으면 무작정 뛰다

군포 이런 데서 기차소리가 나면 여기서부터는 뛰어요. 그래서 어느 때는 기차 가는 것은 웬만하면 잡아서 타요. 손잡이 쥐고 발을 떼면 괜찮은데 끌려가면 죽어요. 기차를 못 타서 못 올 적에는 뭐 어디 고개나 수로를 갈 때 그때 트럭 같은 거 길에서 몰래 잡아타요. 그럴 정도로 버스가 있나요. 뭐가 없지. 집에는 서울역에서 다섯 시 반에서 여섯 시인가 그래요. 집에 오면 아홉 시에서 아홉 시 반 저녁. 어느 때는 서울역에서 못 타는 애들이 많아요. 그 무슨 통근하는 애들만 취급하는 게 아니기 때문에 조금 늦으면 늦은 대로 해서 그냥 학교에서 서울역까지 뛰어다니고 그랬어요.

한국전쟁, 우리 동네도 예외는 없었다

6·25 때 들어오니까 지금 형제들 집이 3채였는데 그게 싹 다 타 버렸어요. 피란 갔다 오니까 재만 있었어요. 안양대교 그거 끊을 때예요. 그게 후퇴하면서 최종적으로 끊은 게 안양대교인데 그거 끊고선 피란 같이 가는데 엉켜서 가는데 다리 부러진 놈, 팔 부러진 놈…… 처음에 반월 우리 친척들이 거기 사니까 거기로 간다고 마차에다가 먹을 거 뭐 다 싣고 끌고 나갔어요. 소 마차였으니까요. 근데 안산 거기가 삼거리인가봐요. 안산국민학교 그 앞에서 양놈 애들이 다 버리고 쌀만 먹을 거 싣고서 간 거예요. 그렇고 간 데가 수리산 둔대리가 반월인데 거기 가서 그랬는데 전쟁을 거기서 했어요. 전투를 거기서 했어요. 비행기가 와서 하루는 때리는데 같이 피란 와서 살던 사람들이 배를 맞고 죽은 놈. 이게 또 밤에 비행기가 소나무가 많고 그래서 거기다가 때린다고요. 밤에 나오라 그래서 베어서 피란민들이 또 그래서 그거 끌어내리다 보면 어느 구렁텅이에 송장을 갖다놓고 그냥 덮어놓고 말도 못했죠.

생활정치를 하다

의원생활 한 것은 어떻게 하게 됐냐면 윤국노 씨가 국회의원 할 적에 윤국노가 2년 선배예요. 그래서 내가 뭘 했냐면 근처에 벽돌공장을 했어요. 사업을 할 적에 찾아와서 도와 달라고 하도 해서 도와준 것이 정당까지 간 거예요. 내가 초대 적에 도로가 6차도로인가 4차인가 그 도로가 넓혀진 거예요. 그게 넓혀졌는데 그 낡은 것에 건널목을 해놓고 학부모가 기 들고 와서 애들 건너는 것을 저걸 해줬다고요. 그래서 그 당시에 박달초등학교가 처음으로 들어오는 거예요. 들어오기는 그 이전에 들어왔는데 처음으로 학생들 어머님들이 건너는 것을 만들었는데 학교는 거기가 세워질 자리가 아닌데 세워진 거예요. 세우고 나서 그런 현상이 나왔고 그 옆에 산비탈 위에 서서 겨울이 되면 일조권에 의해서 학교가 음산해서 얼음판이 되어 버려요. 그래서 그걸 가지고 내가 시정질의한 것입니다. 학교 부지를 처음에 만들 때는 진입로부터 봐야 하는데 진입로 자체도 없이 학교만 세우고 해놔서 애들이 하나 둘 쓰러져 가고 있는데 지하도라도 놓고 해야지. 부모가 만날 나와서 해도 애가 쓰러져 가는데 그걸 보고만 있어서 소리를 질렀어요. 그래서 안양시에서 최초로 만든 겁니다.

두 번째는 안양천 옆에 금성방직 있을 때 앞에 내려오는 물이 동네 안양천 앞에 섬 동네라고 그랬어요. 거기로 흘러서 했을 적에 공장에 폐수가 스며드는 저기 하천인데 거기서 물이 뭐야, 지하수를 뽑아서 그 물을 그냥 먹었어요. 물론 보이지는 않지만 그 옆으로 때려 박아서(쟁점화하니까) 그래서 한번 내가 나오니까 반상회 이런 데서 나 좀 보자고 해서 나갔더니 이것을 해결해 달라는 거예요. 그래서 거기로 하수관을 뽑았어요. 하수관을 할 수 없다는 것을 끌어내서 수도를 바꿔 놓은 것입니다.

한 가지는 삼봉초등학교 거기가 처음에 오픈은 입학식을 하는데 교장선생이 인사차 왔어요. 그때 이야기를 했는데 입학식을 하는데 배수로가 잘 안 돼서 논바닥인 거예요. 그래서 내가 애들이 당장 뛰어놀 곳이 운동장이 그게 뭐냐, 그런데 입학식을 하냐고 그러니까 대 들어 가려면 위험하다는 거예요. 그래서 가로등을 끝까지 다 해주고 차가 군부대까지 가지 않고 중간부대에서 가야 해서 차의 연장을 해 달라 그러면 자기네들이 배수관계를 해주겠다는 거예요. 그래서 내가 해줄 테니까 바로 할 수 있냐 했더니 자기네들도 해주면 바로 하겠다는 거예요. 지금 박달초등학교보다 배수로가 잘 돼 그걸 만들어줬어요. 그랬더니 교장이 고맙다고 내가 부대에 들어가서 그 이야기를 했어요. 어차피 내가 손댄 거니까 자매결연을 해라 신설학교니까 많이 도와줘라 그랬더니 그렇게 했어요. 그래서 정식으로 자매결연식을 해서 지금 우리 집에 가면 교장하고 원스타가 표창한 거 다 있어요.

박달2동을 그리다

그때 당시나 지금 똑같은 건 군부대 각 골짜기에서 한데 합쳐져 가지고 그 부대 중간 쪽으로 개천이 있어요. 수암천이라고 그러는데 수암 있는 데서 그게 흘러가지고 안양천하고 합세가 된 겁니다. 그래서 수암천을 따라 열두 골이 양쪽에 다 있고 농토가 그 지역에 가운데 있었어요. 전부 농사를 짓고 살아왔던 거예요. 그러자 그것이 왜정 때 일본 애들이 여기 들어오면서부터 강제 매수한 거지요. 거기가 군사지로서는 아주 요지예요. 비행기가 폭격을 할 수 없는 지역이 거기이기 때문에 일본 애들이 탄약고를 잡은 거예요. 강제매수를 한 다음에 탄약고를 잡으면서 지금 그 입구에다가 경비실 초소를 만들어 가지고 거기서 농사 지으러 들어가고 나가는 사람은 띠를 두르고 거기다가 명패를 달고 출입증을 가지고 들어갔어요. 그렇게 해서 농사를 지어왔는데 일본 애들이 망해 가지고 돌아가니까 이게 국방부에서 측정한 거지요. 그래서 강제 매수한 그 땅을 주민들은 그걸 내세워서 사실은 그 땅을 법적으로 그걸 받아들이려고 하다가, 그게 군 관계 국방부를 상대해서 싸우니 안 돼서 지금도 그게 법에 계류되고 있어요. 그래서 내가 보기에는 박달동이 앞으로 발전을 잘하려면 군부대 거기를 최대한으로 민간으로 넘어오지 않으면 최대한으로 사용하는 것 그 외의 것을 협조해서 지금 제일 문제는 박달동이 공한지가 하나도 없다고 휴식을 할 만한 데가 하나도 없다고 박달동에는 그래서 그 쪽으로 들어가면 공기도 좋고 부대는 그쪽에 있으니까요. 그 농경 일대를 사실은 안양시에서 흡수해 가지고 거기에 대학교가 들어가도 서너 개가 들어갈 거예요. 잘 아시겠지만 부대가 들어오다 보니까 오히려 더 어려운 지경으로 빠지고 있는데, 이런 것이 앞으로 국방부에서 그거를 받을 것이 아니라 국방부가 협조해 가지고 공한지로 이용을 해서 주민들이 사는 데가 편하게 살 수 있도록 만들어야 하지 않나가 지금 실정입니다.

부대를 해서 골짜기를 산을 넘으면 거기가 안산시예요. 근데 수암장군재라는 길이 왜정 때 만들어 놓은 게 있어요. 길이 쓰지 않고 그러기 때문에 비에 뭐하고, 길이 망가지고 그래서 부대에 있는 데에서 그 넘어가는 데까지 길을 들여놓으면 교통이 직접 거기로 갈 수 있지요. 박달동이 발전할 수 있는 기회는 군용지를 이용하는 길이 제일 빠르지요. 그래서 거기를 공한지를 이용할 수 있는 그런 걸 해주고 부대에서 자기네 땅을 달라는 것은 아니니까요. 군용지로 사용하게 만들어서 진짜 저녁이면 안양천이 복잡해지지 않습니까? 운동한다고요. 군용지 사용해서 휴식장소로 채택이 돼야 한다고 봐요. 그러면 박달동도 사는 것이 다른 동과 다름없이 되는데, 지금은 박달동이 집값도 그렇고 형편없는 게 공한지가 없어요. 이제는 뭐 여기서 지을 때가 없다고 그래서 지금 박달동이 발전할 수 있는 길은 군용도로를 사용하는 거고, 그래서 그때 당시에 우리가 잘 알 적에는 안양천에서 사실은 거기 모여 가지고 거기서 목욕도 하고 고기도 잡아서 천렵이라고 그럴까 모래밭이 있었으니까요. 안양천처럼 여기도 주민들이 사용할 수 있었으면……. (구술자: 주진동)

따뜻한 햇살 같은 마음이 있는 터

마을사람이 한 우물을 같이 사용한다는 의미가 동네이다. 물을 같이 쓰기 위해서는 공동체를 유지하는 것이 매우 중요한 일이었다. 그러나 같은 물을 길어 쓰던 동네는 동네 어르신이 있거나 동네에 자리 잡고 사는 입향조 이야기가 늘 따라다닌다. 원씨의 집성촌으로 알려진 양지마을도 그중 하나이다.

제일 먼저 해가 뜨고 부지런한 동네 양지마을

35년 10월 29일 태어났어요. 애들은 4남매를 두었어요. 동네가 30가구 정도고 옛날 사람들 얼마 되지도 않고 서로 다 알고 젓가락 개수까지 다 알고 그랬어요. 우리가 군자에서 나왔거든요. 시흥시에 가면 군자동 있어요. 부모님들도 3대째 살았고 고향이 여기예요. 부모님은 계속 여기서 농사를 하시고 농사는 생활하실 만큼 넉넉하셨어요. 군자동에 우리 10대조 할아버지 비석이 있었어요. 병자호란 때 삼부자가 전사를 당해서 비를 거기다 세웠어요. 여기는 타성은 몇 사람 안 됐어요. 박달동은 권씨, 비산동은 심씨, 저기 4동은 강씨. 어른들하고 친구들하고 왕래하니까 자연적으로 알게 되더라고요.

옛날에는 가을에 농사를 지으면 고사를 지냈어요. 집에서 그래서 항아리에 잔뜩 떡들 쪄서 나눠 먹고. 겨울에 야경 돌잖아요. 그럼 먹고 그 제사 지내면 음식 와서 먹고. 야경 도는 사람들 목탁을 들고 다녔어요. 양지동 마을이 여기는 다 공터였어요. 꼭대기에 지금의 과학대학 있고 거기 조그마한 공원은 다 논이었어요. 그 뒤는 다 밭이었고요. 그러면 집 드문드문 몇 개 있고. 이쪽은 집이 없어 허허벌판이었어요. 집이 모여 있는 게 아니라 옛날에는 조금 조금 집 지으면 줬거든요. 여기 동사무소 여기도 공터였고, 여기서 조금 비껴서 여기 서호공원 거기도 집 하나인가 두 개밖에 없었어요. 집짓고 살아서 그리고 뭐 집 몇 채 있었어요.

양지마을은 해가 가장 먼저 뜨던 작은 마을이었다.

양지마을이 특별한 것은 해가 제일 먼저 뜨는 동네, 부지런한 동네가 여기예요. 내가 자부해요. 옛날부터 안양 사시는 분들은 다 알지요. 여기는 재산 가지고 들어오는 사람은 줄어 나가고 없는 사람은 늘어난다고 했어요. 공업도시니까 일하면 돈 나오니까 먹고살게 되고, 서울에서 온 사람은 편안하게 시골에서 살라고 왔는데 안 맞잖아요. 옛날에는 여기 조선직물이라고 회사가 있었는데요. 지방 아가씨들 와서 일했어요. 그것을 해방 이후에 쌍용 김석원 회장이 그 건물 반을 인수해서 금성방직을 인수했어요. 6·25사변 이후 전부 통일했어요.

허리힘 겨루기 행사

(이 동네) 한 가지 특이한 것은 대보름 윷놀이 어느 지방이나 다 있고 그런데, 지금까지 살면서 들어본 적이 없었어요. 그런데 여기 그런 게 있었어요. 허리 힘자랑 했다는 것은 어릴 때 들었거든요. 아무리 돌아다녀도 시합하는 것 못 봤는데 했다는 거예요. 그게 뭐냐면 모심으러 가서 아침밥 먹고 엎드려서 일하고 계속 밥도 엎드려서 먹고, 막걸리도 엎드려서 먹고, 점심도 엎드려서 먹고, 허리 안 피고, 허리힘이 얼마나 세나 겨루기를 누가 생각했겠어요? 들어 보지를 못했는데, 여기서는 그런 행사를 했다는 거예요. 그런데 그것이 여기 권태평 씨예요. 내가 어릴 때 그런 기억이 나요. 일하러 가서도 밥도 엎드려서 먹고, 술도 엎드려서 먹고, 엎드려서 구부려서 하잖아요. 제일 오래 견딘 분이 그분이죠.

농사할 만큼 넉넉한 터와 인심이 있던 곳이 양지마을이었다.

동창 4명의 학창시절

여기서 농사짓고 동창이 4명밖에 없었어요. 과학대학 거리에 비행기가 딱 뜨는데 유원지였어요. 12시경인데 비행기가 날고 그때가 1950년 6월 29일 16살 중학교 4학년이었어요. 중학교 4학년 그걸 내가 설명하면 안양에 중학교가 없었어요. 그래서 고등국민학교라고 강습소가 있었는데, 조선직물 자택에서 몇 명 놓고 그러다가 1948년 1월 달에 안양중학교가 창립돼서 시흥군청 회의실에 강연회를 했고, 거기서 그때 안양초등학교, 시흥서면초등학교,

동면초등학교, 안산초등학교, 과천초등학교, 군포초등학교 이렇게 모였는데 학교들이 공부할 길이 막힌 거예요. 그때 그렇게 되니까 나이 먹으나 적게 먹으나 시험을 쳐서 들어간 거예요. 그러니 안양초등학교에 우리 때 들어간 애들이 나이가 달랐어요. 그때 들어간 아이들이랑 우리 동갑이 안산초등학교 나와서 들어온 애가 목영부 경원대학교 박사과정 경원대학원장까지 한 애가 제일 어렸지요. 그래서 중학교를 내가 초등학교 6학년 1학기 빼고 뛰었고 2년 또 뛰었잖아요. 그러니까 그렇게 되었지요. 그래서 우리가 5살 차이가 나요. 내가 14살에 뒤늦게 들어갔는데 과천 애들은 19살, 17살, 18살이 많았지요. 영등포초등학교도 많았어요. 오산에서도 오고. 그래 가지고 안양의 여기 안양공고 지금 안양 어디냐면 뉴코리아호텔 앞이거든요. 군청, 경찰서, 읍사무소, 삼각형으로 여기가 초등학교였다가 가는 바람에 안양중학교가 설립했어요. 그때 그게 교무실 하나에 1학년, 2학년 이렇게 있었지요. 여기 만날 돌 나르고 그랬는데, 그때 4학년쯤에 6·25사변 나서 뿔뿔이 흩어지고 그때 나이 먹은 학생들은 학교 운동장에서 네 사람씩 해서 훈련을 시켰어요. 어디나 학생들이 훈련받은 지 몇 달 만에 6·25가 터졌어요. 그 친구들은 나이가 있으니까 처음에는 사병했다가 시험 봐서 장교하고 전투하고 다 살았어요.

나의 살던 고향은 물 맑은 곳

여기가 서이면이었다가 안양면이었다가 안양읍으로 되었다가 그게 인구가 늘어나니까 안양시로 돼서 만안구하고 동안구하고 갈라진 거지요. 그때 만안구 될 때는 벌써 도시가 형성될 때로 다 형성되고. 목욕탕이라고 안양역 전 옆에 목욕탕이 한 군데 있었어요. 이것 나무 때고 할 때니까 1년에 두 번, 세 번 가면 많이 가는 거예요. 지금은 때를 불리면 때가 불어서 그대로 일어나죠. 그때는 비누도 제대로 없었어요. 비린내 나는 비누 그거 하나지요. 비누인데 생선기름으로 만든 것인데 비린내가 나요. 그거 목욕탕을 누가 했냐면 우리 김무재라고 하는 그 친구가 했어요. 그렇게 목욕하고 나오면 지금은 깨끗하지만, 그때는 내복이 제대로 있어요? 거기에 양말이 제대로 있어요? 고무신 겨우 신고, 운동화는 부잣집만 운동화 신고, 내복이 어디 있어요.

60년대는 농지였는데 80년대는 변했어요. 부모님하고 같이 살다가 분가하고, 집성촌인데 지금은 뿔뿔이 여기저기 가고 여기는 얼마 없어요. 그때 60년도까지도 공장 있는 거 회사 다니고 변화라는 게 없었어요, 공업도시니까. 여기가 물이 좋아서 안양 포도밭하고 배, 그게 왜 유명하냐면 일본 사람 오끼라는 사람이 2동 농장을 가지고 있었어요. 그 사람이 어른들 이야기 들어 보면 동네 안에서 어묵 생선 뼈다귀를 가져다 (거름으로) 사용해서 맛이 좋았어요. 그래서 안양포도, 안양포도 그랬는데, 자꾸 발전되면서 떨어지고 있어요. 그때는 비료가 좋아서 그랬고 당분이 떨어져서 부천한테 졌어요. 지금 대부도 그쪽으로 거기도 그

바닷바람 불고 괜찮겠더라고요. 그때는 여름 되면 물이 안 끊겼어요. 그때는 나무가 많아서 여기는 여자 목욕, 여기는 남자 목욕 칸을 나눴죠. 지금은 전부 폐수 흘려보내지만 지하로 안 흘러가요. 안양에 공장이 많은 게 물이 좋아서예요. 여기 공장들은 안양대교 있지, 거기 서 다 물을 뽑아서 썼어요.

일제강점기 시절, 안양천은 일본이 세운 공장에 공업용수 공급원이었다.

그때 여유가 있었나요? 뭐가 있나요? 없지. 눈 덮이면 길이 어딘지 몰랐어요. 마차가 밭으 로 들어가고 논을 들어가고 그랬어요. 그리고 화장지 있잖아요. 지금은 화장지도 고급을 쓰 지, 신문지 지푸라기를 배배 틀어서 그걸로 썼어요. 그때 그런 세대였어요. 70년도에 그래 도 그때 인심 좋고 어른을 알아보고 그랬지요. 담배는 뭐 나이 많은 사람 근처에서 필 수 있나요. 그 대신에 막걸리 주전자 심부름하면서 한 모금 맛보고 물 부어 놓고. 소주도 집에 서 내려 먹었어요. 그때는 힘이 얼마나 장사인지 막걸리 사발 대접으로 먹고……. 그러니까 그때 당시에는 인심 좋고 도둑놈 없었어요. 6·25 나면서부터 도둑이 생겼지요. 살기가 힘 들어지니까. 그때 다 만나던 사람인데 가져갈 게 뭐 있어요. 가져가봤자 쌀이나 고추장이나 그렇지. 6·25사변 나고 고추장 항아리도 들고 가고 그랬어요. 어린애 기저귀 널어놓은 것 가져가고 그랬어요. 애를 낳았는데 기저귀가 있어야죠. 그건 뭐 시대의 흐름이니까요.

기저귀도 도둑질하던 가난한 시절이 있었다.

그때는 여름에 어른들은 지금은 나일론 끈(고기 담는 것)이지만 그때는 풀에 (물고기)몸뚱 아리 꿰어 허리에 차고 전진하는데 물살 빠른 걸 피하려고 흐르는 물 안에서는 그걸 탁 물 어서 건넜어요. 여기 고기 많았어요. 뱀도 많고 고기도 많고. 땅꾼이라고 하죠? 그때는 뱀도 많았어요. 뭐 뱀, 도롱뇽, 가재. 도롱뇽은 1급수에 살잖아요. 수리산 올라가면 도롱뇽이 많 았어요. 그리고 여기 이 도로가 지금은 이리 가지만 그 전에는 서울에서 넘어와서 이리 갔 다고 수암봉이라고 하지요. 초등학교 다닐 적에 여기서 걸어가서 게를 잡고. 10리, 20리 걷 는 것은 보통이었어요. 우리가 안양중학교 다닐 때 훈련할 때 여름에 담요도 메고, 더울 때 인데 운동화 신고, 배낭 짊어지고, 학교에서 판교까지 하루 만에 걸어갔어요. 그때는 비포 장도로였어요. 지금 생각하면 과천에서 안양중학교를 걸어 다니면 거리가 얼마예요. 차가 어딨어요. 다 걸어 다녔지. 그때는 여기서 인천도 영등포도 걸어 다녀오고……. 그때는 책가방이 책 두 줄 딱 넣으면 얇은 거 있었어요. 그런데 그때는 절대 **빡빡**하지 않았 어요. 서로 돕고 살았지요. 안양초등학교 다니던 친구는 두 명밖에 안 남았어요. 그다음에 한 반에 60명 정도 중에 일곱 여덟 명이 남았나?

책가방을 둘러메고 판교, 영등포까지 잰걸음으로 걸어 다녔다.

전 친구들과 그전에는 매월 한 번씩 모였어요. 전부 옛날 학교 다니던 그대로예요. 우리가 서울 모임에 갔는데 모이는 장소가 이문 설렁탕집 동우 초등학교 다녀가지고 학도병 나갔다 와서 모이는 사람이 나이가 80이 됐는데도 까딱없었어요. 다섯 살 차이 나는데도……. 우리 국민학교 다닐 때 한 반에 86명이었어요. 겨울에 난로 하나에 도시락 쌓아놓고 그랬어요. 그 후에는 고구마 찌고 감자 찌고 그랬어요. 우리 초등학교 4학년 때 탄약고 있었어요. 탄약고 거기 있어서 군용지에 가고 산에 가서 곰솔 따고, 기름내는 것 송진도 가져오고. (부대사람)걔네들이 개도 잡고.

산에 널린 머루가 먹을거리였다

어디 가서 무 캐먹고. 그때 과수원이 많았어요. 산에 가면 머루 다래 그게 수리산에 굉장히 많았다고요. 다래는 그거 고급이죠. 가면 먹을 게 없으니까 그거라도 배 채우고 잘살고 못살고 별 차이가 없으니까요. 산토끼도 여기서 잡았어요. 노적봉 꼭대기 거기에 토끼가 얼마나 많은데요. 쫓아다녀서 노루도 잡아오고 그랬어요. 거기서 산삼 세 뿌리 나오고 그 뒤에는 없었어요. 어디지 8동인가? 거기 사는 사람이 땔나무를 하러 갔다가 산삼을 발견했어요. 그때 항간에는 수리산은 수산이고 관악산은 암산이래요. 짐승이 다리에 걸리잖아요, 다리가 부러져서 도망간다잖아요. 청계산은 돼지 한번 나타나면 못 찾아요, 강원도로 내빼서. 연결이 되어 있으니까요. 수리산 남태령 여기는 김포까지 가고요.

공장의 노동자가 되다

학교 졸업하고 회사 다녔어요. 성원아파트 있는데 공장 있었거든요. 거기 다니다가 그다음부터 기술 배워서 인천 뭐 의정부, 영등포 사방 돌아다녔지요. 삼영 하드보드에서 3년 일했는데 사고가 났어요. 다이제스트라고 나무해서 송진 나무에서 진을 빼야 제품이 만들어지거든요. 그런데 내가 야간근무인데 그거 하는 과정에 그날 밤 공장에 있는 사람 중에 공작실 책임자가 온양온천에서 조카딸이 시집을 가는 날 가봐야겠다고 교대하자고 그랬어요, 그러자고 해서 그날 근무를 했어요. 그리고 사고가 그게 새벽 4시인가 5시인가 폭발을 했어요. 증기를 안 빼고 열어서 여기 터지고 저기 터지고. 내가 늘 하던 것이니까 내가 올라가서 한다고 올라갔다가 떨어졌는데 사람 셋은 와이어가 끊어진 거예요. 셋이 한꺼번에 떨어졌어요. 떨어져서 내가 정신 차려서 살아서 나왔어요. 나하고 교대하자고 한 사람이 사고를 냈어요. 죽었어요. 그 자리에서 앞에 그냥 압력이 올라갔다 내려가는 바람에요. 마음이 너무 아프죠. 그리고 그 일 그만두고……

고향을 떠나 같은 업종의 일을 했어요. 내가 철공소를 했어요. 81년도 1월 21일 지금도 불편하고 (손가락이) 따로따로…… 고생이야 죽을 고비 많이 넘겼어요. 일이 위험하죠. 지금은 그렇지만 그때는 뭐 대장일도 해야 하고, 배관도 해야 하고, 난방도 해야 하고. 배관전문이란 게, 그게 65년도인가 66년인가 기술이 도입되면서 그 사람들도 한 가지밖에 못해요. 여기서는 이것저것 다 해야 하니까요.

우리 학교 다닐 때 중학교가 공업중학교로 변경되었어요. 그때 금성방직 과장들이 와서 가르치고 그랬다고요. 그때 뭐 정식 교사들이 별로 없잖아요. 중학교 1학년 때는 일본 애들한테 배운 거지요. 배울 때가 없잖아요.

고향에 다시 돌아와 그때부터 농사를 부모님과 같이 지었어요. 부모님 돌아가시고 지금은 나이도 먹고 지금은 체력이 딸려서 못해요. 농사짓는 사람들 그때는 소로 일을 했어요. 그때 소 한 마리 가지고 학생 대학교 졸업시키고 그랬지요. 지금은 소 한 마리 400만 원, 500만 원으로 등록금도 안 되잖아요. 송아지 사다 길러서 크면 팔고 그런 거지요. 돼지는 짧게 기를 수 있어요. 1년 기르면 60kg 나가고. 그때는 사료가 없었어요. 그땐 배가 고플 때인데 8·15해방 되고는 먹을 게 있나요. 쌀이 아니고 설탕 그거 가지고 견디고 그랬어요.

고생 많이 했어, 아프기도 많이 아프고

전북 전주 팔복동 전주제지에 기술자로 갔는데 황달에 걸렸어요. 전주에는 황달로 죽는 확률이 굉장히 높은데, 콩나물을 일주일에 한 번 기본적으로 끓여 먹어야 하고, 대치라고 요만한 조개도 먹고. 모시 한복 입은 한의사 지금 그런 데가 있을까. 여름에 한옥 집에 문 열어 놓고. 전주 그 북문 밖인가 거기 가니까 있더라고요. 젊은 사람들이 이야기를 해줘서 찾아갔어요. 거기 가서 참 황달 약을 지어 먹었어요.

철공소, 대장장이, 배관 등 몸으로 할 수 있는 일은 거의 다하다.

행복한 가정을 꿈꾸다

다른 데서 회사 다니면서 결혼하고 내려왔어요, 파주 사람이에요. 동네 분이 소개해서 중매로 만났어요. 서울 아현동 서대문 다방에서 처음 만났어요. 몸이 깡마르지 않고, 처음 보고 마음에 들었어요. 서울에 있을 때 결혼하고 여기서 큰딸이 태어났죠. 아이들이 착해서 그리고 둘째딸이 초등학교 3학년 때 뇌막염에 걸려서 감기로 (병원에) 갔는데 치료가 안 돼서 큰 병원 서울대병원에 가서 치료했는데 목의 움직임이 굳어 가는 거 그렇게 진단이 나왔어요. 그래서 지금 마흔 다섯인데 장애인이에요.

1985년에 지금 집을 지었어요. 업자가 집을 먼저 짓고 세놓으면 돈을 받아 갔어요. 주거환경이 시대변화가 5년마다 주기가 변해요. 그때는 연탄 아니면 다른 것은 비싸니까요. 그때 싱크대고 뭐고 전부 필요 없는데. 연탄난방을 하고 5년 지나니까 석유, 또 5년 지나니까 가스, 그러니까 내부 시설주차하고 저기 풍진 시설 다 구비를 해야 해요. 방도 크고 주방도 크고 화장실도 크고 넓게 해야 해요. 그런 게 없다 보니까 집 가격이 안 올라 처음에는 수리비가 안 들어갔는데 20년, 30년 되니까 그게…… 이제는 나이도 있고 하니까 체력의 한계도 느끼고 정신도 흐려지고 몸은 여기저기 아프고…….

지금도 밭농사 조금 짓고 있어요. 슈퍼는 처음에는 나이 먹어도 일을 놓을 수가 없으니까 심심풀이로 하겠다고 했는데, 다른 거에 손을 쓸 수가 없었어요. 슈퍼를 85년도에 하다가 90년도 끝났다가 99년도에 다시 시작했어요. 지금은 큰 게 생겨서, 그때는 뭐냐면 웬만하면 집에서 김칫거리도 다 하고 그랬는데. 지금은 전화하면 가져오잖아요. 물건도 싸고 우리가 사는 가격에 걔네들(대형마트)은 판다고요. 그리고 유통기한이 전부 있어서 물건 놓으려야 놓을 수가 없었어요. 작년 김치 아직도 조금 남았을걸요. 그 전에는 김치 담그면 땅 파서 항아리 묻고 거기다가 얼지 않게 무도 구덩이 파고 묻고 그게 진짜 맛이라고요. 그 전에는 걸어 다녔는데 차 타고 다니잖아요. 마진이 점점 줄어가잖아요.

안양이 편안하게 사는 동네가 되었으면

그때는 발전이, 지금 민심이 어떻게 보면 편안하게 먹고살까? 돈 되는 것은 뭐든지 했어요. 우리 세대는 노후대책을…… 지금 생각나는 게 중학교 1학년 한문 선생님이 학생들 눈 똑바로 뜨라고 하면서 하신 말씀이 하나는 책장을 버리지 말라고, 나중에는 인분제조기가 되지 말라고 하셨어요. 지금은 노인네들 그게 바로 인분제조기죠. 생각하면 참 할 일이 없잖아요. 그러니 노인인구 많아지고 일자리 당장 줄고 편안한 일만 찾고.

안양, 편안하게 사는 동네가 되었으면 좋겠어요. 6·25 나서…… 안양이 거기서 그 사람들은 내가 일 나가면 천 원을 벌 수 있지만, 천 원짜리 없으면 백 원짜리를 해요. 백 원짜리를 하게 되면 일하는 동안은 돈 쓸 일이 없잖아요. 내가 버니까. 그 사람 일 잘 하면 자꾸 그 사람 시키고 하면 200원짜리가 될 수 있어요. 이렇게 그 사람들은 일하고 그런 보람이 있는 거예요. (구술자: 원명상)

03

공간에서 터를 읽다

시간과 젊음이 교차하는 곳, 안양1번가

대한민국 대표 소비도시, 안양

안양의 대표적인 소비공간은 동안구와 만안구를 가로지르면서 일정한 동선을 유지하고 있다. 안양1번가와 평촌먹거리 공간은 구시가지와 신가가지의 문화적 경관을 상징적으로 보여 주는 대표적인 문화공간이다. 그 외에도 백운호수, 인덕원 사거리, 세무서 골목, 평촌역과 범계역 일대, 안양유원지, 대농단지, 안양역전 지하상가 등이 안양을 상징하는 도시경관이며 문화경관이다. 안양의 다양한 문화공간들은 공간적으로 일정한 차별성과 특정한 계층구조를 지니고 있다. 그리고 문화공간의 특성과 지역적 여건에 따라 상호연계성을 지니고 있기도 하다. 백운호수로부터 이어지는 인덕원 사거리와 세무서 골목까지 문화공간적으로 상호연계되어 있다. 백운호수는 낮과 밤이 다른 양상을 보이고 있다. 낮에는 식당영업 중심으로 백운호수의 경관을 보이고 있으며 밤에는 카페 등이 도시적 모습을 드러낸다. 가끔씩 들리는 개구리 소리, 풀벌레 소리 그리고 녹지의 푸르름보다는 도시적인 이미지의 라이브 음악, 현란한 네온사인, 화려한 조명이 자연경관을 대신하고 '삐끼'들은 유입

수단으로서 그 역할을 수행한다. 백운호수는 30~40대 중심의 경관을 만들어내면서 그 문화적 동학(dynamic)은 인덕원 사거리로 이어진다. 인덕원 사거리는 기업형 단란주점과 그와 관련된 먹거리로 채워져 있다. 일본어로 된 단란주점의 간판은 관광객 유입도 자유롭다는 의미이다. 그리고 잠시 주차한 사이에 꼽혀 있는 '이상야릇한 명암'은 이 지역의 특성을 여실히 보여 주는 것이라고 할 수 있다. 또한 인덕원 사거리에서 다시 이어지는 문화공간은 세무서 골목이라고 할 수 있다. 세무서 골목은 일반 유흥음식점과 여관이 즐비하다. 안양시가 최근에 업체별 비율에서 음식·숙박업이 상대적으로 상당히 높을 것으로 볼 때 백운호수, 인덕원 사거리, 세무서 골목의 공간적 기능의 분화와 상호연계성이 높다고 볼 수 있다.

1318세대의 문화해방구

안양1번가는 1318세대 중심의 상권을 지닌 공간으로 문화해방구이다. 안양1번가는 안양역전 지하상가와 결합되면서 안양역 이용객의 문화 경관을 제공한다. 안양1번가로 진입되는 건널목이 4곳뿐이라는 점을 감안해 볼 때 안양1번가와 안양역전 지하상가의 공간적 결합은 필연적이며 그 나름대로의 거리 욕망의 구조를 지니고 있다.

안양1번가 상권은 안양 중앙로 벽산 사거리─중앙 사거리의 우측(서울 방면) 지역을 포괄한다. 조선조 제22대 정조는 1795년 시흥현과 과천현 경계지점에 사도세자인 부왕의 묘에 능행을 위해 만안교를 지은 후 화산능행의 노정을 과천─인덕원─수원에서 시흥─안양─수원의 노정으로 바꾸면서 유래정 뒤(안양1동 674-67)에 안양행궁을 짓고 휴식을 취하신 곳이 되자 주변에 민가가 생기기 시작했다. 이곳이 바로 안양1번가 주변이다. 1905년 경부선이 개통되고 안양역이 건설되고 1924년 안양금융조합과 안양연초조합, 우체국들이 들어섰다. 결정적으로 1926년 안양시장(현 중상시장)이 생기면서 상권의 기반을 마련했다.

1980년대에는 먹거리, 옷가게, 유흥주점이 주류를 이루었던 곳이 1990년대 들어 젊은 취향의 캐주얼 스타일의 의류와 내셔널 브랜드들이 대거 입점하였다. 2000년 이후 컴퓨터, 통신, 시네마 등 쇼핑과 문화가 잘 융화된 거리로 수도권에서 손꼽히는 상권을 형성하여 안양 최대의 번화가로 부상하였다. 안양의 금융, 교통, 상권을 태동시킨 안양1번가는 지역 발전을 일으킨 상징적 의미에서 '안양1번가'로 부르게 되었고 시에서는 1998년 상가 주변 길을 '안양1번가길'로 명칭을 부여했다. 1996년부터 매년 10월에 젊음의 도시, 패션의 거리 안양이라는 슬로건 아래 1번가 거리 대축제가 열려 시민들에게 볼거리 제공과 함께 자유와 멋, 낭만을 느끼고 체험할 공간을 제공하고 있다.

안양1번가 상권은 유동인구 중 10~20대의 비율이 80%로 젊은 층이 많이 이용하는 상권이며 패션업종과 음식점과 각종 오락시설 및 유흥업종의 비율이 높다. 이런 곳에 오래된 상가들이 보물처럼 곳곳에 존재한다.

세월의 구분 없는 아이들의 해방구

건널목을 대신한 지하상가의 출입구는 소비 공간으로 유입하는 전략처럼 보이기도 한다. 지하상가의 출입구는 안양1번가의 출입을 허용하는 것으로서 1318세대의 완벽한 출입을 허용하고 있다. 그러나 1318세대의 구매능력에 따라 출입이 제약받기도 한다. 상품 진열과 가격표를 보면서 소비계층의 차별화를 유도하며 상대적 소외감을 줌으로써 1318세대에 대한 이중제한을 하고 있는 것이다.

안양1번가에 즐비한 DDR, PUMP, 노래방, 비디오방, 멀티방, 패스트푸드점, 의류, 잡화, 문구 그리고 대부분의 먹거리들은 소비주체의 계층화를 유도하고 상품과 교환할 능력이 없는 사람에게는 냉대를 주는 곳이기도 하다. 1318세대에게 이러한 놀이공간은 단 몇 천원이면 해결할 수 있는 곳이다.

특히, 손쉽게 제공되는 휴대전화가 1318세대의 중심 문화 기능을 형성하고 휴대전화의 기능이 전화를 걸고 받는 기능에서 게임, 인터넷, SNS 등의 다양한 문화적 욕구를 양산하는 기능으로 상향조정되면서 1318세대의 문화적 욕구가 진행되는 곳이기도 하다. 그리고 대부분 과거와는 달리 속이 보이도록 디자인된 카페는 근사한 소비조건을 만들어냄으로써 1318세대의 유입을 이끌어낸다는 특징을 지니고 있다. 이러한 도시디자인과 경관은 세대들의 특성과 결합된 특징을 지니고 있다고 볼 수 있다.

그리고 안양1번가는 상권과 비상권의 뚜렷한 구분이 없다. 상권과 비상권이 1번가 내에서는 눈에 띄게 확실히 보이지는 않는다. 그것은 안양1번가 테두리(도로가)로 나가면 확실히 볼 수 있다. 마치 레슬링이나 권투의 링을 쳐놓은 듯한 기분이 들 정도이다. 1번가 내에서 정중앙에 우물 정(井) 모양의 길은 화려하면서도 유혹적인 1318세대 중심의 상점들이 집적되어 있다.

이와 같은 특성을 지니는 안양1번가는 1318세대 중심의 상품들과 결합된 공간구조를 보이고 있다는 점에서 1318세대들의 접근이 우려가 되기도 한다. 특히, 1318세대 이외에 20대 이후의 수요층을 위한 공간 전략은 음식점, 술집으로 이루어져 있다. 그 틈새시장은 여관들이 자리 잡고 있는데 의외로 그 숫자가 많다는 것이다. 얼마 전 보도에 의하면 10대 가출소녀가 안양에 많이 있고 그 가출소녀들이 안양1번가로 향하고 있다는 것은 안양1번가가 1318세대 중심의 소비 공간이라고 할 수 있으며, 청소년 출입 금지지역인 **RED ZONE**으로서의 기능이 동시에 진행되고 있는 복합적이며 합법적인 거리욕망의 구조를 지니고 있다고 볼 수 있다.

1990년대 어느 날 끄적거린 안양1번가의 단상에 대한 글을 보면서 지금도 그 모습이라는 것이 아이러니하다. 안양역에서 내려서 지하상가를 거치지 않고 안양1번가로 직접 향하는 길 건너편에는 탁 트인 유리에 영문으로 새겨진 고급스러운 분위기의 커피숍이 안양1번가로 향하고 있는 손님들을 맞이할 듯한 분위기이다. 반면에 길 반대편에는 여관들이 즐비하게 서 있으며, 횡단보도를 건너서 보이는 거리는 유명 상품의 옷가게와 커피숍으로 시작된다. 그리고 조그만 사거리 위의 골목에 족발집, 냉면집, 갈비집들이 자리 잡고 있다. 최근에 건축된 갈비집들은 선술집 분위기가 아니며 한옥집의 분위기를 자아내게끔 장식되어 있다.

그리고 안양1번가에서 가장 큰 소비 장소인 예전의 우리은행(지금은 신한은행) 코너에서 시작되는 거리에는 각 블록마다 브랜드 상품의 신발가게, 의류가게와 피자집, 커피숍, 레스토랑이 즐비하다. 이들은 거리의 경관을 의식해서인지 휘황찬란한 네온사인과 함께 원색의 커다란 간판들로 장식되어 있으며 안쪽으로 들어가면 몇 개의 극장들이 있다(그러나 지금은 대자본에 의해 극장은 모두 사라졌다). 안양1번가의 건물들 대부분은 2층을 통유리로 구성함으로써 지나가는 행인들을 내려다볼 수 있게 디자인되어 있다. 건물 2층, 3층에도 손님들이 차 있다. 전국에서 몇 안 되는 소비 공간임을 알 수 있는 곳이다.

안양1번가 내의 유명 패스트푸드점에서 관찰된 10대들 역시 개성만점이다. 짧은 초미니 스커트, 눈 부분까지 내려온 긴 앞머리에 노란색으로 물들인 헤어스타일, 허리에 찬 삐삐, 하나같이 똑같은 청바지, 바지를 입다만 것처럼 엉덩이에 걸친 듯한 옷차림의 힙합 바지 그리고 뒷주머니에 꽂힌 두툼한 두께의 검정 지갑, 남들을 전혀 의식하지 않는 언행의 자유스러움은 외모상으로는 외국의 아이들처럼 보이지만 분명한 우리들의 아이들이다. 그런데 이러한 10대나 청소년들을 너무 쉽게 만날 수 있다. 이들의 모습은 공장에서 같은 규격으로 찍어낸 제품같이 그 모습이 거의 흡사하다. 또한 길가가 훤하게 보이는 커피숍. 장년들이 가기에는 분위기가 어색한, 아니 자신들이 퇴색되어 버렸다는 생각마저 들게 하는 분위기들이다. 왠지 세련되어 보이고 기존의 다방문화를 획기적으로 바꾸어 버린 문화양식이 존재하는 곳에 분위기와 어울릴 듯한 20대 아가씨의 모습들이 있다. 앉자마자 담배를 꺼내고 삐삐를 확인하고 공중전화에 가서 전화를 거는 모습과 행위들이 반복적으로 행해진다. 이렇게 낯설어 보이는 안양1번가에서는 주변의 경관과 잘 어우러져서 또 하나의 멋을 창출해내고 있다. 청소년 문화는 안양1번가라는 집합적 소비 공간에서 더욱 분명하게 나타나고 있다. 즉, 이들이 소비하고 새롭게 생산하는 문화양식 속에서 공통적으로 찾을 수 있는 것은 90년대 문화의 신세대 문화라고 할 수 있다. 신세대 군인, 신세대 주부(미시족), 신세대 샐러리맨이라는 말들이 있듯이 온통 사회의 모든 소비가 신세대에 의해 이루어지는 듯한 분위기를 자아내고 있다. 이렇듯 신세대 소비문화가 펼쳐지면서 집합적으로 행해지는 곳이 '안양1번가'이다. 가끔 언론에서 신세대의 마녀사냥, 기성세대에 대한 확실한 가치관의 차이점 등으로 논란의 소리는 분명히 있지마는 소비문화가 조성되고 신세대가 탄생되는 것은 '돈'이라는 힘에 의해 생겨난 것이다. 이들은 록카페에 가기 위해, 밀러 맥주를 마시기 위해, 삐삐나 휴대전화를 소유하기 위해, 재즈 CD 음반을 갖기 위해, 게스 청바지를 입기 위해, 리복이나 아디다스 운동화를 신기 위해 돈이 필요한 것이다. 그러나 안양1번가에서 저녁시간을 보내는 청소년들은 '가진 것 없지만 놀고 싶은 의욕은 무척 강하거나' 강한 만큼 포기한 채로 하루를 위해 사는 황폐해진 모습일지도 모른다.

　이곳을 걸어 다니는 젊은이들은 최근에 유행하는 스타일로 자기표현에 적극적이다. 밤늦은 시간에는 록카페, 디스코클럽, 호프, 테마카페 등 유흥을 위해 자신을 몰입시키는 청소년들도 보인다. 안양1번가는 청소년들의 소비문화를 형성하는 데 좋은 조건을 가지고 있다. 다시 말해서 먹고, 마시고, 부르며, 입고, 보는 극히 인간의 1차적 욕구로 구성되어진 공간으로 독특한 경관이 있는 곳이다. 새벽 4~5시의 안양1번가는 새벽 첫차를 기다리는 아이들의 모습 그리고 술 취한 거리처럼 길 위에 깊게 배어 있는 술내음 또한 하나의 자화상이다. 안양1번가는 1990년대나 지금이나 변화된 것은 별로 없다. 1318세대의 흐름은 그대로이다.

안양1번가는 늘 화려했다

1970~1980년대 안양1번가는 1318세대가 아닌 안양의 나름 점잖은 문화공간이었다. 당시 공장의 여공들은 안양1번가를 나들이하는 것이 쉽지 않았다. 여공들이 안양1번가에서 돈을 쓸 정도로 임금이 높지 않았다고 한다. 안양1번가는 청소년이 아니고 중장년층의 문화공간이었다. 즉, 회사나 공장에서 여공을 관리하는 계층이 주요 고객이었다. 당시 안양1번가에서 뉴욕제과를 하셨던 양숙정 선생님은 당시의 분위기를 이렇게 전하고 있다.

> 80년도 초쯤 되지, 초반에 쌍꺼풀 수술이 처녀들한테 유행이었나, 그걸 많이 해서 돈을 많이 벌었어요. 그런 거 그 당시에 여공들은 1번가에서 안 살았을 거예요. 내 생각에 구금포 사거리 그다음에 진흥아파트 앞에 구 시장 그쪽에서 이렇게 하지, 나와서 1번가에서 돈 쓸 정도로 임금이 그렇게 높지 않은 걸로…… 그래서 나는 그 사람들을 그때 많이 접하지 않았어요. 그 당시 일번가에 왔던 계층들은 청소년들은 아니고, 여공들을 관리하는 관리계층인 화이트칼라가 1번가 고객이었어요. 그 당시 1번가에는 경기도에서 가장 잘되는 경양식집이 있었어요. 들판이라고. '들판', '밀박' 그런 데는 여공들이 자주 다니면서 돈가스 먹고 하지 않았을까요. 그런데 들판이 경기도에서 제일 잘 된다 그런 말이 있었어요. 80년대의 1번가는 경양식집의 판이에요. 경양식집이 매우 많았어요. 거기에 아마 그 여공들이 많이 오지 않았을까요. 돈가스 하나 먹으려고, 가격은 천오백 뭐……
>
> 내가 그만둔 88년까지는 그랬어요. 88년까지는 나도 그때 1번가가 변한다는 것을 느끼고 여기서는 나는 더 이상 아니(라고 생각했지). 업종들이 많이 바뀌더라고요. 그 전의 경양식집들이 하나둘 문을 닫기 시작하고 먹을거리들도 패스트푸드로 많이 바뀌고 해서 나도 내 동생 그 뒤로 일반 먹는 빵에서 바꿔 버렸어요. 케이크, 아주 예쁜 디자인 케이크 집으로 얘는 초점을 바꿔봐서 계속 잘됐어요. 그 전에 우리는 팥빵 시대에서 그다음은 도넛 그리고 즉석 빵이라고 해서 파이 종류가 내 때는 나왔거든요. 그랬는데 그때까지만 해도 괜찮았는데 패스트푸드가 많이 생기면서 먹을거리가 많아지니까 아무래도 그때 내가 처음 빵집 열 때만 해도 처음 경양식집하고 비슷하게 좌석이 다 있어서 빵하고 콜라, 사이다를 같이 먹는 그거였는데 이제는 더 좋은 경양식집 공간이 많이 생기니까 빵집의 휴게공간이 필요가 없어지고 빵집은 빵을 구워서 직접 주는 것 그것만 필요하지, 앉아서 먹는 게 없어졌는데, 요새 내가 다시 보니까 다시 너무 또 간단하게 먹을 공간이 없으니까 다시 빵집에 카페식으로 자리가 생기고 이게 그 80년 초반 한 85년까지는 그게 있었어요. 저기 빵집들이 다 의자가 있었어요. 근데 경양식집이 많이 생겼다가 그게 없어지고, 패스트푸드점이 생기고 한 것이 안양의 상업변천사야. (구술자: 양숙정)

찬우물 마을, 안양5동

마을 보기

안양5동은 안양시 면적 58.46㎢의 약 0.86%인 0.50㎢의 면적을 지니고 있으며 지리적 위치는 안양시의 남서향으로 북서향의 안양4동과 남동향의 안양6동 그리고 동북향에는 안양1동이 인접하고 있다. 안양5동의 서남향에 위치한 냉천마을은 면적 128.745㎡에 전체적으로 수리산을 등지고 관악산을 향하는 자세인 동향을 취하고 있다. 마을의 배후를 둘러싼 지형을 살펴보면 수리산 관모봉(426m)에서 흘러내린 동북향 줄기의 한 자락은 오른쪽인 남북 방향으로 흘러 안양8동의 성결대와 명학초등학교 방향에서 끝이 난다. 그리고 또 하나의 자락은 왼쪽인 동북향으로 흘러 신성고등학교와 세무서 뒤에서 멈추어 소골안을 이루고, 이어서 안양대학교와 근명여자정보고등학교를 돌아 성원상떼빌아파트에서 멈춘다. 따라서 냉천마을의 자연지리적 경계는 남쪽의 소골안에서 충혼탑이 자리 잡은 능선 부근을 거쳐 안양대 입구를 지나 현대아파트와 쌍떼빌이 위치한 옛 수태골 골짜기를 휘어 도는 형태로 마을을 이루고 있으며 마을 앞의 도로는 냉천로와 현충로가 만나는 지점에서 북쪽으로 삼덕로와 장내로가 만나는 삼덕로를 분기점으로 마을이 형성됨을 알 수 있다.

이는 자연수계의 흐름에서도 파악할 수 있는데 지금은 흔적을 찾기 어려우나 1970년대까지도 냉천마을을 감싸는 개천이 남아 있었다. 개천은 소골안 골짜기에서 출발, 안양세무서를 지나 남부시장을 거쳐 안양천에 합류하는 소곡천과 안양대 정문으로 오르는 삼덕로 길의 개천 그리고 수태골에서 흐르는 개천으로 안양5동사무소 앞을 지나 남부서장에서 소곡천과 합류하여 안양천으로 연결되었다.

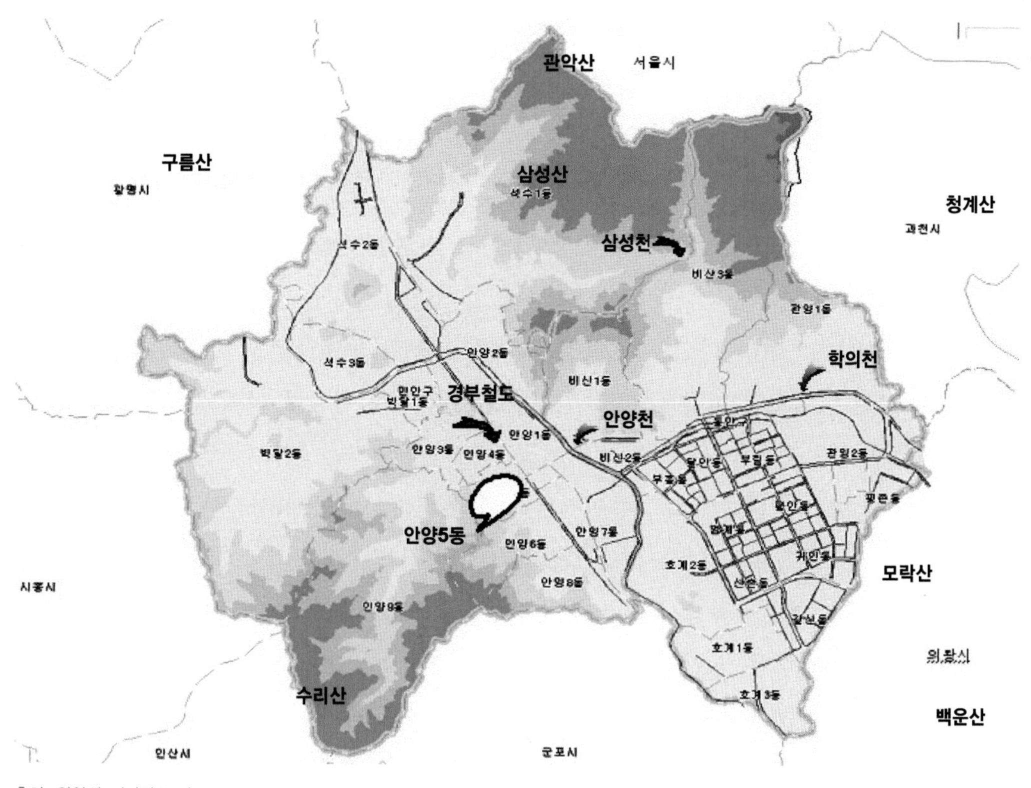

출처: 안양시 지리정보 자료.

〈도판 1 안양5동의 위치〉

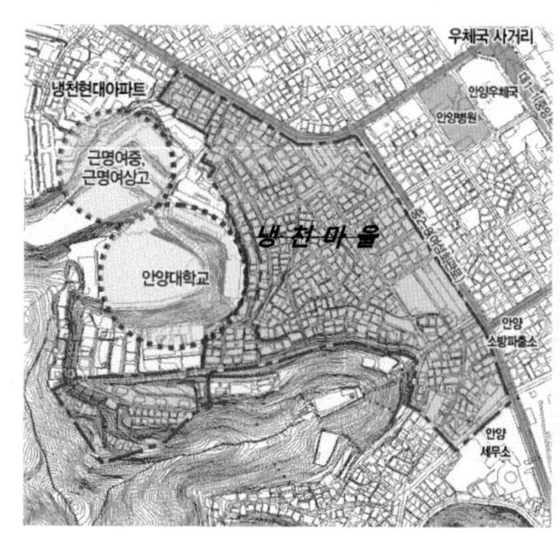

출처: 안양시 냉천지구 계획도.

냉천마을 전경

〈도판 2 냉천마을 구역도〉

냉천마을의 입지조건을 살펴보면 자연환경과 인문환경의 양쪽 측면에서 좋은 조건을 지니고 있음을 알 수 있다. 우선 자연환경은 배후에 위치한 도립공원 수리산이 쾌적한 자연경관과 함께 휴게 및 여가공간을 제공한다. 그리고 인문환경은 마을 주변에는 시장과 공원, 학교, 복지와 문화시설, 행정편의시설이 다양하게 분포되어 있음을 보여 준다. 오래된 공공시설로 만안구청(옛 안양시청 1973년), 안양소방파출소(옛 안양소방서 1976년)가 있고 교육의 경우 안양초등학교(1929년)와 함께 상업시설은 중앙시장(1961년), 남부시장(1972년)이 있으며 문화시설은 안양문화원(1970년) 등이 있다. 마을의 연결도로는 마을 앞 도로인 삼덕로와 마을 내부로 연결되는 소곡로와 현충로 그리고 냉천로가 있다. 도로는 도로변 주차공간을 제외하고 2차선을 유지하며 인도는 비교적 협소한 편이다. 도로환경과 함께 마을의 대중버스 교통여건은 안양남부시장 입구에 서울과 수원 등 인근도시와 연결되는 버스정류소와 역전의 시외버스터미널이 있다. 그리고 냉천마을의 삼덕로를 따라 2번(예술공원→중앙시장→안양대→소곡마을) 버스와 10-1번(중앙시장→냉천마을→평촌→범계동→안양시청) 버스가 운행된다.

이러한 내용을 참고로 <도판 3>을 살펴보면 냉천마을의 경우 주변 시설물과 도보거리는 평균 1.3km에 활용빈도가 높은 시설은 대부분 1km 이내로 평균 10분 정도의 보행거리를 지니고 있음이 발견된다. 이와 함께 도시의 주요 필수시설물 외에도 냉천마을과 주변에는 다양하고 오래된 종교적 특성이 잘 나타나고 있음도 주목되는 부분이라 하겠다. 마을 내에는 현충탑 주위로 회교인 이슬람사원과 함께 사찰의 경우 원불교 안양교당을 비롯하여 한미사, 천광암, 도광사, 법계사, 용천사, 장안사, 대각명사 등의 사찰이 존재한다. 교회의 분포는 규모가 큰 교회와 역사가 깊은 교회가 밀집되어 있는데 대표적인 교회로 은혜와 진리교회(1982년), 구세군교회(1961년), 안양5동중앙감리교회(1967년), 안양중앙교회(1930년), 안양제일교회(1930년) 등이 있다. 특히 안양4동의 중앙시장 앞에 있는 장내동안양성당(1954년)은 시간을 알려주는 종소리와 함께 뾰족한 첨탑과 교회의 조형물은 종교적 위엄과 경외감을 알려주는 명물이었다.

이 같은 안양5동과 냉천마을의 특징은 도심과 가까운 배후주거지로 기본적인 공공시설과 경제, 상업, 문화적 요소 등 삶의 질을 영위함에 있어 비교적 우수한 조건을 지니고 있음이 발견된다. 그리고 이와 같은 배경은 안양지역의 근현대화 과정 속에 만안구가 지녔던 역사와 함께하는데, 일제강점기 외세자본에 의한 1905년 경부철도 개통과 안양역의 설치는 한국전쟁 이후 만안구를 급격한 인구 증가와 상공업의 발달, 현대화의 과정을 겪게 되며 이는 동시에 전통문화의 해체와 외래문화의 유입, 농업에 기반한 삶의 기반 변화 등이 나타나는 계기가 되었다. 따라서 소위 안양동이라 부르는 지역은 안양의 근현대화 과정이 모범답안처럼 나타나며 지역사회를 이루는 구성요건에 있어서도 과거 시흥군의 중심 지역이었다.

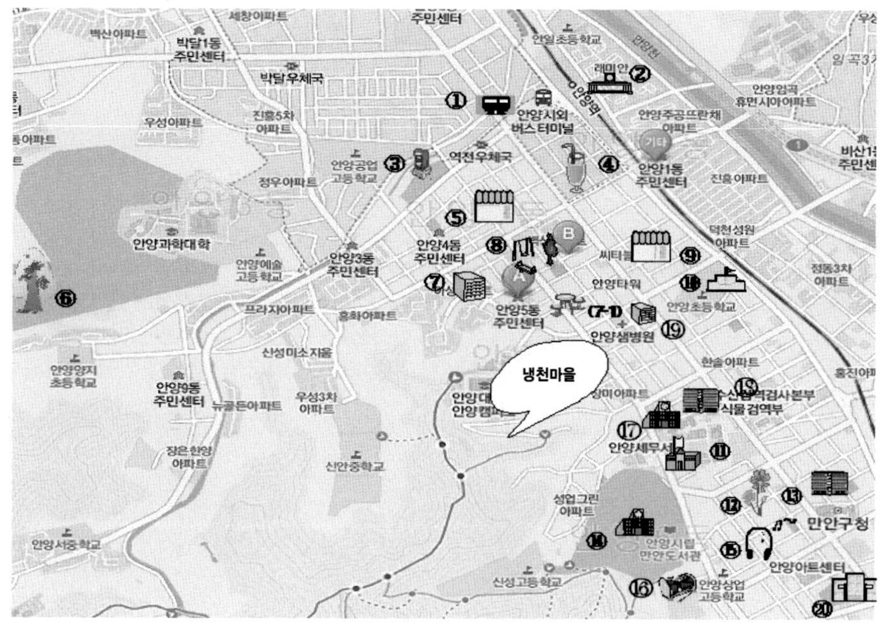

출처: 다음(daum).

〈도판 3 공공시설의 연계성〉

번호	명칭	도보거리(km)	번호	명칭	도보거리(km)
1	역전 버스터미널	1.25km	11	안양 세무서	0.68km
2	안양역	1.29km	12	명학공원	1.72km
3	역전 우체국	0.94km	13	만안구청	1.42km
4	안양1번가	0.83km	14	시립만안도서관/수리장애인 종합복지관/만안여성회관	1.1km~ 1.16km
5	중앙시장	0.54km			
6	병목안공원	2.92km	15	안양아트센터	1.7km
7	안양5동주민자치센터	0.18km	16	만안청소년수련관	1.36km
7-1	만안구노인복지회관	0.102km	17	안양소방파출소	0.52km
8	냉천놀이터/청소년지원센터	0.29km	18	안양문화원	0.53km
9	남부시장	0.38km	19	서안양우체국	0.37km
10	안양초등학교	0.6km	20	안양만안경찰서	1.82km

안양초등학교와 교하동(校下洞, 敎化洞) 유래

안양초등학교의 주변 마을로 다음과 같은 이야기가 구전되고 있다. 조선조 중엽에 이 마을에 어느 가난한 부부가 외아들과 함께 살았는데, 넉넉하지 못한 살림이라 아들을 공부시킬 수 없었으나 서당 선생의 도움으로 무료로 글을 배워 노력 끝에 과거에 합격하였다. 이에 나라에서 그에게 높은 관직을 제수하려 했으나 끝내 사양하고, 이곳 마을에 향교를 짓고 백성을 가르칠 것을 임금에게 아뢰자, 이에 감탄한 임금이 이곳에 커다란 집을 지어 주고 교화당(敎化堂)으로 명명해주었다. 이후 1927년에는 안양초등학교가 세워져 교육의 요람으로 명맥을 유지하고 있다.

안양지역의 개신교 전래

최초의 전래는 1895년으로 1900년에 발행한 『그리스도인 회보』에 과천 덕고개교회에서 1895년에 허대진이란 인물이 세례를 받은 기록이 등장한다.
이후 1897년의 『그리스도인 회보』에 시흥 범고개(현재의 박달동)에서 교회를 세운 기록과 1900년에는 석수동의 하영홍이 삼막골교회를 세우고 봉헌하였다. 이러한 초기 개신교 전래는 외국인 선교사에 의한 것이며 당시 교회가 남아 있지는 않으나 1910년 미국인 선교사 피득에 의하여 전래된 부림교회(현 동은교회)가 있다.

주요 교회 연혁

○ 동은교회: 1910년 4월 15일, 과천군 하서면 일동리에서 부림교회로 설립하여 1911년 개인 초가집을 교회로 사용하다 1975년 동은교회로 개칭하였다.
○ 안양중앙교회: 1930년 5월, 시흥군 서이면 안양리(현 안양1동)에서 기독교장로회로 창립 예배를 보고 같은 해 10월에 건물을 신축하였다. 1934년에 안양4동 중앙시장 입구의 현 자리로 이전하였다.
○ 안양제일교회: 1930년, 안양중앙교회에 속하였으나 교파가 예수교장로회로 분파되며 1954~1955년도에 현 위치(안양1동 남부시장)로 이전하였다.
○ 안양감리교회: 1939년 9월, 안양1동 대동서점 옆에서 창립한 후 1967년 안양5동 소재 중앙감리교회가 분리되었으며 2002년에 호계2동으로 이전하였다.
○ 안양교회: 1939년 8월, 안양3동에서 예수교성결교회로 창립하였으며 1943년에는 일제에 의하여 반일교단이라 하여 일시 해산되었고 1947년 재건하였다.

삼덕로에서 남부시장으로 연결되는 냉천로

냉천놀이터와 청소년지원센터

안양구세군교회

안양5동 주민자치센터

안양문화원과 소방파출소

주거와 생활

출처: 다음(daum) 지도.

〈도판 4 마을 경관과 주거〉

번호	명칭	번호	명칭
1	수태골	9	환경단체연합, 광복회, 소울음아트센터 /옛 5동사무소
2	삼덕로/마을 외곽길	10	M-마트/옛 냉천목욕탕
3	홍천 고추장 화로구이	11	장미아파트
4	안양대 입구길/옛 실개천	12	은혜슈퍼/해바라기길
5	씨네마 델리	13	냉천약수터(찬우물)
6	은행주택	14	원불교당
7	안양대/옛 은성고등공민학교	15	현충탑
8	이슬람사원	16	소곡마을/소곡천

1) 수태골(안양5동 708번지 일원)

수태골은 근명여자정보산업고등학교와 동덕아파트 사이에 있는 골짜기로 지금은 현

수태골(현대아파트 단지)

대아파트와 수리산 성원쌍떼빌아파트가 들어서 있다. 골짜기를 따라 작은 실개천과 샘이 있던 곳으로 땅이 질어 물탕골로 부르기도 하였다. 이 골짜기에는 다음과 같은 전설이 전해진다. 옛날 이곳에 금실 좋은 한 중년부부가 있었으나 이들에게 자녀가 없어 오두막엔 항상 정다운 이야기와 맛있는 된장찌개가 있어도 어딘지 모르게 허전함이 있었다. 생각다 못한 중년부부는 골짜기 샘을 찾아와 치성을 드리게 되었는데, 목욕재계와 옷을 정갈히 입고는 정한수를 떠놓고 촛불을 밝히며 산신령님께 온 정성을 다해 백일기도를 드렸다. '지성이면 감천이라' 하늘도 무심하지 않았는지 백 일째가 되던 날 드디어 중년부부는 꿈에서 산신령님의 계시를 받고, 곧 부인에게 태기가 있어 탐스럽고 튼튼한 사내아이를 낳게 되었다. 그 아들은 후에 큰 인물이 되었다고 하며 이러한 소문은 점점 널리 퍼지면서 자녀가 없는 부인들이 이곳을 찾아와 정성을 드리고 자녀를 얻었다고 한다. 그러한 이유로 이 골짜기를 사람들은 '수태골'이라 부르게 되었다.

2) 삼덕로(三德路)

삼덕로(안양대학교 입구 앞)

삼덕로(현충탑 입구 앞)

삼덕로의 도로명은 삼덕로의 경우 안양4동에 위치했던 삼덕제지(三德製紙)에서 유래하였다. 삼덕제지는 1961년에 조성된 인쇄용지제조공장으로 공장이 다른 지역으로 이전하면서 아파트 등의 용도로 매각하지 않고 2003년 7월 삼덕제지 전재준 회장이 안양시에 기증한 것이다. 면적은 공장부지 16,008㎡와 인근 사유지 3,368㎡를 합쳐 19,376㎡이며 안양시는 여기에 14만 그루의 수목과 야간조명분수, 수암천과 연계한 폭포, 야생화길, 소규모 야외무대, 체육시설 등을 설치하여 2009년 4월 22일 삼덕공원으로 탈바꿈하였다. 사업비는 123억 원이 소요되었으며 부지를 쾌척한 전 회장의 뜻을 기려 전재준 회장의 흉상과 1960년대 지역의 산업시설을 상징하는 13m 높이의 굴뚝을 설치하였다.

3) 홍천원조 고추장 화로구이

- 소재지: 안양시 만안구 안양5동 627-152번지
- 건축시기: 1958년(상량문)
- 규모·형태: 안채 8칸, 뒤채 8칸, 'ㄱ'자형
- 가구 짜임: 1고주 5량
- 지붕 형태: 우진각, 시멘트 기와

안양5동에 소재한 홍천원조 고추장 화로구이는 1958년에 건축한 한옥으로 안채와 뒤채로 나누어져 있다. 예전에는 살림집이었으나 지금은 식당으로 사용되고 있다. 안채와 뒤채 모두 남서향의 간좌곤향(艮坐坤向)으로 곱은자 형태를 취하고 있으며 전면으로 퇴가 있는 일고주 오량집이다.

안채의 경우 몸채는 6칸에 날개채는 2칸이다. 살림집 당시에는 전면에 대청을 중심으로 우측에 건넌방이 있고, 좌측으로 안방과 날개채에 이어진 부엌이 있었을 것으로 판단된다. 방형의 화강암 초석 위로 쇠시리가 있는 기둥을 올리고 굵지 않은 보와 도리로 가구를 구성하였다. 납도리에 기둥 굵기는 115㎜×115㎜, 높이는 2,270㎜이다. 서까래의 경우 처마내밀기가 600㎜에 지름은 100㎜ 내외이다. 마루의 높이는 약 320㎜로 높지 않은 편이나 예전의 초석의 높이를 참고하면 평균 650㎜ 정도의 높이를 지니고 있었을 것으로 추정된다.

집의 평면 공간을 이루는 칸 사이는 평균 2,400㎜ 전후로 8자를 기준으로 하였다. 안채 상량에는 '龍上樑檀紀四二九一年陰八月二十六日巳時梁家主丙辰生成造大運備人間之五福應天上之三光龜'라 쓰여 있다. 즉, 1958년 음력 8월 26일에 집을 지었고 집주인은 병진년생임을 알 수 있다.

현재 안채의 경우 가구 짜임만 확인되며, 대청 칸의 미닫이 창호는 원래 모습으로 파악된다. 뒤채의 경우도 안채와 같아 가구 짜임만 확인되는 수준이며, 천장은 베니어판으로 막아 조성 시기는 파악할 수 없다. 안채와 뒤채 모두 비슷한 양상의 규모를 지니는

집으로 표준화되고 세장한 가구의 짜임을 볼 때 1950년대의 한식집을 짓는 집장사의 가
옥으로 추정된다.

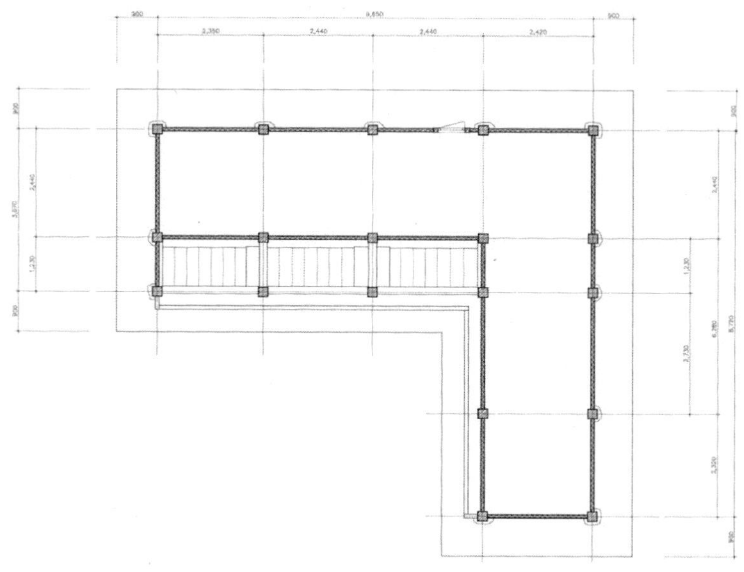

안채 평면도

가옥 전경

내부 모습

가구 짜임

'오신 손님 건강하세요'

홍천원조 고추장 화로구이집은 서안양우체국 사거리에서 서편으로 100m 지점의 길가
오른쪽에 위치하고 있다. 50대의 오은영·박종희 부부가 15년째 운영해 오고 있다. 안채
와 뒤채를 모두 사용하고 있으며, 식탁 20개에 한꺼번에 100명이 식사할 수 있다. 전체적
으로 830m^2(250평 정도)의 넓이로 한여름에는 안채의 넓은 마당에서도 손님을 맞이한다.

오은영 씨 부부는 직접 강원도 홍천의 화로구이집에서 '홍천사모님'에게서 양념기술을 전수받았다. 양념은 여사장 박종희 씨가 직접 준비하며, 주방장에게도 가르쳐주지 않는다고 한다. 고춧가루는 부안 태양초로 만들며, 모든 양념은 최고의 국산이라고 자부하고 있다. 명절날 3일 정도 쉬는 것 외에 특별한 일이 없는 한 장사를 쉬는 일은 없다.

음식점 안에 들어서면 두 개의 나무판이 눈에 들어온다. 하나는 '천객만래(千客萬來)', 천 명의 손님이 만 번씩 온다는 뜻으로 많은 손님들이 번갈아 계속 찾아오는 것을 말한다. 또 하나는 '오는 손님 건강하세요'인데, 이 집에 오는 모든 손님들이 맛있는 음식을 먹고 몸도 건강하고, 삶도 건강하기를 기원하는 뜻에서 걸어두었다고 한다.

단골도 많다. 주로 주변의 보험회사와 은행, 샘병원, 안양대학교 등지에서 단체 손님이 많다고 한다. 10년 이상 잊지 않고 찾아주는 손님들이 너무 고맙단다. 처녀총각으로 만나서 찾아주던 손님이 결혼해서 아이들과 함께 찾아오는 고객도 있다. 손님의 자녀들이 오영은 씨 부부에게 '할아버지', '할머니'라고 할 땐 그렇게 좋을 수가 없다며, 여사장 박종희 씨의 얼굴이 환해진다. 종업원 한 분은 이렇게 말씀하셨다. "이 집에서 식사하시는 분은 복 받으시는 분이에요."

음식점 방으로 들어서기 전 계산대의 벽에는 유명 연예인의 사진도 보인다. 탤런트 이덕화, 최수종과 함께 함박웃음을 짓고 있는 여사장님 사진을 비롯해 탤런트 박상면, 뽀빠이 이상룡, 축구인 신문선, 무술감독 정두홍 등과 각각 찍은 사진들이 쭉 걸려 있다. 방 안 벽에는 신문에 '맛집'으로 소개된 기사도 액자에 넣어 걸어두었다. 1998년경 『경향신문』에 '맛집'으로도 소개된 기사 내용을 옮겨 보면 다음과 같다. (구술자: 오은영)

암퇘지의 삼겹살을 양념고추장에 재어 쫄깃쫄깃한 맛이 일품이다. 주인 오은영 씨가 집에서 만든 양념고추장에는 더덕, 도라지, 배, 마늘, 참기름 등 10여 가지 재료를 넣었다. 인공

조미료를 일절 사용하지 않는다. 참숯구이는 건강식으로도 좋다. 일반 숯은 고기의 겉만을 태우지만 참나무 숯의 연기는 고기 안에까지 스며들어 기름기를 빼내고 골고루 훈제시키기 때문. 양념 맛이 골고루 배어 고소하고 담백한 육질을 즐길 수 있다. 고기의 단맛이 살아 있어 어린이들도 좋아한다. 참숯은 강원도 인제에서 구해다 쓰고 있다.

4) 씨네마 델리 최진홍 씨의 꿈(안양5동 708-38)

최진홍 씨는 29세로 안양대 입구에서 샌드위치 전문점 '씨네마 델리'를 운영하고 있다. 10여 평 남짓 되는 작은 점포이나 그의 꿈은 앞으로 요식업계, 특히 샌드위치를 주 종목으로 하는 분야에서 전문적인 경영인의 꿈을 꾸고 있다. 현재 29세. 서울 난곡에서 자라 고등학교를 마치고 안양대학교 관광학과 재학 중 군복무를 마치고 학교는 졸업한 상태이다.

졸업 후에는 동남아 등지에서 전문적인 관광 가이드를 계획하고 경험도 쌓을 겸 해서 필리핀으로 6개월 정도 어학연수 겸 관광을 했다. 직접 경험하며 고객 입장에서 장점과 단점을 비교하거나 습득하기도 했다. 국내에 돌아와 여행사와 이벤트사에 취직하여 직장생활을 하였으나 본인이 원하거나 기획하는 의도와 차이가 있어 직장 역시 그만두게 되었다.

직장 시절에 최진홍 씨가 원하는 관광이란 1차적인 눈으로 보는 상품이 아닌 여행국의 내면적인 모습들, 즉 사는 모습과 문화적 현상을 바탕으로 하는 문화상품이 필요하며 그러한 면에 있어 본인은 가이드가 아닌 관광상품 기획자로 일을 해보고 싶었다고 한다. 이러한 부분은 요구하는 여행자의 수요와 여행사의 경제성이 함께 맞아떨어져야 하겠지만 진정한 의미에 있어 관광이 아닌 문화 향유라는 점에서 그의 말은 진솔하고 깊이 있게 들린다. 다른 취업도 고민했으나 여행사와 이벤트 중심의 기획사를 잠시 다닌 경력으로는 세상이 만만치가 않다. 취업난은 어깨가 무겁기만 할 뿐이었다.

그러던 중 2011년 11월에 샌드위치 전문점을 개업하였다. 창업자금으로 본인과 지인의 돈을 빌려 약 1,500만 원을 준비하였다. 우연한 기회에 미국교포로 오하이오 주에서 샌드위치 전문 체인점을 하다 지금은 가족에게 물려주고 한국에 들른 동포를 만나 샌드위치 요식업에 관한 전문지식과 경영 등에 대하여 듣게 되었다. 샌드위치 전문점을 차린 계기는 여기서부터 출발하지만 이곳은 한국인을 대상으로 하기 때문에 한국 사람의 식성과 특성에 맞는, 더구나 학교 앞에서 젊은이의 기호와 주머니 사정 등에 맞는 경영전략과 수완, 사업구상을 필요로 하였다.

따라서 샌드위치를 다양하게 하고, 가격은 저렴하되 맛과 재료, 신선도에서 승부를 걸려고 한다. 샌드위치 가격은 평균 3,500원으로 7종류를 판매하고 있으며 그 외 4종류의 추가적인 식사류가 이곳 점포의 메뉴이다. 현재 하루 매출은 약 150,000원 정도. 아직은 후배들도 들려주고 해서 다행스러우나 향후 연고 없이 들려주는 또 다른 고객 유치의 노하우가 있어야 한다는 점을 깨닫고 있다.

이러한 점에 있어 최진홍 씨는 현재의 이득보다는 장기적 관점에서 실험적 사업을 구상하고 있다. 우선 학교 앞 골목이 2005년을 기준으로 백반이나 면 종류 등 분식 중심에서 지금은 커피점과 간단한 인스턴트류에 서구식 음식으로 바뀌는 추세이다. 향후 학교 앞 골목의 추이가 본인이 원하는 샌드위치 고객 수요와도 맞물려 증가될 것으로 판단하고 있다. 여기에 본인이 추구하는 샌드위치의 맛과 식재료 서비스로 맛과 영양이 있는 한 끼 식사대용으로 충분한 사업적 전략을 구상하고 있다. 여기에 더하여 학교 앞 샌드위치 가게가 아닌 샌드위치 프랜차이즈로까지 그의 꿈은 넓고 크다.

커피 향과 빵 냄새가 가득한 점포 안에서 밝은 느낌의 병아리색 내부치장은 마치 갓 구은 빵의 색과 같다는 느낌을 준다. 그 벽에는 포토샵으로 고쳐 붙인 두 장의 영화 포스터가 찾는 손님들을 유쾌하게 한다. <두사부일체>와 <지금 만나러 갑니다>를 패러디하여 '밑반찬 일체', '지금 먹으러 갑니다'로 바꿔 밑반찬 셀프 코너 안내와 식당 홍보를 겸하고 있는데 톡톡 튀는 아이디어가 상쾌하고 즐겁기만 하다.

2011년 11월 토요일인데 문을 열어 놓았다. 안양대에 행사가 있어 문을 열어 놓은 것이다. 손님이 오든 오지 않든 학교 가게 문은 열어 놓아야 한다는 것이 그의 생각이다. 사업가의 꿈도 있지만 최진홍 씨는 아직 젊은이다. 친구도 만나 술도 한잔하면서 하고 싶은 말도 많고 조기축구회에서 공을 차기 때문에 쉬는 날이면 운

동장에 나가서 뛰고 싶은 마음 또한 간절하다. 그러나 열심히 일하며 고민하고, 최선을 다해 미래를 준비하는 최진홍 씨의 꿈은 무지개처럼 피어날 것이다. 그리고 또 하나의 포스터가 이곳에 붙기를 바란다. 그가 좋아하는 축구, 한국의 꿈이 이루어지던 2002년 우리 모두의 꿈처럼 '꿈은 이루어진다.' (구술자: 최진홍)

5) 집장사가 지은 국민주택, 안양5동 은행주택 한병하 가옥(안양5동 708-128)

안양5동의 은행주택은 1968년에 준공된 단독주택이다. 내부 평면구성은 당시 유행하였던 공영주택의 기본적인 평면구성과 규모를 그대로 지니고 있다는 점에서 큰 의미를 지닌다. 1960년대는 재래식 한옥 구조가 중심을 이뤘다. 경제성장에 따른 산업화와 도시화, 그리고 이에 따른 도시민의 증가로 인하여 1960년대 이후 도시 주택의 심각한 부족 현상이 초래되었다. 이러한 주택부족 현상에 있어서 국가가 주도하는 공공부분의 주택 공급은 미약한 편임에도 불구하고 개인주택업자에 의한 주택보급은 활발한 편이었다.

안양5동의 은행주택 역시 당시 주변에 살던 개인주택업자에 의하여 지어진 집이다. 지금은 이웃하는 주택들이 증축 내지 개·보수되어 원형이 많이 사라졌으나 유사한 형태의 건물 외형이 아직도 곳곳에 남아 있음을 볼 수 있다. 당시로서는 서구적 내부구조에 중산층을 겨냥한 단독주택이었다. 특히 은행주택이라 불리는 이유는 당시 건축업자가 은행돈을 빌려 집을 지었다고도 하고, 은행주택 건축업자의 신랑이 은행간부였다는 데서 유래되었다고도 하나 정확하게는 알 수 없다.

집의 대지면적은 51.5평이고 연건평은 32.5평이다. 1968년 준공 당시의 17.5평에 이후 1988년에 새롭게 증축된 2층(15평)이 포함되어 있다. 집의 구조를 살펴보면 북향으로 집이 있고 남쪽으로 마당이 있으며 마당에는 화초를 키울 수 있는 작은 화단과 함께 간이 창고 및 야외 화장실이 있다. 가옥의 내부구조를 살펴보면, 마루를 중심으로 하는 겹집 형태로서 남쪽으로 문간방과 마루, 안방이 있고 북쪽으로 화장실과 부엌, 부엌방이 연결되는 평면구조를 지니고 있다. 각 방마다 독립적으로 아궁이가 설치되어 있었고 굴뚝은 두 개였다. 진입로는 남쪽 마당에서 봉당을 올라 마루로 오르는 진입로와 서쪽의 건넌방과 화장실 사이에 현관에서 내부로 진입하는 두 가지 방법이 있는데, 전통적인 가옥구조와 근현대적인 가옥구조가 함께 조합되어 있는 점도 이 집이 지닌 특징이라 할 수 있다.

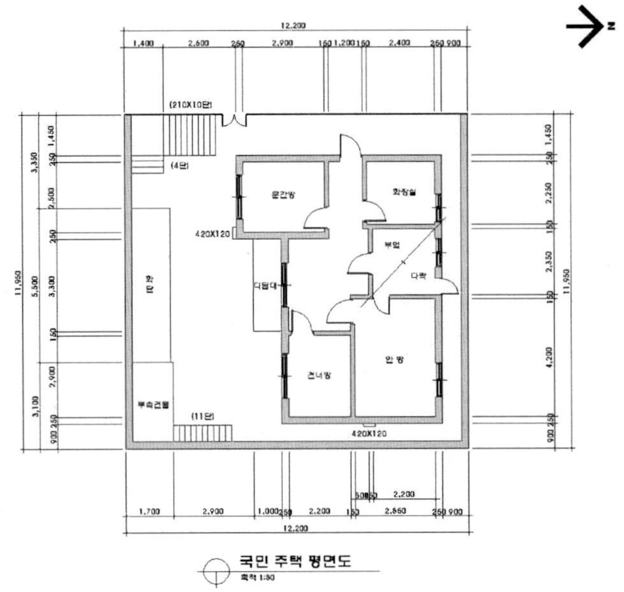

가옥전경(2층은 후대에 증축)

은행주택 평면도
주택 정면

내부구조에 있어 특히 부엌과 화장실은 당시의 시대변화상을 가장 잘 보여 준다. 경제 생활의 향상에 따른 가구 변화는 당시 건축 내부에 많은 변화를 야기하는 중요한 요소라 할 수 있는데 그중에서도 부엌과 관련한 시설물, 구체적으로는 상하수도의 보급과 취사와 연료 문제, 화장실의 실내화에 따른 내부 환경의 변화 등이 그 사례라 할 수 있다. 이 집 역시 그와 같은 요소가 전형적으로 발견된다. 건축 당시 현관 입구에 화장실이 위치하고 수세식 시설을 갖추고 있었다. 그런데 집이 위치한 지역이 상당히 높은 지역인 까닭에 화장실에 사용할 수 있는 물의 공급이 충분하지 못했다. 결국 1983년에 내부의 화장실은 바깥의 마당으로 나가고, 애초의 화장실 공간은 작은 방으로 바뀌게 된다.

부엌의 경우 처음에는 레일식의 아궁이로 방에 직접 열을 공급하고 취사를 하는 방식이었다. 현재 집주인이 1983년에 입주하면서(당시 시세는 2천만 원이었다) 19공탄 2장이 들어가는 연탄보일러, 즉 새마을보일러로 교체하였다. 이때 부뚜막은 솥 2개를 걸도록 되어 있었다. 1988년에는 19공탄 9장이 들어가는 연탄보일러 하나로 세 개의 방을 모두 돌렸는데, 다른 집들보다는 좀 늦게 설치한 것이라고 한다. 1990년대 초에 다시 기름보일러로 교체하였다. 최근까지도 부엌 위로 작은 다락이 있었으나 집을 수선하면서 사라지게 되었다. 부엌 위의 다락은 깊은 부엌이 있을 때 가능한 공간으로 집 안의 작은 물건을 수납하는 등 실제 활용도가 높은 공간이었으나 지금은 부엌 환경의 변화에 따라 거의 사라져 버렸다.

살맛나게 해준 물!

한병하 씨는 1983년 이곳 은행주택으로 이사했다. 넉넉지 못해 집을 구입할 때 전세를 끼고 사서, 한 집에 2가구가 살았다. 현관 옆방을 전세로 세를 주었다. 은행주택은 안양대학 입구 산비탈에 자리해 있다. 시내에서 보면 꽤나 높은 곳이다.

이사 오자마자 제일 큰 걱정은 물이었다. 수도는 설치되어 있었지만 물이 잘 나오지 않았다. 산중턱에 있는 주택까지 물이 도착하기 전에 산 아래 가정집에서 물을 많이 사용하면 밤 열두 시가 되도록 물이 제대로 나오지 않았다. 자정이 지나야 물이 쫄쫄 나왔고 새벽에 일어나 물을 받아놓아야 했다. 실내에 있는 수세식 화장실은 물이 제대로 공급되지 않아 냄새가 심하게 났다. 어쩔 수 없이 화장실을 개조하여 방을 만들었고, 화장실을 집 밖에 새로 지었다.

우물을 파기로 했다. 혼자 해결하기에는 비용이 많이 필요했다. 옆집과 함께 담을 터서 공동우물을 만들었다. 하지만 얼마 안 가서 물이 말라들어 가면서 물맛이 찝찝해서 먹기 곤란했다. 이후 수도시설이 완비되어 수돗물이 쾅쾅 쏟아졌다. 한병하 씨는 그 순간을 이렇게 회고한다. '살맛이 났다!'

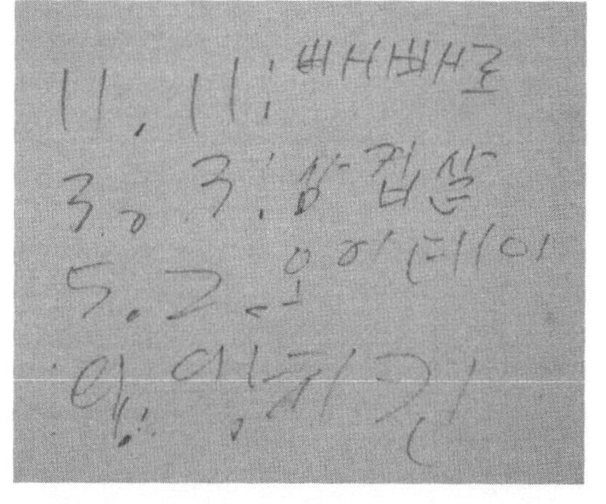

벽지, 메모장이 되고 도화지가 되고

한병하 씨 아래층 세입자의 방을 보면 참 재밌다. 1층은 최근 집수리를 하기 전까지 두 세대가 살고 있었다. 두 집은 마루를 기준으로 동-서로 나뉘어 생활했다. 한 세대는 과거 현관으로 들어서서 좌우측의 방 두 개를 사용했고, 현관 밖에 부엌을 따로 마련했다. 다른 한 세대는 마루와 부엌 및 좌우 방 두 개를 사용했다.

서편의 현관으로 들어서서 왼쪽 방을 살펴보면, 이곳은 '은행주택'으로 지었을 때 실내 화장실이었다가 개조하여 방을 들인 것이다. 방의

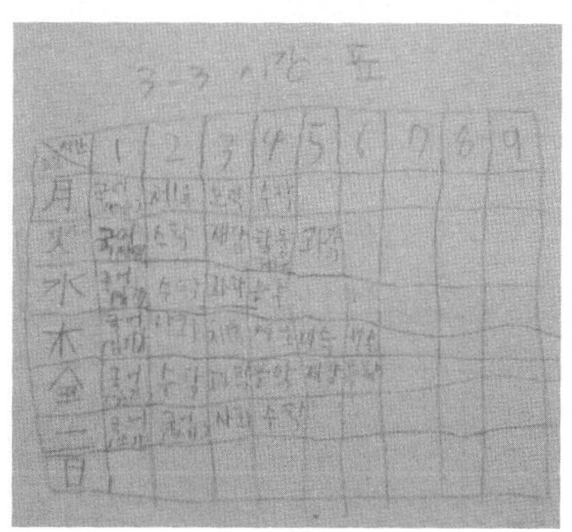

한쪽에는 각종 세금과 월세 납입일자가 기록되어 있다. 그 맞은편 벽에는 가수와 노래제목이 빼곡히 적혀 있다. 이 방은 거주자가 두 차례 이상 바뀌도록 도배를 하지 않은 것으로 보인다. 최근까지 살던 가족의 큰아들 '홍규'라는 학생이 기타를 치며 노래하기를 좋아했는데, 노래 제목은 아마도 그 친구가 써놓은 듯싶다. 이곳은 건넌방으로 쓰인 것으로 보인다.

안방으로 쓰이던 현관 오른쪽의 방은 부모님이 사용했던 것으로 보인다. 친지 및 각종 음식점의 전화번호가 벽에 쓰여 있었다. 11월 11일 빼빼로데이, 3월 3일 삼겹살데이 등의 낙서도 있다. 특히 방문 바로 옆으로 아이들 키를 재어 표시해 둔 것이 눈에 뜨인다. 2003년 8월 20일에서부터 2009년 8월 1일까지 여러 차례 표기되어 있는데, 마지막 키의 크기는 180㎝ 정도 되었다. 이 집에 세 들어 살던 집의 큰아들 홍규의 성장과정이 그대로 나타나 있다. 초등학교 2학년 때 이사 와서 고등학교 3학년 때 평촌으로 이사했다. 동편 또 다른 세대의 안방 벽은 온통 어린 아이들의 그림판으로 쓰였다.

평범한 부모 밑에서 자랐더라면

한병하 씨는 올해로 예순넷이다. 여기 안양 '은행주택'에 터를 잡고 지내온 지도 어느덧 30년이다. 한 세대가 흘렀다. 하지만 이곳의 터줏대감으로 자신의 존재감을 드러내고 살아오진 않은 듯하다.

늦가을비가 내린다. 현관문 밖에 앉아 이런저런 얘기를 나누기 시작했다. 인터뷰 중 '개인정보'에 대해 매우 거부반응을 보였다. 조금 전 보이스피싱을 당했기 때문이란다.

아들 이름을 대면서 사고를 당했는데 자기가 데리고 있으니 병원비를 보내라는 것이었다. 강원도에 가 있는 아들에게 연락이 닿아서 다행이었지만 남들에게나 있으리라 여긴 일이 자신을 대상으로 일어났다는 사실에 몹시 분해했다. '덕분에' 우리의 인터뷰 출발은 쉽지 않았지만…….

그는 평범한 부모 밑에 있었더라면 한자리했을 것이라며 혀를 찬다. 인생에서 가장 아쉽다고 했다. 공무원시험이라도 봐서 공무원 생활이라도 할걸, '할 게 없어서 5급 공무원이냐?' 하던 시절이었다. 하지만 그래도 그렇게 했어야 했다고 후회했다.

한병하 씨의 고향은 능곡이다. 지금은 고양시 능곡동이다. 일찍이 부모와 헤어졌다. 세 살 때 아버님을 여의고, 어머님은 얼마 지나지 않아 다른 곳으로 출가하셨다. 어쩔 수 없이 어머니를 따라가서 배다른 형 밑에서 생활했다. 고향에서 초등학교와 중학교를 마치고 서울의 배재고등학교에 진학했다. 통근 열차를 타고 서울역에 내려서 등교했다. 그의 얘기로는 처음에 경기고에 가려 했는데 서울역에서 가깝고 교통도 편리하다고 생각해서 배재고를 택한 것이라고 한다. 중·고등학교에서는 줄곧 장학생이었다고 한다. 고등학교 재학 중 '장난삼아' 육사시험에 응시해서 덜컥 합격했다. 그것도 400명 가운데 73등이라는 사실에 놀랐다고 한다. 하지만 육사를 포기하고 서울공대로 진학했다.

대학에 입학한 지 얼마 안 돼서 시위에 참가했다가 강제로 군대에 끌려갔다. 1학년 재학 중에 27사단 이기자부대로 입영했다. 1968년 김신조가 청와대 가까이까지 잠입했던 시절로, 이후 군복무가 3년으로 연장되었다. 군대에서는 매일 맞았다. 밥도 제대로 주지 않는 일이 다반사였다.

35개월 24일, 한병하 씨가 군복무한 기간이다. 집에 돌아오자 형님은 이렇게 말했다. '이제 너 스스로 인생을 살아라.' 너 스스로? 실제로는 내쫓김을 당한 것이라고 그는 기억하고 있다. 이후 노숙생활을 전전했다. 거주지가 일정하지 않아 예비군 훈련통지서를 제대로 전달받지 못했다. 향토예비군법 위반으로 즉결에 넘겨져 벌금을 두 번이나 내야 했다. 그런데 속상한 건 그보다도 군대에도 다녀오지 않은 판검사에게 충실히 국방의 의무를 다한 사람이 즉결심판을 받는다는 사실이었다고 그는 회고한다. 군대에 가지 않은 이인제, 안상수 그리고 몇몇 도지사들……. 이후부터는 예비군 중대에 전화해서 훈련일자를 확인했다. 당시는 라면 1박스를 중대본부에 가져다주면 훈련을 빼주던 시절이었다. 그때부터는 예비군 중대장을 정말 싫어했다.

서울에서 동아일보 답십리지국의 신문배달부로 일하면서 겨우 노숙생활을 면할 수 있었다. 비록 사무실 책상 위에 마련된 잠자리이지만. 예비군훈련 통지서도 꼬박꼬박 받을 수 있었다. 이것이 계기가 되어 1976년 특채로 동아일보 판매국에 입사했다. 1983년 광화문 사거리에 있는 동아일보 판매국에서 일할 때 동아일보 기자언론투쟁을 지지했다. 이후 진급에서 누락되고 말단 지방부로 발령받아 고생을 많이 했다. 1990년대 중반까지 약 20여 년 동안 근무했다. '이제는 기억도 하기 싫다.'

나이 먹을수록 고독함, 외로움을 두려워하지 마라!

한병하 씨는 퇴직 이후 자영업을 했다. 동아일보 안산지국을 운영했다. 1998년에 안양 중앙시장 옆에서 PC방을 냈다. IMF 때 실업자가 양산되던 시절에 그는 과감하게 1억 원을 투자했다. PC 한 대에 350만 원 하던 때였다. PC방은 24시간 영업했다. 직원을 두지 않고 낮에는 사모님이, 밤에는 한병하 씨가 12시간씩 맞교대로 열심히 일했다. 3년 정도 경영했다. 몸이 많이 상했다. 점차 여기저기 PC방도 급증했다. 그는 지체 없이 문을 닫았다.

나이가 50대 후반만 되면 자기 몸 관리를 철두철미 잘 하는 것이 큰돈을 버는 것이라고 했다. 아무 병 없이, 우환 없이 사는 게 제일이다. '당뇨, 고혈압, 몸이 아프면 말짱 개털이야.' 그는 고혈압, 부정맥 증상으로 고생을 많이 했다. 무리하면 안 돼서 집에서 쉬면서 건강을 회복했다. 건강을 회복하기 위해 1년에 마늘을 일곱 접이나 먹었다. 우연히 TV에서 서울대병원 의사가 한 끼에 마늘 세 쪽씩을 먹고 혈압을 80-120을 유지해 오고 있다는 방송을 보고서부터다. 이때부터 마늘과 양파를 먹기 시작했다. 겨울에 높아지는 경향이 있긴 하지만 현재 80-120을 유지하고 있다.

과거에는 수리산 팔각정에 올라가는데도 3번은 쉬어야 할 만큼 몸이 나빴다. 지금은 술, 담배를 전혀 하지 않는다. 20년 정도 되었다. 아마 김영삼 대통령 취임 직전의 일로 기억된다. 안산에서 신문지국을 운영하다가 오토바이 사고로 갈비뼈와 어깨뼈가 부러지는 중상을 입었다. 그래서 대통령선거에 투표도 하지 못했다. 이후 지국을 그만두었고 담배와 술도 완전히 끊었다고 한다.

요즈음 한병하 씨는 자기 자신만의 생활비로 쓰는 돈은 거의 없다고 한다. 집 밖의 활동은 거의 하지 않는다. 사회활동도 없다. '나이 먹을수록 고독함, 외로움을 두려워하지 말자'라는 생각을 가지고 있다. 살아온 환경 때문인지 고독, 외로움에 익숙하다. 불편함을 느끼지 않는다고 한다. 오히려 번잡스럽고 사람이 많은 것을 싫어한다. 수리산 자락

에 올라 심호흡을 많이 하고 명상을 즐기며 살아가고 있다. (구술자: 한병하)

6) 은성고등공민학교(현 안양대학교 안양5동 708-113)

공민학교는 1960년대 어려웠던 시절 초등학교를 졸업 후 중학교에 진학하지 못하는 사람을 위하여 중학교 과정 교육을 실시하는 학교를 말한다. 현재 그 수는 몇 개 학교만 남아 있으나 한때는 전국에 500여 개 학교가 넘을 정도로 교육의 한 축을 담당했다.

은성고등공민학교는 1964년부터 1979년까지 운영된 학교로 이 학교가 있었던 곳은 현 안양대학교 자리이며 설립자는 안양대학교 명예교수를 지낸 이세종 교수이다. 이세종 교수는 당시 형편들이 어려워 등록금을 제대로 내지 못하는 학생도 많았고, 가정방문을 처음 나갔을 때 끼니로 밀기울을 끓여서 먹고 있는 학생을 보고 '쉽지 않은 일이구나'라는 생각이 들었다며 당시를 회상한다. 그는 공민학교의 교장이었지만 경비원이기도 했다. 인건비를 아끼기 위해 숙직을 도맡았기 때문이다. 그 흔한 라면도 나오기 전이라 맨 국수를 저녁마다 삶아 먹으면서 학교를 지켰다고 한다. 학생들 또한 그런 교장을 보기가 애틋했는지 '선생님께 따뜻한 떡을 드리고 싶다'면서 집에서 학교까지 한 시간이 넘는 거리를 밤중에 달려온 학생도 있었다고 한다. 이제는 옛 이야기가 되었고 당시 학생들은 초로의 나이가 되어 각자의 자리에서 책임을 다하는 일꾼으로 살고 있다고 한다. 그러나 그 한밤중의 따뜻한 선물은 그에게 영원히 잊을 수 없는 기억이 됐다.[12]

안양대학교 입구(냉천로)

동아리 행사 포스터

입구 상가

입구 상가

---

12 『안양시민신문』 2008년 5월 15일 기사 참조.

7) '알라'의 땅, 이슬람교 안양성원(안양동 618-133)

안양성원은 한국 무슬림 독지가 후세인 유창식 형제가 사재 5천만 원을 들여 기존 기독교 교회 건물을 매입해 개조한 이슬람 성원으로 1986년 4월 26일에 개원되었다. 안양성원은 1985년 12월 세계무슬림연맹(라비타)에 의해 라비타성원으로 명명되었으며, 현재에는 방글라데시 및 파키스탄 출신의 외국 무슬림 근로자들이 자치적으로 운영하고 있다(http://www.koreaislam.org).

이것은 한국 이슬람교 중앙회 사이트에서 라비타안양성원을 설명하고 있는 내용이다. 이슬람 선교를 위해 1964년 10월에 발족된 한국이슬람교중앙회는 국내 유일의 이슬람선교기구이다. 서울 용산구 한남동 중앙성원에 본부를 두고 부산, 안양, 부천, 광주, 전주, 제주 등 전국에 8개 지회와 60여 개의 임시 성원을 운영하고 있다. 이슬람은 기독교, 불교와 함께 세계 3대 종교 가운데 하나로 꼽히지만 일반적으로는 그 내용이 잘 알려져 있지 않다. 이슬람을 믿는 무슬림들은 세계 140여 개 국가에 13억 명의 신도가 흩어져 살고 있다고 한다.

이슬람교 안양성원의 창시자, 후세인 유창식 이맘

안양성원은 안양대학교 정문 앞에서 왼쪽으로 200m 정도 가면 길가에 바로 붙어 있다. 북향으로 문이 나 있는 건물 입구에는 세 가지 종류의 현판이 걸려 있다. 현관문 위에는 아랍어 현판과 함께 'ANYANG AL-RABETA MOSQUE 안양이슬람사원'이라고 쓰여 있고, 옆에는 '이슬람교 안양성원'이라고 쓴 현판이 길게 걸려 있다.

안양성원은 처음 설립할 당시 라비타의 지원이 있었다고 하나 지금은 성원에 모이는 무슬림들이 각자 돈을 내 운영하고 있다. 토요일마다 15~20명 정도 모이고, 마지막 토요일에는 50~70명 정도, 금요일 점심 정식기도 때에 20~30명이 성원에 모여 기도를 한다. 지금 이곳에는 방글라데시, 파키스탄, 모로코, 이집트, 인도, 터키, 인도네시아, 말레이시아 등지의 유학생들도 드나들고 있지만 대부분이 이주노동자들이다. 이들의 하루 의식으로는 Fajr, Sunrise, Dohr, Asr, Maghreb, Isha 등이 있다.

기도는 '알라 후 아끄바르(알라가 가장 높습니다)'로 시작하여, '아쌀라 무 알레끔 와 라마뚤라(하나님 당신에게서 평안하게 해주십시오)'로 끝을 맺었다. 2011년 10월 27일 오후 4시 의식에는 1명의 인도자와 17명의 예배자가 참석했다. 예배는 10분 동안 진행되었다.

안양성원은 1986년 4월 안양의 한 한국인 무슬림이 교인이 없어 매물로 나온 교회건물을 매입하여 이슬람사원으로 개원한 것이다. 한국 내 다섯 번째 이슬람사원이지만 교회를 이슬람사원으로 개원한 최초의 사례이다. 그 한국인 무슬림이 바로 후세인 유창식 이맘(교회의 목사에 해당)이다.

후세인 유창식 이맘과 아들 하산

후세인 유창식은 이북 영변 출신으로 호적상 1940년생이다. 연세대학교 생물학과를 졸업하고 대학원을 마친 뒤 강사로 학생들을 가르치다가 '유신시대 때 말씀을 잘 못해서' 퇴직하게 되었다고 한다(사모님께서는 그 이유에 대해서는 정확히 말씀하시지 않는다). 이후 사업에 뛰어들었고 중동지역을 자주 오갔다. 사우디아라비아에 있을 때이다. 꿈속에서 아잔(기도시간을 알리는 소리) 중에 누군가 와서 얘기하기를 '여기 말고 너희 나라에 가서 아잔하라'고 말했다고 한다. 그는 이를 꿈의 계시로 여겼고 곧 이슬람교에 입교했다. 국내로 돌아온 유창식은 한남동에 거주하면서 무슬림 공동체 설립에 노력했다. 안양으로 내려온 유창식은 이곳 냉천동 기독교 교회를 매입하고 1986년 4월 이슬람사원으로 라비타 안양성원을 개원하였다. 그는 명학동 일대에서 방글라데시 이주노동자들을

이슬람사원

1986년 신축 모습

직접 찾아가 이야기를 나누면서 무슬림의 모임을 만들었다. 점차 중동지역의 이주노동자들이 많이 모이게 되면서 사원의 모습을 갖춰 나갔다. 가족이 모두 무슬림을 받아들였으며, 아들 하산은 아버지 유창식 이맘을 잘 따랐다. 안양성원을 운영하면서 생활은 매우 어려웠다. 사모님은 유치원을 경영하다가 직장생활을 하게 되었다. 그러던 중 2001년 유창식 이맘은 사업차 쿠웨이트에 갔다가 그곳에서 교통사고로 사망하고 말았다. 이후 안양성원은 한때 문중 재단의 소유로 하였으나 현재는 유창식 이맘의 아들 하산과 그의 고모의 소유로 되어 있다.

이슬람교 안양성원의 이주노동자 무슬림, 알람

이슬람교 안양성원에서 '알람'이라고 하는 이주노동자를 만났다. 원래 이름은 ALAM-GIR BIN SOLAIMAN CHOWDHARY이었다고 한다. CHOWDHARY는 '땅부자'를 뜻하는데 알람의 아버지 때까지는 이것을 성으로 하였으나, 알람이 초등학교 때, 땅부자도 아닌데 이것을 성으로 쓸 필요가 없다고 생각해서 아버지께 이를 빼자고 해서 현재는 사용하지 않는다고 한다.

알람은 방글라데시 출신의 이주노동자로 키가 크고 매우 친절한 사람이다. 나이는 1971년생, 우리 나이로 꼭 마흔 살이다. 6남매(남자3, 여자3) 가운데 장남으로 아버님은 돌아가셨고 어머님과 동생들이 함께 살고 있다. 방글라데시 치타공대학에서 역사를 전공했다고 한다.

알람이 처음 우리나라에 들어온 것은 1995년 산업연수생 신분으로였다. 1997년에 산업연수를 마치고 출국했다가 다시 입국하여 2003년까지 일하다가 또다시 고국으로 돌아갔다. 2004년 다시 입국하여 한국인 여성과 결혼했다. 아내는 두 아이의 엄마로 남편과

사별한 뒤 한 살 아래인 알람을 만났다고 한다. 현재 18살과 20살의 두 딸이 있다.

알람은 처음 경기도 여주에 있는 애자공장에서 8년간 일했다. 회사 식구들은 매우 친절하게 잘 대해줬다고 한다. 현재는 두 달 전에 입사한 안산의 대림포장(박스회사)으로 출근하고 있다. 결혼한 이후 장남으로서 경제적으로 넉넉지 못

하여 방글라데시의 부모님께 돈을 보내 드리지 못해 마음이 아프다고 한다. 30세의 친동생도 한국에서 일하고 있다.

알람은 '이슬람은 평화를 사랑한다. 테러를 반대한다. 전쟁은 좋지 않은 일이다'라고 거듭 말한다. 그는 2011년 한국 국적을 취득했으며, 안양성원에서 다른 무슬림 이주노동자들과 함께 기도하며 그들의 자립을 위해 애쓰고 있다.

반한단체로 몰린 이슬람교 안양성원의 이주노동자들

2004년 10월 13일 밤 텔레비전 뉴스에서 '국내에서 이슬람 반한(反韓)단체가 적발되었다'라고 보도되어 안양성원의 사람들은 황당하고 어이없어했다. 당시 한나라당 김재경 의원이 법무부 국정감사 자료를 공개하면서, '다와툴 이슬람 코리아(이하 다와툴)'라는 방글라데시 반한단체가 안양지역을 중심으로 활동하다가 적발되어 핵심조직원이 추방당했다는 보도가 나간 것이다. 하지만 이는 사실이 아니었다.

'다와툴'은 실상은 '무슬림끼리 기도하고 소식을 나누는 모임'일 뿐이었다고 한다. 그들은 안양성원에 모이는 인근 지역의 이주노동자들이었다. 다와툴은 미등록 이주노동자들의 취업을 알선해주거나 해고된 친구들의 직장을 알아봐줬다. 인근 지역에서 일하는 방글라데시인은 물론 파키스탄인, 인도네시아인 등 중동지역 및 동남아시아 여러 국적의 이주노동자 무슬림들이 모여 예배를 보며 정보를 교환하는 사원공동체가 한순간에 반한단체의 중심지로 둔갑돼 버린 것이다.

그들은 기존 안양성원이 규모가 작아 자신들이 돈을 모아 3층을 올렸고, 2002년 성원 주변에 아파트가 들어선다고 하자 자신들의 공동체로서 직접 건물을 구입하고자 했다. 주변의 이주노동자들이 한 푼 두 푼 돈을 보내왔고, 1억여 원을 한국인 명의로 외환은행 안양지점에 저금해 두었다. 이러한 돈이 방글라데시 한 정당에 송금됐고, 불법체류자 취업알선 등 정부정책에 반대하는 반한활동을 했다고 하면서 '이슬람 무장단체가 한국을 테러 대상국으로 지목한 반한 이슬람 단체가 적발됐다'고 한 국회의원과 몇몇 언론들이 호들갑을 떨었던 것이다. 당시 날벼락을 맞은 당시 안양성원의 한 무슬림은 다음과 같이 말했다.

우리더러 반한단체라니요. 한국의 발전상을 동경하다 이곳에 온 우리가 왜 한국 사람을 해치려 하겠어요. 더구나 열심히 일하고 아껴 써서 가족에게 한 푼이라도 더 보내고 싶어 하는 우리가 테러단체에 송금을 할 리가 없었어요. 반한단체 이야기가 나온 후 사람들의 시선이 달라졌어요. 어느 나라 출신이냐고 물어 '방글라데시에서 왔다'고 하면 잔뜩 경계합니다. 나는 누구보다 한국을 사랑하는데 마음이 아파요. (구술자: 알람)

이주노동자들이 반한활동가로 둔갑한 것은 당시 정부가 제시한 「불법체류자 반한활동 종합대책」에서 반한활동의 내용에 '정치적 주장을 하며 정부시책을 비판·오도하고 이를 선전·주동하는 자'가 포함되어 있기 때문이었다. 결국 이 사건은 다음 날부터 흐지부지되었다. 지도자로 지목된 세 사람은 불법체류자로 추방당했을 뿐이었다. 당시 '다와툴' 회원이었던 알람과 마믹은 '방글라데시 반한단체 보도'가 나간 이후 일자리를 얻는 데 어려움을 겪었다고 한다(구술자: 알람).[13]

8) 포도밭에 들어선 안양 최초의 아파트, 안양5동 장미맨션(B동 203호)

우리나라에서 아파트는 1932년 일본 기술로 세운 서울 충정로 유림아파트가 처음이었다. 광복 이후 1961년 대한주택공사가 서울 마포에 도화 아파트를 지으면서 우리나라에서 아파트가 처음으로 시작된다. 이후 경제개발5개년 계획과 함께 크고 작은 아파트가 붐을 이루게 되었고, 1970년대 경제성장과 함께 '아파트 투기'라는 부동산 투기 과열 등의 사회적인 문제가 발생하게 된다.

아파트 열기와 관련해 당시 경제 상황을 살펴보자. 1970년대 초까지 경기 호황에 힘입은 양적 성장을 거듭하며, 동시에 시중자금이 부동산으로 유입되면서 투기 목적을 띤 부동산 경기는 사회에 심각한 영향을 미쳤다. 이에 정부는 간접적 시장개입에서 직접적 시장개입으로 전환했다. '부동산 투기 억제 및 지가 안정을 목적으로' 1978년 8월 8일 「주택 공급에 관한 규칙」을 제정하고, 부동산 투기 억제 종합 대책인 '8·8조치'를 단행하며 부동산 시장의 안정화를 유지하고자 노력을 기울였다.

안양5동 장미맨션 역시, 대형 아파트는 아니지만 1970년대의 이러한 사회·경제적 변화 과정 속에서 1978년에 준공된 안양지역 최초의 아파트라는 건축사적 의미를 갖는다. 특히 1978년 8·8조치와 함께 언론에 나타나는 건설·분양 등의 관련 기사는 당시의 시대상을 잘 보여 주고 있다는 점에서 매우 흥미롭다. 장미아파트의 분양과 관련한 당시

---

13 『시사저널』 제783호; 『한겨레21』 제531호 참조.

『동아일보』 기사를 보자.

아파트 반값에 바겐세일
분양 부진에 할인 사태, 평당 11만 원 깎아줘 부동산 경기침체로…

이 밖에 정우개발의 경우 안양의 장미맨션을 입주시킨 후에 분할하여 상환을 받는 등의 편법을 쓰고 있으며 다른 주택업자들의 경우 가전제품이나 가구 등을 보너스로 설치해 주고 있다. 이 같은 아파트 바겐세일 등 할인 분양 등은 올 들어 주택경기 침체로 아파트가 남아돌고 있고 금융긴축정책에다 토지거래허가제 등이 심리적인 영향을 주었기 때문이다(『동아일보』, 1979년 6월 23일).

안양5동 장미맨션의 구조와 이력

장미맨션이 있는 이곳은 포도밭이었다. 안양포도는 1930년대 일본에서 묘목을 가져다가 재배하기 시작하면서 탄생한 것으로 전해지고 있다. 1960~1970년대에 안양포도는 전국적으로 널리 알려진 명물이었다. 이 땅의 소유주는 중국인이었는데 한국 사람과 결혼하였고, 아파트가 건축되자 세를 주었다가 입주하여 1년여 살았다고 한다.

장미맨션은 1978년에 준공되어 1979년에 입주하기 시작한 장미맨션은 두 개의 동으로 구성되어 있다. 남북향의 배열에 가운데로 중정을 두고 동쪽 A동이 29가구, 서쪽 B동이 21가구이다. 건평은 32평, 44평, 48평 세 가지로 분류된다. 이 가운데 B동 203호는 32평으로, 현재 1980년에 입주한 안홍순·정애영 부부가 살고 있다. A동의 경우 도로를 따라 1층에는 제과점과 미장원, 피아노 교습소, 가전제품 보관소와 같은 소규모 상가가 남아 있어 건립 당시 맨션아파트와 이에 따른 상가 형성의 설계 의도를 잘 보여 주고 있다.

내부구조는 북쪽의 현관에서 실내로 진입하게 되어 있으며 거실을 기준으로 서쪽에는 빨래널기 용도의 발코니가 있고, 동쪽에는 부엌과 다용도실, 작은 발코니가 있다. 방은 북쪽으로 현관과 연결된 방이 있고 남쪽으로 안방과 화장실, 건넌방이 위치한다. 내부구조의 특징을 보면, 거실을 중심으로 독립성이 유지되도록 설계되었다. 특히 현관과 연결된 방의 경우 현재는 서재로 사용되고 있는데, 별도의 옷장과 수납공간이 있어 공간이 지닌 세대의 살림의 분화와 독립성을 유지하도록 설계되었음을 알 수 있다.

공간별 주요 살림살이

구분(바닥, 벽재, 조명)	위치	명칭
거실 (비닐 장판, 백색 벽지, 원형등)	서향 남향 북향	좌식 책상, 선풍기 목제문갑 2조, 화분, TV, 소형수납함, 가족액자, 도자기, 小品 장식류: 벽시계, 달력, 액자, 기념품 및 상패류(독립 훈장증 및 서대문 형무소 벽돌), 벽걸이 족자(동양화), 액자(비구상 작품), 벽걸이 액자, 에어컨, 소파, 자전거형 운동기구, 달력
안방 (비닐 장판, 백색 벽지, 원형등)	동향 서향 남향 동북향	장식용 선반장 2조(도자기류, 가족사진, 상패류) 벽부 옷걸이, 의자, 소형 책장, 벽시계, 액자(불경) 자개장 침대
건넌방 (비닐장판, 백색 벽지, 형광등)		옷장 및 집안의 허드레 물건, 청소 도구 등 수시로 쓰지 않는 물품 보관
문간방 (종이 장판, 유백색 벽지, 원형등)	동향 서향 남향 북향	벽부 옷장, 책장 옷장, 책상, 컴퓨터. 책상 접이등 책장 3조 책장 및 3단 옷장, 행거용 옷걸이
부엌 (비닐장판, 백색 벽지, 삼파장등)	동향 서향 남향 북향	목재 식탁, 소반, 전기밥솥, 양념병, 벽걸이 그릇장, 가스레인지. 전자레인지 김치냉장고, 목재 그릇장, 냉장고, 2인용 식탁(기도용 대좌로 사용), 소형 냉장고 그릇장, 싱크대, 달력, 거울, 원형 접이식탁, 부엌 요리 도구 수납함

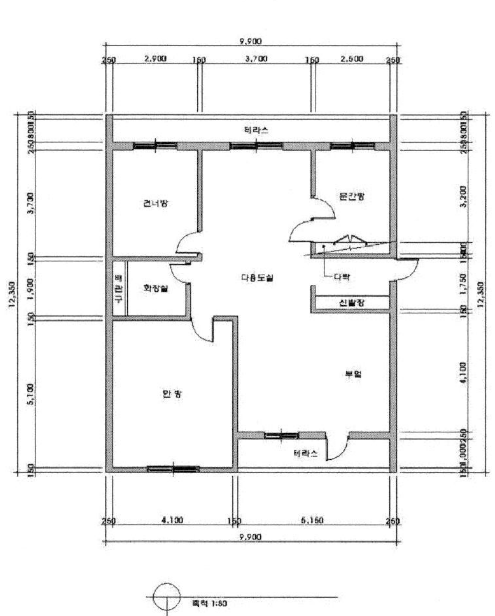

장미 아파트 평면도

아파트 전경

A동과 상가

안홍순·정애영 부부는 슬하에 1녀 2남을 두었다. 다섯 식구가 생활하기에는 구조가 불편했다. 다용도실을 확장해 주방으로 사용했다. 그 이전에는 다용도실에 세탁기 하나 놓을 공간뿐이었다. 주방을 확장하면서 세탁기는 베란다로 옮겨 지금도 사용하고 있다.

장미맨션은 처음에 7층으로 건축 허가를 받았다고 한다. 안양시장이 바뀌면서 너무 높으면 산이 가린다고 3층으로 결정되었다는 것이다. 당시 안양시민들에게 장미맨션은 선망의 대상이었다. 입주하려면 경제력이 좀 있어야 했다. 전 안양시장 유한규, 국회의원 윤국노·원용희, 읍장 김기복 등을 비롯해 공무원들이 많이 입주했다. 처음 분양가는 1,950만 원이었는데 1980년 안홍순·정애영 부부가 이사 올 때는 1,900만 원에 매입하였다고 한다.

초기 장미맨션에 입주한 사람들은 지금은 거의 모두 이사했다. 현재 이곳은 재건축 예정이다. 이미 설계까지 했었다고 한다. 도장 찍은 사람들만 350만 원씩 냈다고 한다.

안홍순·정애영 부부의 하루

정애영 씨는 올해 75세이다. 연세에 비해 매우 건강하고 사회활동 또한 활발하다. 안홍순 씨는 올해 76세로 매우 차분하며, 매사 합리적이고 겸손하다. 부부의 하루의 일과는 어떨까.

정애영 씨는 새벽 3시를 전후해서부터 하루를 시작한다. 보통 1시에서 3시 사이에 일어난다고 한다. 곧바로 세수를 한 다음 108배를 하며 기도를 한다. 기도는 정애영 씨만의 예식에 따라 2시간가량 진행된다. 5시경이면 아침 준비를 하고, 6~7시경 남편과 함께 아침식사를 한다. 식사 후에는 부부가 함께 잠시 쉰다. 남편 안홍순 님은 잠시 누웠다가 광복회로 출근한다. 보통 월, 수, 금에 나가서 일을 보지만 요즘은 거의 매일 출근하다시피 한다.

정애영 씨는 쉬면서 텔레비전 방송을 보다가 9시경이 되면 찜질방에 간다. 찜질방에서 1~2시간 보낸 뒤 특별한 약속이 없는 한 11~12시경이면 집에서 점심을 먹는다. 오후에는 통장관리를 비롯해 집안일과 바깥일 등 각종 사무를 본다. 때때로 집 뒤에 있는 수리산 자락 언덕배기의 찬우물 약수터 주변을 청소하기도 한다. 수영장에 가는 날은 집에서 식사를 마치고 12시에 가서 3시 반쯤 귀가한다.

남편 안홍순 씨는 4~5시경이면 광복회 일을 마치고 귀가한다. 귀가 후에는 컴퓨터로 사무를 보거나 자신의 생각이나 일들에 대한 내용을 기록한다. 정애영 씨는 저녁을 준비하고, 6~7시경 부부가 함께 저녁식사를 한다. 저녁을 마치고 나면 함께 텔레비전 드라마를 보거나 컴퓨터를 한다. 부부가 모두 컴퓨터를 사용하곤 하는데, 안홍순 씨는 정애영 씨에게 좋은 글귀들을 메일로 보내곤 한다.

한가로운 시간을 보내며 때때로 정애영 씨가 안홍순 씨의 온몸을 주물러 준다. 안홍순 씨가 대장암으로 고생한 이후 줄곧 그래왔다고 한다. 밤 9~10시가 되면 정애영 씨가 먼저 잠자리에 들고, 안홍순 씨는 11시경에 하루를 놓는다.

'이것을 먹은 자들은 원하는 것으로 태어나라' – 제례와 민속

정애영 씨는 몇 가지 의례와 의식을 소개해 주었다. 정애영 씨는 자신이 손수 음식을 만들어서 명절과 제사를 모신다. 제사는 지차라서 시아버님과 시어머님 제사만 모신다. 시어머님은 오고가는 사람들에게 늘 베풀고 사셨다. 아예 대문을 열어놓고 살았다고 한다. '자네 시어머님께 얻어먹고 살았어'라며 명절이면 고맙다 하며 고무신이나 기름을 갖다 주는 사람들도 있었다. 그래서 시부모님 제사나 차례를 모실 때면 따로 '곁상'을 하나 더 놓는다. 시어머님의 뜻을 기리기 위해서다. 곁상에는 밥과 숟가락을 많이 놓는다. 또는 후손이 없어서 제사를 받들지 못하는 어른들을 모셔서 드시고 가도록 하곤 했다. 명절 때는 반드시 토란국을 끓인다.

제사를 지내고 나면 항상 음식과 술 등을 골고루 담아 향을 함께 들고 옥상으로 올라가서 던진다. '이것을 먹은 자들은 원하는 것으로 태어나라'라고 말하면서 던진다. 산으로 가져가기도 한다.

정월 초순에는 시루떡을 하고 정월고사를 지낸다. 음력 1월 14일 정월보름 전날에는 오곡밥을 짓는다. 오곡밥을 뭉쳐서 산이나 우물에 가져다 놓는데, 장소는 마을 뒷산에 있는 수리산 자락의 충혼탑 뒤와 찬우물 두 곳이다. 사월 초파일에는 절에 간다. 칠월칠석에는 집에서 부침개와 제철 과일을 놓고 기도한다. 우물이 없으므로 베란다 앞(찬우물 방향), 아이들 방, 부엌 등 일곱 곳에 물 또는 술을 놓는다. 구체적으로는 대청(술), 현관(술), 부엌(물), 방 3곳(물), 베란다 앞(물) 등이다.

올 추석에는 쌀 3되로 송편을 빚었다. 아들이 꼭 밀가루 반죽을 만든다. 과일값은 하나도 안 들었다. 광복회 지부에서도 보내온다. 금년에는 대통령 부인이 남해 멸치와 북어포

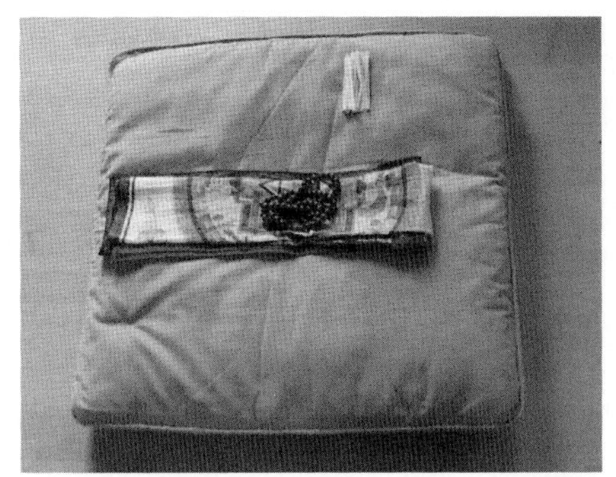

새벽에 기도할 때 쓰이는 도구들

안홍순 씨가 아내를 위해 직접 쓴 불심(佛心)

를 보내주셨다. 사돈댁에서도 조기와 명태를 보내오셨다. 추석 당일에는 아들 내외와 손주들이 와서 하루 머물고 간다. 올해 딸은 명절 전에 미리 와서 25만 원을 주고 갔다.

정애영 씨는 삼막사 안도 스님이 계실 때 절에 다녔다. 이후 집 뒤 수리산에 있는 작은 암자에 다녔는데, 나중에 암자의 비구니께서 안양6동의 민가로 내려왔다고 한다. 절에 가서 100일 동안 매일 108배를 올리기도 했다. 신랑을 위해서였다. 신랑 안홍순 씨는 그 모습이 안쓰럽다고 '불심(佛心)'이라고 쓴 붓글씨를 직접 써서 액자에 넣어 집에 걸어두었다.

특히 2010년부터 '광명진언'을 하며 매일같이 108배를 올리며 기도하고 있다. '광명진언' 기도법은 신라의 원효대사가 들여왔다고 한다. '옴 아모가 바이로차나 마하무드라 마니파드마 즈바라 프라바를타야 훔.' 이 진언을 귀로 듣기만 해도 모든 죄업이 없어지고, 죄를 지어 죽은 뒤 악도에 떨어져도 이 진언을 외우면 해탈을 얻을 수 있다고 한다. 정애영 씨는 새벽에 일어나 불심을 가지고 2시간 동안 기도한다. 조상님께 감사하고, 가족 모두 건강하며 베풀고 사는 사람이 되게 해 달라고 기도한다. 음력 9월 1일이 되면 꼭 1년이 된다. 남편 안홍순 씨 생신이 음력 9월 20일인데 그때까지만 하고 회양할 예정이라고 한다. 이날은 시어머님의 기일이기도 하다. 그래서 남편의 생일잔치를 따로 하지 않고 다만 가족과 함께 점심 또는 저녁식사를 하는 정도로 보낸다고 한다.

정애영 씨는 '바깥양반은 겸손하고 차분하게 사람들을 대하며 배울 게 많은 양반'이라고 거리낌 없이 얘기한다. 그뿐인가. 남편에 대한 사랑은 더 깊다. "다시 태어나면 다시 지금의 신랑을 만나서 못다 이룬 것, 하고 싶은 것, 좋은 일 더 하면서 살고 싶다."

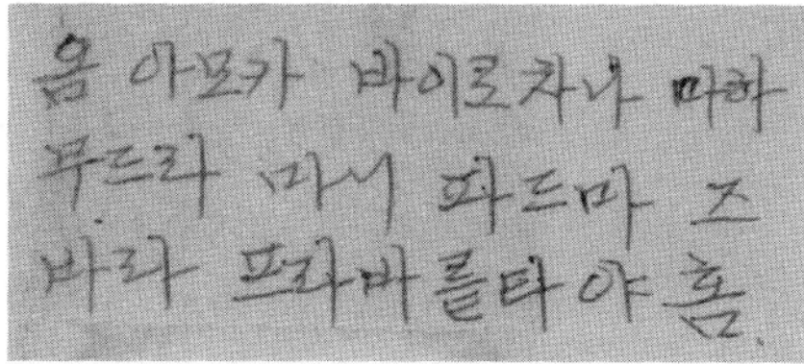

기도할 때 외우는 광명진언

늘 봉사하고 끊임없이 새로운 배움을 찾아서

정애영 씨는 초계 정씨이다. 화성시 매송면 어천리에 집성촌이 있다. 1963년 12월 12일 안양의 안홍순 씨와 혼인하여 이곳에 정을 붙이게 되었다. 남편은 학교 선생님이었다. 시아버님은 3·1독립만세운동에 앞장섰던 독립유공자이시다. 슬하에 큰딸과 두 아들을 두었다. 정애영 씨는 스스로를 '성질이 불같다'고 한다. 그만큼 매우 활동적이다. 그러면서도 배려가 깊다. 우리가 인터뷰하러 가자 집에 냄새가 날까봐 일부러 메밀차를 끓여 구수한 냄새가 나도록 했다.

장미맨션으로 이사하기 전에는 바로 뒤 단독주택에서 살았다. 한 100여 평 남짓 됐다. 지금은 도로와 주차장에 편입되어 10여 평 채 남지 않았다. 이곳으로 이사하기 전까지는 그 자리에 새집을 짓고 살려고 했었다고 한다. 남편 안홍상 씨는 초등학교 교사여서 전근이 잦았다. 시어머님을 모시면서 아이들을 키웠다.

그러면서도 정애영 씨는 마을 곳곳 자신의 손길이 필요한 곳에 아낌없이 달려갔다. 마을의 부녀회장을 맡아서 했다. 집 뒤 수리산 중턱에 충혼탑이 생기고 나서는 담배꽁초를 치우고 충혼탑주변쓸기운동을 시작했다. 미망인들의 생일 잔칫상을 차려 드리기도 했다. 장미맨션 부녀회를 만들고 회장을 지낸 바 있다. 아파트 주변에 화분걸이, 꽃심기 등을 추진했다. 장미친목계에서는 이집 저집 다니며 팥죽을 끓여 먹기도 하고 동남아여행도 다녀왔다. 지금은 참여하고 있지 않지만, 이곳에 살다가 이사한 사람들 가운데 몇몇은 지금도 함께하고 있다고 한다.

안양5동 새마을금고를 만들 때에는 처음에 주변 사람들에게 장롱에서 돈을 내놓도록 설득하며 애썼다. 이 일로 상도 받았다. 이후에도 곳곳에서 많은 활동을 했다. 안양대학교 설립 초기부터 학생들에게 장학금도 전달하고 있다. 정애영 씨가 주선하여 보험회사

소장, 보험회사의 중앙간부 등이 함께 해줬다고 한다. 지금까지도 남편 안홍순 씨가 장학금을 전달하고 있다.

광복회 안양지회원들과 함께 차에 태극기를 꽂아주는 활동을 했다. 태극기가 없는 사람들에게도 나눠줬다. 삼일절이나 광복절을 앞두고 시민들에게 태극기를 나눠줬다. 국기나눔운동은 20년 가까이 계속되었다. 2005년경에는 국기사랑모임이란 정식 카페를 만들고 1,000원씩 모았다. 현충일인데도 사무실에 태극기를 달지 않아 문제를 제기했고 이후 태극기 달기운동도 시작했다. 태극기를 달더라도 관리가 안 돼서 새까맣게 때가 탄 태극기를 보면 일부러 찾아가 바꿔주기도 했다.

정애영 씨는 시아버지의 애국지사 등록이나 남편의 광복회 활동을 도우면서 '우리 것'을 찾기 위한 활동에 앞장섰다. 전통가정예절, 효·예·다(孝·禮·茶) 교육, 전통천연염색, 우리문화연구, 안양문화원 이사 등 우리나라만의 것을 찾고 널리 알리는 데 여념이 없다. 정애영 씨는 신분증 사진이 모두 한복을 입고 찍은 사진이다. 우리나라에서나 외국에 나가서나 진짜 '나'를 알리는 일이 '우리나라'를 알리는 일임을 늘 강조한다.

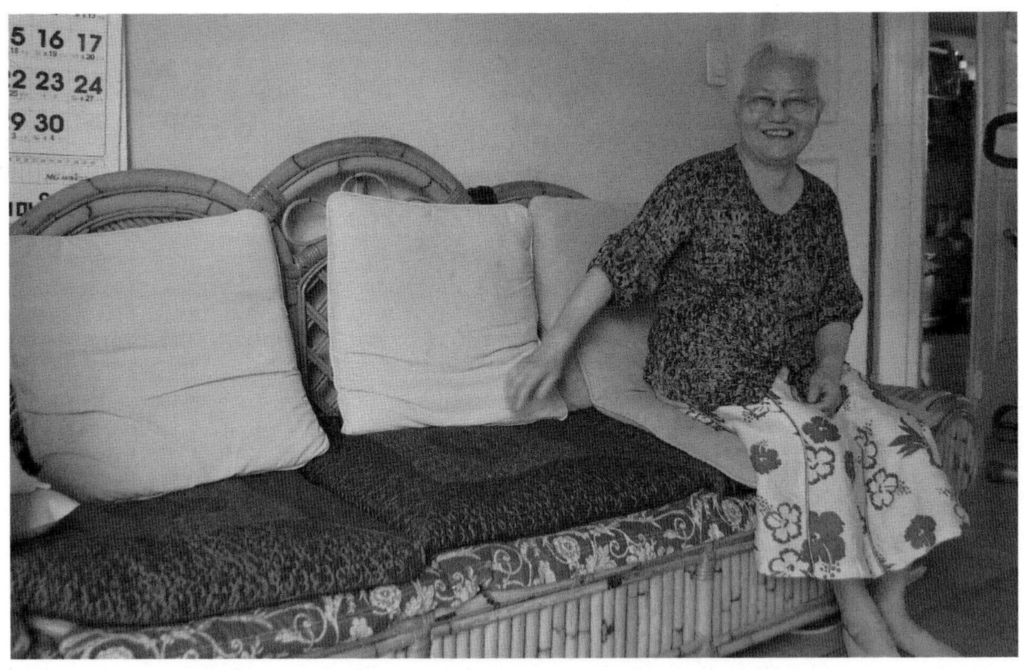

천연염색으로 손수 만든 방석 위에 앉으신 정애영 씨가 환하게 웃고 있다.

우리는 우리나라의 특성이 있고 색깔이 있는데 제대로 전수를 못하고 있다. 요즘 젊은이들이 외래문화만 쫓아가는 것은 문제이다. 우리 문화를 세계에 알려야 하지 않는가. 옛것 가운데 좋은 것은 잘 보존하고 널리 알려야 하지 않는가. 떡을 먹으면 무김치를 먹고, 이것이 과학적으로도 이치가 맞는 것 같은데, 우리 어른들이 절이라도 가르치며 대접을 받아야 하지 않을까?

독립유공자의 집

장미맨션 203호는 '독립유공자의 집'이다. 안홍순 씨는 독립유공자의 후손으로 현재 광복회(光復會) 부회장을 맡고 있다. 초등학교 교사로 시작해서 2002년 중학교 교장을 끝으로 교단을 떠났다.

아버지는 1919년 4월 전남 순천군 낙안면과 보성군 벌교읍에서 독립만세운동을 주도하다가 옥고를 치른 독립유공자 안용갑(安鏞甲, 1892~1947) 선생이다. 하지만 1936년생이신 안홍순 씨는 어린 시절 아버지의 삶을 이해하지 못했다.

> 그때 아버지의 생활이라야 나무나 하면서 술로 인생을 보내는 일상을 지내시던 것이 아버지에 대한 첫인상이다.
> 1947년 12월 24일(음력)에 아버지가 운명을 하셨으니 내 나이 9살이다. 사진기가 귀하던 시절이라 내 딴에는 아버지의 얼굴을 연필로 쓰러져가는 벽에다 그렸는데 그 이후로 어찌되었는지 모르겠다. 마당에는 산에서 생나무를 베어서 화톳불을 활활 피우고 있었는데 조문객이 무척이나 많았다. 나는 그 이유를 알지 못했다.

안홍순 씨는 홀로 5남매를 키우시던 어머님이 돌아가실 때에서야 독립운동가였던 아버지의 삶을 이해하게 되었다고 한다. 그 전까지는 어머니의 삶의 애틋함에 가슴을 저렸을 뿐이었다. 그는 1998년 파주 교하중학교 교장으로 재직 중 자서전 『수리산 자락』을 간행했다. 그는 이렇게 적고 있다.

> 1918년 8살에서 황(장수)씨네 맏딸로 태어나 출가한 다음 해 3·1운동으로부터 아버지의 독립운동이 시작되면서 일경에 대한 수모로 집을 버리고 도피생활로 인한 집안의 모든 살림을 혼자 감당해야 했고, 아버지가 1년이란 대구형무소 옥고생활 끝에 출옥을 한 뒤에도, 독립운동 시 먼저 간 동료들의 유족을 돕는 '혜지사'를 조직, 활동을 계속하니 일경의 감시

속에 가세는 몰락하여 당신의 정든 고향을 등져야 하는 불운과 함께 1936년 초겨울 큰집을 따라 안양으로 이주하였으나 타향의 생활이란 가난과 허탈뿐이다. 일정한 직업도 없는 실의와 노동도 할 줄 모르는 아버지, 자신을 저주하고 건강도 나빠진 상태로 술만이 생의 전부인 것을 이제야 알 만했다.

독립유공자 안용갑 선생은 전남 낙안 태생이다. 1919년 3월 독립만세운동이 일어나자 당시 순천군 낙안면 신기리에서 동지 33명과 일사보국(一死報國)을 다짐하는 비밀결사 이팔사(二八社)를 조직하고 그 대원으로 가담했다. 4월 9일과 13일, 14일 '대한독립기'와 태극기를 흔들며 벌교 장터에서 독립만세운동을 전개했다. 4월 28일 일본 헌병대에 검속되어 7월 8일 대구복심법원에서 징역 1년형을 언도받고 옥고를 치렀다. 1920년 4월 29일 감형되어 출옥하였다.

출옥 후에도 애국지사의 유족을 돕는 혜지사(蕙芝社)를 운영했다. 하지만 가세의 몰락과 일경의 감시를 피해 1937년 4월 정든 고향을 등지고 안양으로 이주하였다. 1947년 1월 16일 55세를 일기로 타계했다. 1956년 3월 고인의 유업을 기리고자 낙안초등학교 교정에 당시 전남지사와 승주군수에 의해 독립운동기념비가 건립되었다. 정부에서는 고인의 공훈을 기리어 1986년 12월 16일 대통령표창을 추서했고, 1990년 건국훈장 애족장을 추서했다. (구술자: 정애영)

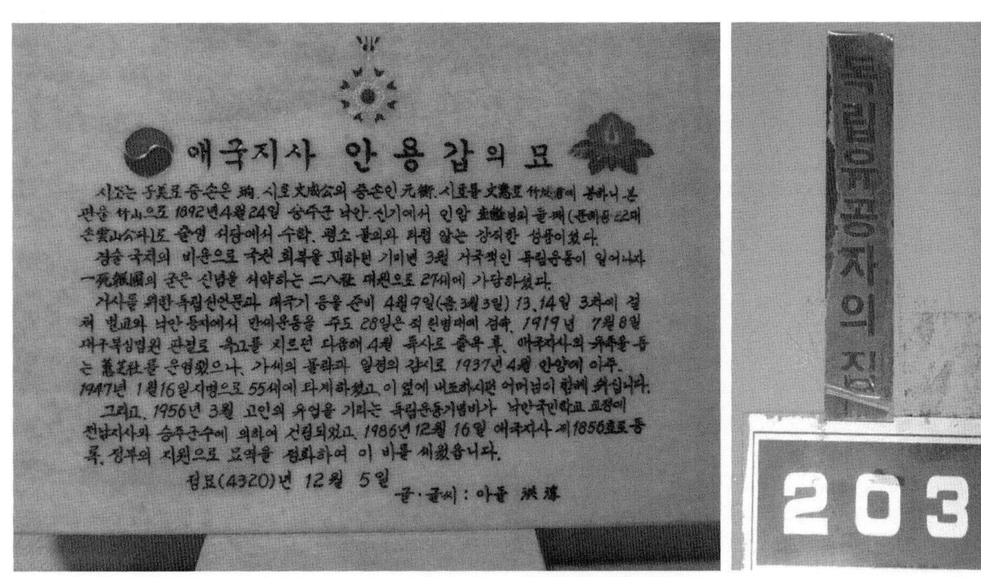

안용갑 선생의 묘역을 새로 단장하며 안홍순 씨가 새겨 넣은 기념비문　　　현관문의 '독립유공자의 집'

9) 은혜식품과 해바라기길(안양5동 618번지 일원)

은혜식품

은혜식품 측면과 골목의 소통

　은혜식품은 약 40여 년 전에 쌀가게로 시작된 냉천마을 끝의 작은 점포로 살림집을 겸하고 있다. 시멘트 벽돌조에 외장은 붉은 페인트가 칠해진 건물로 계단식 축대를 이용하여 건조되었는데 정면의 출입문은 상단 축대에 접하여 있고 하단 축대에는 건물의 배면 벽체가 세워져 있다. 따라서 상단 축대에서 보면 1층집이지만 아래에서 바라보면 영락없이 2층집이다. 특히 건물의 정면과 배면 사이로 작은 골목길이 통과되므로 방형의 통로를 만들어 지나가는 골목의 역할을 그대로 살려 놓았다. 골목을 통행하는 사람들의 의견도 반영되었겠지만 의도야 어떻든 참 재미있는 집이다. 그런데 우리의 눈을 즐겁게 하는 공간은 집의 중앙을 관통하는 집과 골목의 만남 공간이다. 작은 공간은 비도 피하고 햇볕도 가려주지만 작은방이 있어 이런저런 물건을 모아두는 쌈지 같은 공간이다. 그렇기 때문에 마을 아주머니들의 수다 공간이며 동시에 정보가 교류되는 커뮤니티센터이기도 하다.

　2010년 이 공간은 다시 태어난다. 일명 '누구나다-방'으로 안양시가 추진하는 공공예술 프로젝트의 햇살과 웃음이 오가는 골목길 다방인 셈이다. 어쩌면 진정한 의미에 공공예술(公共藝術)이라 볼 수 있다. 그러한 면에서 예술은 특별함이 아닌 삶속에 함께할 때 훨씬 더 유쾌하다. 은혜식품의 '누구나다-방'은 그래서 즐겁다. 예술아!! 같이 놀자!!

　해바라기길은 2011년 11월에 냉천마을의 골목길 벽화사업으로 조성된 아름다운 골목길이다. 이곳은 단독주택과 연립주택이 밀집하는 주거지역으로 지형상 주택의 담장과 계단식 축대가 좁게 골목을 형성하는 지역이다. 따라서 도시 기능 개선 또는 마을과 골목의

한미사 구간의 벽화

은혜식품 구간의 골목

벽화작업 후 모습

재생차원에서 시작되었으며 사업은 지역 공동체 일자리 사업참여자와 지역주민, 주민센터 공무원들이 참가하였다. 벽화 구간은 현충로 84번 길과 98번 길로 은혜식품 구간 70m(현충로 84번길)와 한미사 구간 50m(현충로 98번길) 등 전체 길이 120m에 달한다. 2011년 11월, 늦가을 햇살 아래 담장에 핀 해바라기와 양귀비, 멀리 보이는 초원에 집은 도심 골목을 동심으로 돌아가기에 충분해 보인다.

10) 찬우물[冷泉洞](안양5동 590번지 일원)

충혼탑 아래에 오랜 역사를 가진 샘이 있는데 그 인근을 찬우물[冷泉洞]이라 부른다. 수량이 많아 예전부터 식수와 농업용수로도 사용되었으며 지금은 주민들의 약수물로 이용되고 있다. 전설에 의하면 조선시대에 가뭄이 극심했는데, 인근에 사는 농부가 수리산 정상에서 산신령에게 간절히 기도하자 맑은 샘물이 솟아나왔다고 한다. 이것이 곧 냉천 마을 유래와 냉천로 명칭의 근원이 되었다.

찬우물

원불교 안양 교당

11) 현충탑(顯忠塔)(안양5동 산103-118)

나라와 겨레를 위하여 목숨을 바친 선현들의 숭고한 희생정신을 기리는 현충탑은 원래 1971년 10월 15일 시흥군 관내의 유족과 군민에 뜻에 따라 당시 안양5동에 거주하던 고(故) 권용식 선생이 부지를 희사하여 19.6m의 높이로 건립되었다. 이후 시설물이 낡아 경내를 새롭게 단장하면서 1996년 12월 14일 탑신 25m의 높이로 현재와 같이 새롭게 건립되었다.

6·25전쟁과 각종 국난위기 시 희생한 육군, 해군, 해병, 공군, 방위병, 애국단원, 청년단원, 군속노무, 경찰, 전투경찰, 소방 등 각 소속별 637위의 위패를 모시고 있으며 1998년 6월 6일 고귀한 정신을 기리는 기념비를 추가로 세웠다.

안양을 굽어보는 현충탑 주위로 간단한 체육시설이 조성되어 있으며 인근 주민들은

현충탑

청동 조형물

물론 수리산을 산행하는 많은 사람들이 연중 이곳을 찾는 대표적인 현충시설이다. 비신에는 김대규 선생의 시 「하늘이여 땅이여」가 선현들의 넋을 기리고 있다.

12) 소곡마을[小谷洞](안양6동 587번지 일원)

안양세무서 뒤쪽인 수리산 계곡을 따라 형성된 마을이다. 수리산의 작은 골짜기 안에 자리 잡은 마을이라 하여 소골안이라 부르며 일설에는 이곳이 예전에 나무와 숲이 우거져 골짜기 안에서 소[牛]를 많이 기르던 곳이라 하여 소골안[牛谷洞]이라고 불렀다는 이야기도 전해진다. 그러나 지형상 다량의 소를 방목할 정도의 초지와 규모는 아니기 때문에 이는 와전이라 하겠다. 1980년대부터 소곡(昭谷)으로 부르기도 하며 골짜기를 따라 흐르는 소곡천은 길이 약 1.1km에 안양세무소 앞을 거쳐 안양천에 유입된다. 냉천마을의 남쪽 경계를 이루며 소곡로 역시 마을 지명에서 유래되었음을 알 수 있다.

소곡로

발문 … 마을은 공동체다

안양시 만안구는 천 년의 역사를 지니고 있는 곳이다. 그 천 년의 역사가 가진 문화적 콘텐츠에 대한 제대로 된 해석도 없이 민선5기 이후 뉴타운 광풍에 휘말리고 있다. 동네 골목에 걸려 있는 뉴타운 찬반을 주장하는 플래카드가 혐오스러울 정도이다. 오로지 민선5기 시기 즈음에 국회의원, 시장, 도의원, 시의원들이 내세운 뉴타운 개발이 마을의 희망인 것처럼 제시되었고 하나같이 그들은 동네의 주민대표기구로 역할을 하게 되었다.

그럼에도 불구하고 안양시 만안구는 조선시대 정조 대왕이 혜경궁 홍씨에게 문안인사를 하러 가던 길목이었고, 그 길 위에 일제가 점령하면서 일제수탈의 길목으로 자리 잡은 곳이다. 일제가 지나간 자리는 다시 미군이 자리하였다. 눈으로 찾을 수 있는 흔적은 자리하지 않지만 그 공간에서 살았던 삶의 흔적은 여전하다. 때로는 슬픈 날의 자화상으로, 때로는 유년시절의 향긋한 추억으로 자리 잡고 있다.

그중에서도 눈여겨볼 만한 것이 일제강점기 시절 수도권 지역의 유일한 휴식처였던 안양유원지는 천 년의 역사가 하나의 레이아웃처럼 중첩되어 만안구라는 공간적 정체성을 재해석할 거리를 제공하고 있다. 안양사터, 삼막사, 유유산업, 김중업 건축물 등은 천 년의 세월을 한 치의 모자람 없이 보여 주고 있다.

일제강점기와 미군정으로 이어지는 만안구는 산업화 과정을 겪으면서 도시화·공업화의 표준이 되었고, 전국 팔도의 여린 고사리 손들이 모여 식구를 건사하는 가장이 되기도 했다. 그 과정에서 노동의 현장을 감싸주던 전진상복지관, 문화적 욕구를 충족시키던 안양1번가, 그리고 생활고를 해결해주던 중앙시장 등이 있었다. 그리고 여공 노동자의 한 많은 학업열을 충족시키기 위해 좌판으로 시작했던 대동문고, 시민의 발이 되어준 삼영운수 등은 안양시 만안구의 숨결 그 자체였다. 이러한 일련의 역사적 과정을 통하여 자연스럽게 동네가 형성되었고 만안구가 형성되었다.

이러한 역사적 궤적을 지닌 안양시 만안구는 물리적 개발로 모든 것을 치유할 수 있을까? 강남의 타워형 아파트가 마을의 구원투수가 될 수 있을까?

골목이 있고, 골목에 평상이 있고, 평상에서 노는 아이들의 웃음소리와 할아버지의 장기 훈수 두는 소리에서 나눔과 호혜의 미학이 있는 자연마을 공동체였다. 물질적으로는 모자라지만 이웃과 나눌 수 있는 넉넉한 마음만은 부자였다. 그리고 한 동네에서 산다는 것 그 자체가 삶이었고 생활이었다.

최근 마을만들기, 마을공동체에 대한 논쟁이 한창이다. 이 논쟁의 핵심은 마을을 물리적 환경 개선이 아닌 거주자 중심, 사람 중심 그리고 인간주의적 관점에서 삶의 터를 어떻게 이해하느냐와 관련이 있다. 물론 후자이다. 보다 인간적이고 사람들의 살맛 나는 마을의 구상과 이해, 밑으로부터 배태된 삶의 이야기를 구현해내는 행위예술과 같은 것이다.

다시 강조한다. 공간은 긴 역사적 궤적을 통해서 이루어지며 그 결과는 공동체라는 것을 다시 강조하고 싶다.

부록

만안구 자원 DB

만안구 자원 목록

안양동

지역	대분류	중분류	자원명
안양1동	자연자원	경관자원	· 안양1번가, 안양1번가 야경
		지역자원	· 과천육교
			· 낙랑실업공사터
			· 남부동
			· 노무라병원
			· 대동문고
			· 우마차를 만들었던 대장간
			· 대한식량공사 시흥지사터
			· 동춘관
			· 롯데백화점
			· 일제강점기 마르보시
			· 안양미륵당터
			· 안양평(安養坪)
			· 밧데리 골목
			· 비산대교
			· 삼광정미소
			· 삼길양산공장터(안양 최초 양산 제조공장)
			· 삼원극장
			· 삼표연탄공장
			· 서이면사무소터
			· 수어장 여관
			· 시대동
			· 시외버스정류장
			· 시흥군청터
			· 안양경찰서터
			· 안양고등공민학교터
			· 안양곡물검사서터
			· 안양금융조합터
			· 안양소방대터
			· 안양시장 역사
			· 안양신사터
			· 미나리밭과 안양역
			· 안양역 기차 정차(1906)
			· 안양역 열차 폭발사고
			· 안양연초조합터

지역	대분류	중분류	자원명
안양1동	자연자원	지역자원	· 안양우체국터
			· 안양읍사무소터
			· 안양인쇄소터
			· 안양행궁터
			· 제일방직안양공장터
			· 중앙동
			· 청록서원터
			· 태평방직
			· 로빈 통학열차 모임
			· 통학열차
			· 한국제지
			· 화단극장
			· 화신상회
			· 김원필병원 일제강점기
			· 중앙의원 일제강점기
	문화자원	시설자원	· 안양 미륵불
			· 백년암
			· 1868년 안양행궁 헐리다
			· 안양행궁지 표석
			· 용화사 경내와 석탑 1948
		향토설화자원	· 미륵불 탄생 신화
			· 정조와 안양 미륵불 구전
			· 안양1동 연혁
			· 안양역 유래
	인적자원	과거인적자원	· 집성촌－안양1동 성주 이씨, 인동 장씨
			· 안정호(1912～1965)
			· 원태우(1882～1950)
			· 장배근 낙랑실업공사 설립자
			· 혼다 사고로 안양역장
			· 야마다 시흥군수
			· 전주 이씨 안양 집성촌 거주배경
			· 성주 이씨 안양 집성촌 거주배경
		현재인적자원	· 진영사 강윤원 사장
			· 김종국 동물병원장
			· 박종근 한국노총 대부
			· 통학열차 신동석 통학회장
			· 대동문고 전영선 회장
			· 1960년대 태평방직 여성근로자들 나들이 사진

지역	대분류	중분류	자원명
안양2동	자연자원	경관자원	· 망해산(望海山)
			· 망해천(望海川)
			· 서울대 관악수목원
			· 오미(烏尾)고개
			· 오미산(烏尾山)
			· 낙원마을과 화심천
		지역자원	· 관악장애인종합복지관
			· 한국전쟁 당시 보육원 건물과 식구들 모습 1953
			· Board of managers 기독보육원 방문 1956
			· 만안초등학교
			· 안양여자고등학교
			· 안양여자중학교
	문화자원	시설자원	· 공덕사(公德寺)
			· 망해암(望海庵)
			· 안흥사(安興寺)
		향토설화자원	· 낙원마을과 화심천의 유래
			· 안양2동
			· 북부동
			· 고뢰합명회사
			· 새마을유아원 설명회 1982
			· 안양교
			· 오끼농장 자리(현 안양대교 부근)
			· 정심사
			· 좋은집(1956)
	인적자원	과거인적자원	· 일본인 오끼(冲井)
			· 안흥사 방보성 스님
			· 오긍선 박사
			· 박정원 · 안학순 부부
안양3동	자연자원	경관자원	· 수암천
			· 쓰레바위
			· 문바위
		지역자원	· CGV 안양
			· 금성방직
			· 대농단지
			· 삼양하드보드공장
			· 아사이 학교터
			· 안양공업고등학교
			· 안양과학대학
			· 안양산업사터
			· 안양예술고등학교
			· 안양외국어고등학교
			· 양지동
			· 조선비행기공업주식회사
			· 조선직물터

지역	대분류	중분류	자원명
안양3동	문화자원	향토설화자원	· 서울제지발천 유래
			· 안양3동 연혁
			· 지붕바위 유래
	인적자원	과거인적자원	· 김성곤(1913~1975)
			· 김영실(1920~2006)
			· 염기승(1900~1953)
			· 금성방직 이승만 대통령 시찰 1956
			· 양지동 최초 정착인
			· 채남식
		현재인적자원	· 1960년대 금성방직 여성들 모습
			· 안양공업고등학교 축구부
			· 한준우 공장장
안양4동	자연자원	경관자원	· 수태골
		지역자원	· 2001아울렛
			· 1998년 3월, 실직자를 위한 쉼자리 <IMF 사랑방> 개설 신문기사 사진 및 소개
			· 2003년 1월, 외국인 여성 보호시설 <WeHome> 개소 CI 및 소개
			· 1989년 5월 1일, 젊은이들의 피정 위한 <나그네집> 개관 사진 및 소개
			· 1976년 9월, 남자 기숙사 완공
			· 1999년 7월, 여성복지 사업이 <마라의 샘>으로 새로나다 사진 및 소개
			· 1930년대 안양 밤나무 밤줍기 대회, 『동아일보』 자매지 『신가정』 잡지사 매년 행사
			· 1999년 2월, <방과 후 열린 교실> 실시 사진 및 소개
			· 옛 삼영운수 차고지(1960년대) 안양결혼회관 부근
			· 2001년 7월 1일, <안양 전·진·상자활후견기관> 사업 시작 사진 및 소개
			· 벽산사거리 안양극장 1970년대
			· 안양변전소터
			· 안양유치원 현황
			· 1998년 10월 19일, <여성 위기의 전화 1366> 상담 시작 사진 및 소개
			· 안양 근로자회관 여자기숙사 1969년 9월 10일
			· 1993년 1월, 외국인노동자를 위한 상담 프로그램 실시 사진 및 소개
			· 은성고등공민학교와 중앙시장 순복음교회
			· 장내동
			· 1998년 6월 1일, <전·진·상 가정폭력 상담소> 개소 사진 및 소개
			· 1969 근로자회관 낙성식
			· 전·진·상복지관
			· 중앙성당
			· 항아리 골목
			· 삼왕제지
	문화자원	향토설화자원	· 안양4동 연혁
			· 수태골 전설
	인적자원	과거인적자원	· 1968년 제1대 관장 서정림 말가리다 사진 및 소개
			· 박두진 장로 장립식, 1947 안양중앙교회
		현재인적자원	· 문진수 이주노동자 귀화
			· 1974년 1월, 제2대 관장으로 한성인 벨타 취임 사진 및 소개
			· 전재준 삼덕제지 부지 기증

지역	대분류	중분류	자원명
안양5동	자연자원	경관자원	· 분상골
		지역자원	· 안양5동 『경인일보』 안양지사 1960년대
			· 교하동
			· 근명여자중학교
			· 근명정보고 · 근명원예기술학교 1960년대
			· 냉천로(冷泉路)
			· 만안청소년수련관
			· 은성고등공민학교와 안양대학교
			· 안양보통학교
			· 안양초등학교
			· 찬우물
			· 충혼탑
	문화자원	시설자원	· 이슬람 안양성원
		향토설화자원	· 안양5동
			· 교화동의 유래
	인적자원	과거인적자원	· 경향서점 주인 한상동
			· 은성고등공민학교 교사
		현재인적자원	· 신성고 수영부
			· 안양초등학교 농구부
안양6동	자연자원	경관자원	· 곡내동
			· 뒷뫼
			· 대동우물
			· 범바위
			· 소골안
			· 장수바위
			· 지치밭골
			· 창바위
			· 칼바위
			· 형제고개
		지역자원	· 국립수의과학검역원(구 가축위생검사소)
			· 국립종자원
			· 만안구보건소
			· 만안구청(구 안양시청사)
			· 안양시 개청(읍사무소 자리, 1973)
			· 빚진자들의 집
			· 소안골
			· 신필름인스티튜트
			· 구 안양경찰서
			· 안양문화원
			· 안양시상공회의소
			· 안양세무서
			· 구 안양소방서(현 안양119안전센터)

지역	대분류	중분류	자원명
안양6동	자연자원	지역자원	· 안양직물공장터
			· 임업시험장터
			· 임업시험장터 일본인 나가사끼 가옥
			· 주접동
	문화자원	시설자원	· 임금이 쉬어간 주접동
		향토설화자원	· 뒷메 유래
			· 명학역 유래
			· 범바위 유래
			· 범바위 전설
			· 소골안 유래
			· 소골안천 유래
			· 안양6동 연혁
			· 옥적골 유래
			· 주접동 유래
			· 지치밭골 유래
			· 칼바위 유래
			· 형제고개 유래
	인적자원	과거인적자원	· 집성촌－안양6동－나주정씨, 삭녕 최씨, 함평 이씨, 전주 이씨
			· 한홍이 안양직물 설립자(한항길)
			· 일본인 나가사끼
			· 신성중고등학교 수영부
안양7동	자연자원	지역자원	· 군포웅뎅이
			· 덕천교
			· 덕천마을
			· 동화약품
			· 비산대교 건설
			· 수재민촌
			· 쌍용제지
	문화자원	향토설화자원	· 덕천마을 유레
			· 정씨(鄭氏)와 그의 제자들_덕천마을 구비전승
			· 안양7동 연혁
	인적자원	과거인적자원	· 안양7동 원주 원씨
			· 안양7동 전주 이씨
			· 안양7동 창녕 성씨
안양8동	자연자원	경관자원	· 곡내천
			· 골안
			· 관모봉
			· 명학바위
			· 명학봉
		지역자원	· 구 가축위생시험소 · 명학공원
			· 고려장터1
			· 골안공원

지역	대분류	중분류	자원명
안양8동	자연자원	지역자원	· 명학동
			· 명학성당
			· 명학초등학교
			· 상록마을
			· 성문고등학교
			· 안양문예회관
	문화자원	향토설화자원	· 관모봉 유래
			· 명학동 유래
			· 명학바위 유래
			· 명학봉 유래
			· 안양8동 연혁
안양9동	자연자원	경관자원	· 가능골
			· 갈미봉
			· 개미골
			· 굴뚝골
			· 노랭이골(굴)
			· 노적봉
			· 도장골
			· 뒤뜸이 고개
			· 등잔골
			· 문둥바위
			· 문바위
			· 문바위골
			· 비지개골
			· 능골
			· 안골
			· 삿갓바위
			· 서울제지발천
			· 송지골
			· 송챙이골
			· 송청내미골
			· 수리바위
			· 수리바위골
			· 수리산
			· 수암봉
			· 수암천
			· 시계능골
			· 신부골
			· 안산내미골
			· 약사골
			· 웃능골
			· 웃말 안산내미고개

지역	대분류	중분류	자원명
안양9동	자연자원	경관자원	· 작은창배안골
			· 작은태양산골
			· 접시골
			· 지붕바위
			· 집뒤골
			· 치루골
			· 큰골
			· 큰창배안골
			· 큰태양산골
			· 태양산
			· 횃골
			· 후두미동(현 병목안)
			· 후두미천
		지역자원	· 가재골과 탁족(濯足)
			· 담배촌
			· 동이점터
			· 밤 줍기 대회
			· 병목안
			· 병목안과 철길
			· 새마을
			· 수리산 전투
			· 수리산공소
			· 수리산도예연구소
			· 신안중학교
			· 신안초등학교
			· 안양서여자중학교
			· 안양서중학교
			· 안양양지초등학교
			· 율목동
			· 창박골
			· 수리산 성지 성로14처, 십자가의 길 14처
	문화자원	시설자원	· 병목안시민공원
		향토설화자원	· 개미골 유래
			· 굴뚝골 유래
			· 노랭이골(굴) 유래
			· 노적봉 유래
			· 능곡천 유래
			· 담배촌 유래
			· 도장골 유래
			· 동이점골 유래
			· 뒤뜸이고개, 작은재
			· 등잔골 유래

지역	대분류	중분류	자원명
안양9동	문화자원	향토설화자원	· 문바위골 유래
			· 병목안 여러 지명 자료
			· 병목안 유래
			· 병풍골 유래
			· 비지개골, 비재골 유래
			· 수리산 전설
			· 새마을 유래
			· 송지골, 승지골 유래
			· 송챙이골, 송정승골 유래
			· 송청내미골 유래
			· 수리바위골 유래
			· 수리산 유래
			· 수암봉 유래
			· 수암천 유래
			· 시계능골 유래
			· 신부골 유래
			· 안골 유래
			· 안산내미골 유래
			· 안양9동 연혁
			· 약사골 유래
			· 웃능골 유래
			· 웃말안산내미고개 유래
			· 율목동 피란민촌 유래
			· 작은태양산골, 작은탱산골 유래
			· 접시골 유래
			· 집뒷골 유래
			· 창바위 유래
			· 창박골 유래
			· 치루골 유래
			· 큰골 유래
			· 큰창배안골 유래
			· 큰태양산골 유래
			· 태양산 유래
			· 횟골 유래
			· 후두미천 유래
	인적자원	과거인적자원	· 이성례(1800~1840)
			· 집성촌-안양9동 진주 류씨
			· 최경환(1805~1839)
			· 최장업 신부

석수동

지역	대분류	중분류	자원명
석수동	자연자원	경관자원	· 가운데벌
			· 가죽재고개
			· 갈매골
			· 갈매산
			· 광석바위
			· 꽹맹이두턱골
			· 꽹이바위
			· 굴바위
			· 권의선
			· 큰절골
			· 금관바위
			· 꼬챙이 고개
			· 꼬챙이골
			· 꼬챙이벌
			· 꽃챙이 지명
			· 삼막사 남근바위·여근바위
			· 넙적바위
			· 동이바위
			· 두루미골
			· 뒷골2
			· 뒷골1
			· 들어가는 속골
			· 디디미골
			· 마귀할미－불돌바위
			· 마당바위
			· 마리아바위
			· 만두바위
			· 매바위
			· 못 들어가는 속골
			· 박산
			· 배순이천
			· 뱀골사지
			· 벌터 지명
			· 보습바위
			· 삼귀자바위
			· 삼막골 사지
			· 삼막천
			· 삼성산
			· 삼성산산림욕장
			· 삼성천

지역	대분류	중분류	자원명
석수동	자연자원	경관자원	· 삼막사 느티나무
			· 석수동 향나무
			· 석수동 느티나무
			· 서리재고개
			· 석바위
			· 석수동 보리수
			· 선녀골
			· 선녀천
			· 십자바위
			· 아랫벌
			· 언추리골
			· 염불암골
			· 영랑성 북벽
			· 웃삿갓골
			· 웃절터골
			· 자그나무골
			· 작별산
			· 작은바랑골
			· 장군바위
			· 절골
			· 초앙골
			· 큰바랑골
			· 키다리골
			· 학무봉
			· 혜인천
			· 호암산
		지역자원	· 1번국도
			· 2006 석수시장 프로젝트 가가호호
			· 경수산업도로
			· 관악역
			· 구룡마을
			· 금천현
			· 꼬챙이
			· 독점터
			· 동아제약
			· 박석교
			· 백련암터
			· 벌터
			· 1947년 사태현 장로 안양보육원 창립
			· 삼막골
			· 삼막골교회터
			· 삼성초등학교
			· 석수동 향나무

지역	대분류	중분류	자원명
석수동	자연자원	지역자원	· 석산개발사업소
			· 석수교
			· 석수교회
			· 석수도서관
			· 석수동 미군부대와 기지촌
			· 석수동 미군부대와 대동버스
			· 석수체육공원
			· 석수초등학교
			· 석수하수처리장
			· 보충대리공간 스톤앤워터
			· 신촌
			· 안양교터
			· 안양노동상담소 개소식
			· 안양사 터
			· 안양의 유래를 간직한 안양사
			· 수도영화사 안양촬영소 상량식
			· 안양예술공원 알바로시자홀
			· 안양유스호스텔(블루몬테)
			· 안양유원지 대형 풀장
			· 안양중학교
			· 안양해솔학교
			· 안양호암초등학교
			· 연현
			· 연현중학교
			· 연현초등학교
			· 원태우지사이등박문저격터
			· 유유산업
			· 이승만 대통령 안양영화촬영소 상량식 참석 1956
			· 정심여자정보산업학교(구 안양소년원)
			· 제2경인고속도로
			· 조선견직터
			· 중초사터
			· 삼막골 하씨촌
			· 천인암
			· 충훈고등학교
			· 충훈부
			· 충훈탁아원
			· 한마음 선원
			· 한증막터
			· 화창초등학교
	문화자원	시설자원	· 금강사
			· 나무다리 만안교 자료

지역	대분류	중분류	자원명
석수동	문화자원	시설자원	· 만안교비
			· 정조와 현륭원행과 만안교
			· 망월암
			· 반월암
			· 백련암지
			· 불성사
			· 삼막사
			· 삼막사 3층석탑
			· 삼막사 마애삼존불
			· 삼막사 삼귀자
			· 상불암
			· 석수동 마애종
			· 안양사
			· 안양사 전탑지
			· 안양사 칠층전탑(七層塼塔)
			· 염불암
			· 중초사지 당간지주
			· 호암사
			· 호암산성
		향토설화자원	· 가운데벌 유래
			· 가죽재고개, 쟁비탈고개 유래
			· 갈매골 유래
			· 갈매산 유래
			· 거북골 유래
			· 관악역 유래
			· 광석바위 유래
			· 꽹맹이두턱골 유래
			· 꽹이바위 유래
			· 굴바위 유래
			· 금관바위 유래
			· 꼬챙이 고개 유래
			· 꼬챙이, 곶창동, 화창동 유래
			· 꼬챙이골 유래
			· 꼬챙이벌 유래
			· 꽃뫼산 유래
			· 넓적바위 유래
			· 단오제 그네뛰기 대회 1982, 1983 유원지
			· 동이바위 유래
			· 두리미골 유래
			· 뒷골 유래
			· 들어가는 속골 유래
			· 디디미골 유래

지역	대분류	중분류	자원명
석수동	문화자원	향토설화자원	· 마귀할미불돌바위 유래
			· 마리아바위 유래
			· 만두바위 유래
			· 만안교 답교놀이
			· 망해산 유래
			· 모이골 유래
			· 못 들어가는 속골 유래
			· 박산 유래
			· 배순이천 유래
			· 벌터, 밤골 유래
			· 보습바위 유래
			· 복바위 유래
			· 부엉골 유래
			· 분투골 유래
			· 삼귀바위 유래
			· 삼막골 유래
			· 삼막부락약수, 삼신우물 유래
			· 삼막사 은행나무 전설
			· 삼막사약수 유래
			· 삼막천 유래
			· 삼성산 유래
			· 삼성약수 유래
			· 삼성천 유래
			· 서낭고사
			· 석수동 삼막골 할아버지, 할머니제
			· 서리재고개 유래
			· 석바위 유래
			· 석수동 유래
			· 석수역 유래
			· 선바위 유래
			· 수리골, 송아지웅덩이, 새치웅덩이 유래
			· 신촌 유래
			· 십자바위 유래
			· 아랫벌 유래
			· 안양천 유래
			· 언추리골 유래
			· 염불암 창건설
			· 염불암골 유래
			· 와룡산 유래
			· 옷삿갓골, 옷새까치골 유래
			· 옷절터골 유래
			· 자그나무골 유래

지역	대분류	중분류	자원명
석수동	문화자원	향토설화자원	· 작별산 유래
			· 작은바랑골 유래
			· 장군바위, 장사바위 유래
			· 절골 유래
			· 채석요
			· 초앙골, 초암골 유래
			· 큰바랑골 유래
			· 큰절골 유래
			· 키다리골 유래
			· 학무봉 유래
			· 혜인천 유래
			· 호암과 호랑이 관계
			· 호암산 유래
			· 화창약수 유래
	인적자원	과거인적자원	· 김중업
			· 김약노의 동생 김상로의 무덤(만안교 건설 제공 원인)
			· 박서 1602~1653
			· 불성사와 서산대사
			· 불성사와 의상대사
			· 사태현(1908~2003)
			· 성한제(1909~1982)
			· 능정(고려시대 사람)
			· 안양사와 왕건
			· 안양영화촬영소 기공식 참석한 이승만 대통령
			· 안양촬영소를 설립한 홍찬 부부
			· 유유산업과 김중업
			· 자초(1327~1405)
			· 조하경 1635~1710
			· 절주통 항창화상
			· 지공(고려시대 ?~1363)
			· 지운영(1852~1935)
			· 집성촌-석수1동-진주 하씨
			· 집성촌-석수동-창녕 조씨
			· 최남선의 경부철도가
			· 하영홍(1879~1915)
			· 하우청(1561~1622)
			· 혜근(1320~1376)
			· 홍찬
		현재인적자원	· 박찬응
			· 이정범
			· 평양검무 이봉애
			· 하귀용 통장

지역	대분류	중분류	자원명
박달동	자연자원	경관자원	・ 가운데봉
			・ 감투바위
			・ 농바위
			・ 능골
			・ 돌머리들
			・ 동샘천
			・ 막상골
			・ 무쇠봉
			・ 미름물
			・ 박달동 향나무
			・ 박달천
			・ 범고개
			・ 범바위
			・ 부골・붓골
			・ 삼봉마을・섬마을・말무덤
			・ 삼봉산
			・ 삼봉천
			・ 샛터말
			・ 선녀골
			・ 양단천
			・ 요골・용골
			・ 웃박달리
			・ 친목마을
			・ 학림산
			・ 호현들(호현들녘)
			・ 호현천
			・ 햇골
			・ 박달동 목장
		지역자원	・ 곤두래미고개・곤두박이고개
			・ 대한페인트잉크(주)
			・ 달래고개
			・ 동수암
			・ 막은고개
			・ 먹해이들
			・ 박달 약수
			・ 박달고개
			・ 박달도서관
			・ 박달로
			・ 박달시장
			・ 박달초등학교
			・ 삼봉초등학교

지역	대분류	중분류	자원명
박달동	자연자원	지역자원	· 삼아알미늄
			· 안양고등학교
			· 안양시 환경사업소
			· 어수물들
			· 어수정
			· 작대들
			· 장군재고개
			· 절골고개
			· 정문고개
			· 향나무들
	문화자원	향토설화자원	· 고려장터
			· 달래고개유래
			· 동수암 유래
			· 박달동 유래
			· 범고개 유래
			· 삼봉산과 정도전
			· 장군재 유래
	인적자원	과거인적자원	· 권동선
			· 영월 엄씨
			· 인동 장씨
			· 전주 이씨
		현재인적자원	· 방짜유기장 이형근
			· 악기장 임선빈

만안구 주요 자원

안양동

▌ 자연자원 : 경관자원

· 안양1번가
오늘날 안양을 대표하는 소비문화 중심거리는 안양1번가와 함께 범계역, 평촌역, 인덕원역 등을 꼽을 수 있다. 『안양시사』 2권 pp.33-34; 『안양시사』 7권 앞 사진첩.

· 망해산(望海山)
비산1동과 석수1동 및 안양2동에 걸쳐 있는 해발 290m 높이의 산이다. 『안양시 지명유래집』 p.231.

· 서울대 관악수목원
만안구 안양2동에 위치해 있으며, 1967년에 연구 목적으로 설립되었다. 『안양시사』 3권 p.653.

· 수암천
삼덕공원과 연결된 안양천 지류. 『안양시사』 4권 p.438.

· 수리산
안양시와 안산시 장상동과 군포시 산본동 및 속달동에 걸쳐 있는 산. 해발 474m이다. 『안양시 지명유래집』 p.242.

· 수암봉
안양시 안양9동과 안산시 수암동에 걸쳐 있다. 해발 395m 높이의 산이다. 수리산의 연봉이다. 『안양시 지명유래집』 p.244.

▌ 자연자원 : 지역자원

· 대동문고
안양의 자존심 대동문고, 현재 안양1동 668-33 본프라자 1지하 1·2층에 약 1,000여 평 넓이로 자리 잡고 있다. 단돈 1만 환으로 시작한 책방을 오늘날 대동문고로 일구어낸 사람은 전영선 대표이다. 『안양시사』 7권 p.218.

· 일제강점기 마르보시

안양역 앞에는 주재소가 있었다. 지금으로 치면 '대한통운'이 있었다.『안양시사』 2권 p.8.

· 안양미륵당터

미륵이 있었던 곳은 지금의 경부선 안양역과 은성다방 사이의 로터리로, 광복 직전에 지금의 안양
본백화점 자리로 옮겼다.『안양시 지명유래집』 p.442.

· 서이면사무소 터

서이면서무소는 호계2동 소재 안양시교육청 앞에 있었다가 1917년 7월 6일 안양1동 사무소 옆 안양옥
(安養屋, 안양1동 674-271) 자리로 옮겼다. 1941년 10월 1일부터 1949년 8월 13일까지 8년간은 안양
면사무소로 모두 32년간 면사무소로서의 행정사무를 수행했던 것이다.『안양시 지명유래집』 p.432.

· 시흥군청터

시흥 군민들의 끈질긴 유치운동에도 불구하고 군청사는 이전되지 않았다가 일제가 패망하고 광복
되자 안양읍 안양리 688(현 안양1동 674-251)로 이전하였다.『안양시 지명유래집』 pp.436-439.

· 안양신사터

안양신사는 처음에는 양명고등학교 옆 오미산(烏尾山)에 있었다. 그 후 신사터는 일제강점기 중엽
에 안양의 번화가인 현재의 안양 본백화점(안양1동 668-33) 자리로 이전되었다.『안양시 지명유래
집』 p.447.

· 안양행궁터

안양행궁은 정조 사후 행궁으로서의 의미는 상실되고 후에는 민간인 소유로 되었다가, 1986년경
에는 안병일(安炳日, 1943년생)이 이곳에 수어장(守禦莊)이란 여관을 신축하였다.『안양시사』 6권
p.20;『안양시 지명유래집』 p.453.

· 제일방직 안양공장터

당시 시대동 진흥아파트 자리에 있었다.『안양시 지명유래집』 p.461.

· 태평방직

태평방직은 금성방직과 함께 안양의 섬유공업을 주도했다. 안양1동에 있던 공장은 1968년 금성방
직과 함께 주식회사 대농에서 인수했고, 1977년 청주로 이전, 그 자리에 진흥아파트가 건립되었
다.『안양시사』 1권 p.71, 481;『안양시사』 3권 p.502.

· 화단극장

안양에 극장이 처음 설립된 것은 1953년 3월 한국전쟁이 끝나기 직전에 화단극장이 개관하면서부
터였다.『안양시사』 5권 p.384.

· 좋은집

어린이 보육시설인 좋은집은 기독교인 의사였던 오긍선 박사가 설립했다. 경성보육원은 1936년

안양으로 장소를 옮기고 1972년 기독보육원으로, 1998년 해관보육원으로, 2006년에는 좋은집으로 개명하였다. 『안양시사』 8권 p.251.

· 금성방직
금성방직은 경북 달성군 현풍 출신인 김성곤 씨가 1940년 비누회사인 삼공유지합자회사를 설립하여 크게 부를 이루자 사양길에 접어든 안양의 조선직물주식회사를 인수하여 세운 회사이다. 『안양시사』 1권 p.54, 480.

· 삼양하드보드공장
현재 안양3동 성원아파트 자리에 있던 삼양하드보드공장은 톱밥 등 나무자투리를 압축해 만드는 하드보드를 생산하는 회사이다. 『안양시사』 8권 p.203.

· 아사이 학교터
일제강점기 말엽 안양공업고등학교(안양3동 795) 자리에 있던 학교 광복 후 폐교되었다. 『안양시 지명유래집』 p.439.

· 안양공업고등학교
1948년 3월 15일 시흥학원 안양중학교 염색과 6년제 6학급으로 개교했다. 『안양시사』 5권 p.118; 『안양시사』 5권 앞 사진첩.

· 안양산업사터
한국인에 의해 설립된 안양 최초의 회사로 알려지고 있다. 『안양시 지명유래집』 p.445.

· 안양예술고등학교
1966년에 안양영화예술고등학교로 문을 열었고, 2000년에 현재의 안양예술고등학교로 이름이 변경되었다. 『안양시사』 3권 p.704.

· 양지동
안양공고 주변에 위치한 마을로, 안양3동 1·2·3·4·6·25·26·27통에 속해 있다. 『안양시 지명유래집』 p.189; 『안양시사』 2권 p.351.

· 조선비행기공업주식회사
박흥식(朴興植)은 일제가 패망하기 직전인 1944년 12월 2일 조선비행기공업주식회사를 설립하고 자본금 5천만 원으로 경기도 안양에 거대한 비행기생산공장을 건설한 것이다. 조선직물주식회사는 군수물자를 만드는 조선비행기공업주식회사로 바뀌었다. 『경향신문』 1977년 8월 9일자 기사.

· 조선직물주식회사
1932년 지주 다카세 세타로(高瀨政太郎)가 공장부지 1만여 평을 희사하자 공익사(共益社) 중역이었던 고정(高井) 등의 발기로 자본금 1백만 원으로 조선직물주식회사를 창립하였다. 『안양시 지명유래집』 pp.462-465.

· 근로자회관

근로자회관의 초대 관장인 서정림 말가리다이다. 1969년 근로자회관 낙성식에는 천주교 관계자 분
들과 근로청소년이 낙성식 테이프 커팅에 참여했었다. 근로청소년의 참여는 근로자회관의 주인을 의
미하는 것이었다. 천주교 관계자 가운데 고(故) 김수환 추기경도 참석하셨다. 『안양시사』 4권 p.332.

· 안양보통학교

안양보통학교는 1929년에 개교했고, 당시 4년제였다. 교사(校舍)는 일본식 목조건물이었는데, 교
무실 한 칸과 교실 두 칸의 세 칸짜리 건물이었다. 『안양시사』 2권 p.8; 『안양시사』 5권 pp.6-8.

· 찬우물

주접동 북쪽에 위치한 마을로, 안양5동 15통에 속한다. 충혼탑 아래(안양5동 590-5)에 찬 샘우물
이 있어 그 인근을 '찬우물[冷泉洞]'이라 불렸다. 『안양시 지명유래집』 p.198.

· 국립수의과학검역원(구 가축위생검사소)

가축의 전염병 및 기타 질병의 예방연구 기능을 하는 국립수의과학검역원은 지상 3층 건물로 T자
모양의 평면으로 되어 있는데, 내부에는 항생항습실, 무균작업실 같은 특수시설을 갖추고 있다.
『안양시사』 1권 pp.482-483.

· 만안구청(구 안양시청사)

안양은 1973년 시로 승격되었고, 1975년 7월 1일 현재 자리에 새로운 시청사를 건축하게 되었다.
지금은 만안구청으로 사용하고 있다. 『안양시사』 1권 pp.489-490.

· 빚진자들의 집

작은 기쁨이 모여 큰 행복을 이룬다는 빚진자들의 집은 지난 1992년 빚된교회 최창남 목사가 건
립했다. 『안양시사』 7권 pp.519-521.

· 주접동

안양경찰서 뒤 동아아파트 부근에 정각(亭閣 또는 政閣)을 세워 능행과 환궁 때 잠시 쉬어 갔다고
한다. 그 후부터 이 마을을 '주접동(住接洞)'이라 불렀다고 한다. 보통 '주젭이'라 칭하며 문헌에
따라 주점리(酒店里)로 되어 있다. 『안양시 지명유래집』 p.197.

· 덕천마을

주접동 동북쪽에 있는 마을로 예전에는 주접동과 한 마을이었다. 이곳에 사람이 처음으로 살기 시작
한 것은 일제강점기 초에 시흥시 정왕동 출신인 원정상(元貞常)이 분가하면서 지금의 안양7동 213번
지에 정착했고, 이어 전주 이씨, 창령 성씨 등이 살면서 마을이 발달되었다. 『안양시사』 8권 p.331.

· 구 가축위생시험소 · 명학공원

구 가축위생시험소가 이전한 부지는 현재 명학공원으로 시민들의 사랑을 받고 있다. 하지만 구 가
축위생시험소가 명학공원으로 시민의 사랑을 받기까지는 10년의 세월 동안 수차례 무산위기가 있

었다. 만안구 도심공원 조성을 위한 안양시민의 열망은 위기를 극복하고 공원 조성운동이 시작된 지 10년 만인 2008년 6월 '만안근린공원'이라는 이름으로 공원 조성이 시작되어 현재의 명학공원이 탄생하였다. 『안양시사』 4권 p.511, 512.

· 담배촌
담배촌은 후두미동(현재 병목안)에서 더 안쪽으로 들어와 골짜기 깊숙한 곳에 '뒤뜸이'라는 곳이 있었다. 본래 아무도 살지 않는 뒤뜸이는 조선 후기 천주교 박해를 피하기 위해 천주교인들이 들어와 정착한 마을이다. 『안양시사』 1권 p.108, 203.

· 수리산공소
수리산공소는 안양 장내동성당(현 중앙성당)이 건립되기 이전에 1888년에 본당이 된 왕림본당의 관할 아래 있다가 1900년에 하우현성당에서 관할했었다. 수리산공소는 1954년 9월 7일에 안양 최초의 본당인 장내동성당이 되었다. 『안양시사』 5권 p.569.

· 수리산 전투
6·25전쟁 당시 수리산 전투는 1951년 1월 18일부터 2월 4일까지 전개되었다. 안산시, 디지털안산문화대전.

· 창박골
안양9동 10통에 속한 마을로, 병목안 서남쪽에 위치해 있다. 『안양시 지명유래집』 p.199.

▌ 문화자원: 시설자원

· 안양행궁지 표석
현재 안양1번가에는 안양행궁지 표석이 있다. 안양행궁은 1868년 고종의 명에 의해 헐리게 되었다. 『안양시사』 1권 p.199, 446.

· 망해암(望海庵)
양명고등학교 동쪽 망해산에 있는 절이다. '망해암(望海庵)'이란 사명(寺名)은 바다를 바라다볼 수 있는 암자에서 나온 것으로 맑은 날에는 멀리 서해바다를 바라볼 수 있다. 『안양시 지명유래집』 p.251.

· 이슬람 안양성원
안양5동 안양대학교 정문 왼쪽에 있는 이슬람 안양성원에는 약 1,000명 정도의 이슬람 신자(대부분 파키스탄, 방글라데시, 인도네시아 출신의 외국인 노동자)가 등록되어 있다. 『안양시사』 5권 pp.601-602.

· 병목안시민공원
병목안시민공원은 안양9동에 10만 1,238㎡(3만 624평) 규모로 자리 잡은 병목안시민공원은 2006년 5월 24일 개장했다. 『안양시사』 3권 p.650.

▌문화자원: 향토설화자원

· 주접동 유래

1795년에 안양에 만안교를 가설한 후부터 서울－시흥(현 서울 금천구 시흥동)을 잇는 시흥로정(또는 금천로정)으로 변경하고 아울러 안양1동에 안양행궁을 짓고, 안양경찰서 뒤 동아아파트 부근에 亭閣(또는 政閣)을 세워 능행과 환궁 때 잠시 쉬어 갔다고 한다. 그 후부터 이 마을을 '주접동(住接洞)'이라 불렀다고 한다. 보통 '주접이', '주젭이'라고도 불렀다. 문헌에는 '주점리(住占里)'로 기록되어 있다. 『안양시사』 2권 p.375.

· 담배촌 유래

담배촌은 우리나라 두 번째 신부인 최양업(1821~1861)의 아버지 최경환 성인을 비롯한 천주교도들이 조선 후기 천주교 박해를 피해 1837년(헌종 3년) 7월에 이주해 오면서 담배를 경작하여 생계를 이어갔다고 해서 붙여진 이름이다. 『안양시사』 2권 p.241, 367.

▌인적자원: 과거인적자원

· 원태우(1882~1950)

독립운동가, 본관은 원주 태성의 아들로, 안양1동에서 태어났다. 원태우는 1905년 11월 22일 을사조약의 핵심 인물인 이토 히로부미 일행의 특별열차가 암흑리(현 석수동 육교 지점)를 지나가자 그가 앉아 있는 차창을 향해 돌을 여러 개 던졌다. 이토 히로부미는 돌에 깨진 차장의 유리조각으로 등 쪽에 8군데 상처를 입었다. 이 사건은 국내와 일본의 신문에 연일 보도되는 등 큰 파장을 일으켰다. 『안양시사』 1권 앞 사진첩; 『안양시사』 2권 p.560.

· 일본인 오끼(沖井)

일본인으로 안양에서는 안양2동에 최초로 포도를 재배했다. 『안양시 지명유래집』 p.77.

· 오긍선 박사

기독교인 의사였던 해관 오긍선 박사는 지난 1907년 미국 루이빌 의대를 졸업하고, 1916년 세브란스 의학전문학교에 우리나라 최초의 피부과를 창설했으며, 1934년에는 세브란스 의학전문학교 제2대 교장에 취임했다. 어렵게 지낼 수밖에 없는 독립운동가 자녀들을 돌보기 위해서 1919년 1월 경성구제회를 조직하고, 그 후 1922년 5월 서울 청운동에 최초로 본격적인 고아원인 경성보육원을 설립했다. 경성보육원은 1936년 안양으로 장소를 옮기고 1972년 기독보육원으로, 1998년 해관보육원으로, 2006년에는 좋은집으로 개명하였다. 『안양시사』 8권 p.251, 256.

· 김성곤(1913~1975)

안양의 대지주였던 다카세 세타로(高瀬政太郎)가 1932년 설립한 인조견을 전문으로 생산하는 회사인 조선직물주식회사를 한국전쟁 후 인수하여 금성방직을 설립했다. 『안양시사』 2권 pp.571-572.

・ 서정림 말가리다
근로자회관 초대 관장 독일의 아름다운 산악 마을인 베히티스가든에서 출신이다. 1959년 A.F.I(국
제가톨릭형제회)에 입회, 3년 후에 한국에 파견된 그녀는 한국 J.O.C 국제 담당자를 거쳐 1968년
'근로자회관' 초대 관장으로 취임했다. 『가난한 이들을 향한 선택』 앞 사진첩.

・ 한홍이 안양직물 설립자(한항길)
독립운동가, 교육자, 본관은 청주, 호는 몽당 전유의 손자이고, 용익의 장남으로 경기도 부천군 문
학면 동춘리(현 인천시 남구 동춘동)에서 태어났다. 원명은 한홍이(韓興履)이다. 태어난 후 얼마 되
지 않아 1906년 경기도 과천군 상서면 호계리(현 안양시 호계동)로 가족과 함께 이사하였다. 안양
직물공장은 호계동 방죽말 출신 한홍이(韓興履, 1897~1979)가 1945년 10월 30일에 설립한 공장
으로, 현 청기와주유소와 주접지하차도에 이르는 제 지역에 위치해 있었다. 『안양시사』 2권
pp.561-563; 『안양시 지명유래집』 p.452.

・ 최경환(1805~1839)
조선 후기 천주교 순교자・성인. 1839년 기해박해를 피해 수리산에서 교우촌을 형성하였다. 최경
환(프란치스코) 신부는 수리산 교우촌에서 배신자의 밀고로 포졸들에게 잡혀 서울로 압송되었다.
혹독한 형벌에도 굴복하지 않은 최경환(프란치스코)은 마침내 그해 1839년 9월 12일 옥사함으로
써 승리의 월계관을 받을 수 있었다. 이때 그의 나이 36세였다. 『안양시사』 2권 p.551.

■ 인적자원 : 현재 인적자원

・ 대동문고 전영선 회장
단돈 1만 환으로 시작한 책방을 오늘날 대동문고로 일구어낸 사람은 전영선 대표이다. 『안양시사』
7권 p.218.

・ 여성근로자
안양은 금성방직, 태평방직 등 여성근로자들이 많이 근무했었다. 금성방직의 경우 여성근로자들이
3,000명 넘게 근무했었다. 『안양시사』 7권 앞 사진첩.

석수동

■ 자연자원 : 경관자원

・ 삼성산
서울특별시 관악구 신림동과 안양시 석수동에 걸쳐 있는 455.8m의 산이다. 『안양시 지명유래집』 p.234.

- 삼성천

조선 초기 금천현의 진산인 삼성산에서 발원하여 안양유원지를 거쳐 안양대교에서 안양천과 합류한다. 『과천읍지』에는 과천현 서쪽 20리에 안양천이 있다는 기록으로 보아 안양천으로 불렸던 것으로 보인다. 일제강점기 때 현재의 삼성천 이름으로 변경되었다. 1932년 일본인들에 의해 '安養プール(안양 풀 pool)'이라는 수영장을 만들어 이용했었다. 현재 삼성천에는 '安養プール(안양 풀 pool)'가 새겨진 바위가 존재한다. 『안양시 지명유래집』 p.295.

- 삼막천

삼막사에서 발원하여 삼막골을 거쳐 관악역 남쪽 400m 지점에서 삼성천과 만난다. 삼막사와 삼막골에서 이름을 따왔다. 유역면적 5.03㎢, 하천길이 3.5㎞이다. 『안양시사』 1권 p.17; 『안양시 지명유래집』 p.295.

- 안양유원지

안양유원지는 1932년 당시 일본인 안양역장 혼다 사고로(本田貞五郎)가 철도수입 증대와 안양리 개발을 위하여 조한구 서이면장과 야마다(山田) 시흥군수 및 지역유지들을 설득하여 1,500원의 예산으로 관악산과 삼성산 사이의 계곡을 막아 2조의 천연수영장을 만들어 안양풀이라 했는데, 안양유원지의 출발점이다. 『안양시사』 7권 p.186.

▌자연자원: 지역자원

- 석수동 느티나무

석수동 할아버지 나무로 불리는 석수동 느티나무는 삼막교 하류 쪽으로 150m 지점에 있는 거목이다. 높이 25m, 둘레 5.3m로 수령은 약 500년 추정된다. 석수동 향나무와 더불어 한 쌍을 이루어 삼막마을의 평안과 행운을 주고 재액을 막는 신령스러운 당나무로 지금도 매년 음력 10월에 나무를 대상으로 제를 올린다. 『안양시사』 1권 p.452.

- 석수동 미군부대와 기지촌

관악역 철도건널목 넘으면 현재 주공아파트 초입쯤에 미군부대가 있었다. 이곳에는 전쟁이 나면서 미군부대가 들어서고 자연스럽게 형성된 기지촌도 있었다. 『안양시사』 7권 p.112.

- 수도영화사 촬영소

석수2동 관악전철역 서쪽, 만안로변은 옛날에 '신촌'으로 불렸다. 이곳에 1956년 7월 수도영화주식회사가 약 2만 2,000평의 대규모 촬영소를 건설하여 안양영화의 메카가 되었다. 『안양시사』 2권 p.377.

- 유유산업 건물

유유산업(주) 공장 건물은 세계적인 건축가 고 김중업의 초기 건축 작품이다. 이 건축물은 김중업이 설계한 유일한 공장 건물이라는 점과 건물 자체가 건축연구의 자료가 된다는 점에서 문화적 자산으로 보존 가치가 매우 높다는 평가를 받고 있다. 1957년 설계하고, 1959년 5월에 준공하였다. 『안양시사』 7권 pp.252-255.

· 충훈부

조선시대 국가의 공훈이 있는 신하들이 있던 충훈부란 관아가 있었으므로, 관아 인근에 민가가 생기면서 취락을 형성하자 관아의 명칭을 취해 충훈부라 불린다고 한다. 석수3동 일대를 일컫는다. 『안양시 지명유래집』 p.201.

■ 문화자원: 시설자원

· 삼막사

삼막사는 조계종 사찰로 용주사의 말사이다. 『사적기』에 의하면 신라시대 원효대사, 의상대사, 윤필거사가 창건하여 산의 이름도 삼성산이라 부르게 되었다고 한다. 『안양시사』 1권 p.375.

· 삼막사 마애삼존불

경기도 유형문화재 제94호로 삼막사의 칠보전에 모셔져 있는데 원래는 칠성각이다. 산의 능선에 형성된 암벽을 깎아 낮은 감실을 만들어 삼존불을 양각했다. 마애삼존불은 1763년(영조 39년) 승려 오심의 발원과 서세준의 시주로 조성되었다. 『안양시사』 1권 p.392.

· 석수동 마애종

경기도 유형문화제 제92호로 대형 암벽을 비교적 고르게 다듬은 다음 음각과 양각을 활용하여 조각하였다. 석수동 마애종은 바위 면에 범종을 조각한 유일한 것으로 범종 연구뿐만 아니라 장인의 창의성을 엿볼 수 있는 귀중한 유산이다. 『안양시사』 1권 p.388.

· 안양사 칠층전탑(七層塼塔)

안양사에 위치한 칠층전탑은 고려시대에 만들어진 것으로 미술사적·역사적 의미가 매우 높다고 한다. 『신증동국여지승람』에는 이숭인의 「탑묘중신기」가 남아 있어 칠층전탑의 위용이 어떠했는지 잘 나타나 있다. 최근 유유산업 발굴 현장에서 칠층전탑지가 발견되었다. 『안양시사』 1권 p.120.

· 중초사지 당간지주

중초사지 당간지주는 보물 제4호로 안양예술공원 유유산업 마당에 중초사지 삼층석탑과 함께 나란히 세워져 있다. 당간지주 서쪽 면에는 명문에 의하면 이곳이 중초사임과 동시에 826년(흥덕왕 1년) 8월 6일 채석하여 827년 2월 30일에 당간지주를 완공하였음을 알 수 있다. 『안양시사』 1권 앞 사진첩.

· 안양예술공원 알바로시자홀

안양예술공원에 있는 알바로시자홀은 단층건물의 160평 남짓한 전시실이다. 관람자로 하여금 동선상 3D 입체감을 느낄 수 있는 공간성과 독립된 내부구조로, 곡선화된 Open Space를 구성해 조형물 속에 작품이 공존함을 보여 주고 있다. 『안양시사』 3권 p.203.

■ 문화자원: 향토설화자원

· 서리재 고개 유래
현재는 솔개고개라 부르고 있다. 조선시대 말까지만 해도 이곳은 나무가 많고 숲이 우거져 으슥한
곳이었다. 과거를 보러 가거나 보부상들 및 행인이 한양을 가자면 반드시 이 고개를 넘어야 했다.
그때면 으레 산적과 강도의 습격을 받았었다. 지금의 연현마을이 형성되기 전에는 이곳 일대가 농
경지여서 참외, 수박 등 청과물들이 서리를 많이 당했다. 서리를 많이 해갔다 해서 '서리재고개'라
한다. 『안양시사』 2권 p.241.

■ 인적자원: 과거 인적자원

· 김중업
1922년 3월 9일 평양에서 태어났다. 1941년 일본 요코하마[橫濱]공업고등학교 건축과를 졸업하고,
1952년 한국 현대건축가로는 처음으로 유럽에 진출하여 근대 건축의 프랑스의 르코르뷔지에 건축
연구소에서 4년간 수업하고 귀국, 1956년 홍익대학교 건축미술과 교수, 같은 해 김중업 합동건축
연구소장이 되었으며, 1956~1965년에는 대한민국미술전람회 심사위원으로 활약하였다. 1950년
김중업은 유득한을 만나 근대문화유산이라고 할 수 있는 유유산업 건축물을 만든다.

· 능정(고려시대 승려)
신라 말, 고려 초 승려. 안양시 명칭의 유래가 되는 안양사를 창건했다. 900년(신라 효공왕 3년)
왕건이 경기도의 금주·과주를 정벌하기 위하여 안양시 석수동 아래를 지나갈 때 능정과 우연히
마주치게 되었다. 이때 삼성산 정상에는 오색구름이 피어오르고 있었는데 이를 상서로운 징조라
고 생각한 왕건과 능정의 마음이 맞아 안양사를 창건했다고 한다. 977년(고려 경종 2년) 도승통에
추시되었다. 『안양시사』 2권 p.546.

· 양사와 왕건
안양사와 왕건이 관련되었다는 기록은 「금주안양사탑중신기」에 나와 있다. 그 내용은 혜겸이 와
서 말하길, '사승을 보니 예전에 태조께서 장차 복종하지 않는 자를 정벌하실 때 이곳을 지나다가
산 위에 구름이 오색찬란함을 바라보시고 이상히 여겨 사람을 시켜 가서 보게 하였습니다. 과연
늙은 중이 구름 아래 있었는데, 이름을 능정이라 하였습니다. 그와 더불어 말하여 보니 뜻에 맞았
습니다. 이것이 이 절이 세워진 유래입니다' 하였다. 『안양시사』 1권 pp.156-162.

■ 인적자원: 현재 인적자원

· 박찬응
2002년 6월 16일 오전 11시 석수시장에 문을 연 안양의 보충대리공간 'Stone & Water'를 개관하
여 미술계에 신선한 센세이션을 불러일으켰다. 미술의 대중화에 한발 다가선 의미 있는 이 사건의
주인공이 바로 박찬응 'Stone & Water' 관장이다. 『안양시사』 7권 pp.353-355.

박달동

▌ 자연자원 : 경관자원

· 범고개

박달동 친목마을 남쪽으로 박달로변에 위치해 있다. 범고개[虎峴] 아래에 자리 잡은 마을이므로 고개 이름을 따와서 '범고개[虎峴洞]'라 불린다.

구술자 이세종 교수에 따르면 예전에 이곳은 호랑이가 빈번히 나타났다고 한다. 현재 서울시 금천구 시흥동에 거주하는 전병국은 어렸을 때 이곳 산에 갔다가 싸리덤불 사이에서 호랑이 새끼 두 마리를 꺼내 목에 줄을 매서 동네에 끌고 다녔는데, 한 마리는 죽고, 한 마리는 서울 동물원에 팔았다고 하였다. 『안양시 지명유래집』 p.171; 『안양시사』 2권 p.356.

▌ 자연자원 : 지역자원

· 곤두래미고개 · 곤두박이고개

안양에서 안산 가는 큰길이 개설되기 이전에는 이 고갯길이 유일한 통로였다. 이곳은 산림이 우거진 험준한 산인 데다가 민가가 없어 산적이나 강도 등이 많아 이곳을 지날 때면 곤두박질하듯 황급히 서둘러야 지나칠 수 있다고 하여 곤두박이고래라 불렀다고 하는데, 후대로 내려오면서 곤두래미고개라 일컫는다고 한다. 일제강점기인 1930년대 군사용지가 개설되면서 길이 폐쇄되었다. 『안양시 지명유래집』 p.303.

· 먹해이들

현재 박달1동사무소 일대를 말한다. 땅 자체가 메마른 땅이라 두엄(퇴비)을 아무리 주어도 결실이 되지 않아 농부가 빗자루만 들고 한숨만 내쉬던 버려진 들판이었다고 한다. 이곳에 사람이 처음으로 살기 시작한 것은 1930년대 말쯤이었다. 붓골에 살던 권공선(權公先)이 평양 육군병기창 안양분창 건설로 마을이 폐동(廢洞)되자 1937년경 농사를 짓기 위해 처음으로 정착하면서 마을이 이루어지기 시작했다고 한다. 『안양시 지명유래집』 p.354.

· 박달고개

범고개마을과 붓골 사이에 있다. 예전에 이 고개를 넘어야 원박달리를 갈 수 있다 하여 박달고개라 일컬었다. 비포장의 작은 길로 되어 있다. 시흥시와 광명시의 관문이었으며 시 경계 진입지역이다. 면적의 대부분이 개발제한구역(5.4㎢)과 군사보호구역으로 형성된 지역이다. 『안양시 지명유래집』 p.307.

· 장군재고개

예전에 안산(주로 시흥시 조남동 장군재) 사람들이 안양 다닐 때 이용하던 고개, 횟골과 장군재 사이에 있다. 비포장 소로(小路)로 이미 폐로가 되었다. 고개마루터기에 서낭이 있었다. 『안양시 지명유래집』 p.312.

· 평양육군병기창 안양분창

1937년 일제강점기에 자연마을이 풍부한 골짜기에 탄약고를 설치하고 평양육군병기창 안양분창을 설치했다. 『안양시 지명유래집』 p.181; 『안양시사』 2권 p.342.

▌문화자원: 향토설화자원

· 박달동 유래

'박달'이라는 이름의 유래를 현재 채록된 것을 중심으로 자세히 살펴보면 다음과 같다. 첫째, '박달'은 '밝다'에서 파생되었다는 설, 둘째, 박달은 '박치기'에서 알 수 있듯이 '머리'에서 파생되었다는 설, 셋째, '달풀이 있는 바깥 마을'이라는 설, 넷째, 예전엔 이곳이 달동네였는데 안양의 중심부에서 볼 때 밖이라고 하여 '밖 달동네'라고 불렀고, 그 후 '박달동'이 되었다. 그러나 '박달리(博達里)'라는 이름이 처음 등장한 시기는 조선 정조대이다. 박달동의 유래에 대한 주민의 구술 내용은 이러한 행정구역 변천 외 역사와 부합하지 않는다. 『안양시사』 2권 p.328.

· 장군재 유래

조선조 인조 때 인조반정 공신으로 신풍부원군(新豊府院君)에 봉해진 장유(張維, 1587~1638)의 묘가 시흥시 조남동 장군재에 있는데, '장(張)'은 장유에서 '군(君)'은 부원군에서 각각 따왔다. 『안양시 지명유래집』 p.312.

▌인적자원: 과거 인적자원

· 권동선

박달2동 붓골에 살던 권동선 씨가 1937년 일제강점기 때 평양육군병기창 안양분창 건설로 마을이 폐동되자 1937년경 농작을 위해 처음으로 현재 박달1동사무소가 있는 '먹해이들'에 정착하면서 마을이 이루어졌다고 한다. 『안양시사』 2권 p.491.

_만안이야기 구술자 분들

- 구본철(64년생, 남): 1980년대 안양지역 노동운동
- 문경식(64년생, 남): 1980년대 안양지역 노동운동
- 백승규(49년생, 남): 안양1번가에서 40년간 양복점 인생(에이원라사)
- 변원신(33년생, 남): 마을조직으로서의 새마을금고(마을조직–협심새마을금고)
- 신관선(36년생, 남): 삼영운수
- 심혜화(78년생, 여): 안양공공예술프로젝트
- 안홍순(36년생, 남): 안양5동 장미맨션
- 알람(71년생, 남/방글라데시): 이슬람교 안양성원
- 양숙정(52년생, 여): 1980년대 초반 안양1번가
- 오은영(61년생, 여): 홍천원조고추장 화로구이
- 원명상(35년생, 남): 안양3동 원씨
- 유기석(61년생, 남): 미군부대와 석수동
- 이금연(61년생, 여): 전진상복지관과 개인 생애
- 이준열(44년생, 남): 삼덕제지
- 이천우(64년생, 남): 석수동 약수탕과 '물'
- 장용준(40년생, 남): 중앙시장 변천과 개인생애사
- 전영선(42년생, 남): 대동문고와 개인 생애사
- 정군례(44년생, 여): 안양예술공원과 석수동 원주민
- 정애영(37년생, 여): 안양5동 장미맨션
- 주진동(39년생, 남): 박달동 마을
- 최진홍(82년생, 남): 씨네마 델리
- 한병하(47년생, 남): 안양5동 은행주택
- 조연환(60년생, 남): 미군부대와 석수동
- 원향윤(34년생, 여): 미군부대와 석수동

참고문헌

경기도 · 안양시(2010). 『경기도문화재자료 실측조사보고서: 삼막사 명부전』.

경향잡지 편집부(1980.1). "행운아들이 사는 집." 『경향잡지』. 제72권 제1호. 통권 1342호. p. 92.

고 최주상 목사 추모위원회(2009). 『고 최주상 목사 추모집: 맑은내 이야기』.

구본영(1995). 「도시문화」. 『우리안양 이렇게 바꾸자』. 안양지역경제정의실천시민연합. pp. 152~157.

구해근(2002). 『한국노동계급의 형성』. 사회평론.

김성균(2011. 11). 「프롤로그: 만안의 기억」. 『제3회 향토문화연구소 세미나 자료집』. 안양문화원. pp. 1~11.

김옥섭(1977). 「노동자가 본 예수(2) 동일방직」. 『씨알의 소리』.

김지석(2007). 「안양사 칠층전탑에 대한 고찰」. 한국문화사회학, 『문화사학』, 제27권, pp. 675~695.

만안의 기억 구술사 연구팀 내부 자료(구본철, 문경식, 이금연 구술 인터뷰 자료).

문원식(2001). 「안양시 공동체 의식 형성과정 대한 사적고찰」. 『안양시 문화재 길라잡이 교육자료집』.
　　　　　안양문화원. pp. 65~82.

성결대 안양학연구소(2006). 『안양 근현대사 구술자료 조사보고서』. 안양시사편찬위원회.

성결대학교 안양학 연구소(2001). 「기사로 본 안양근대사」. 『안양학자료집』 제1권.

성결대학교 안양학 연구소(2002). 「관보로 본 안양근대사」. 『안양학자료집』 제2권.

성결대학교 안양학 연구소(2003). 「관보로 본 안양근대사」. 『안양학자료집』 제3권.

성결대학교 안양학 연구소(2004). 「관보로 본 안양근대사」. 『안양학자료집』 제4권.

성결대학교 안양학 연구소(2005). 「관보로 본 안양근대사」. 『안양학자료집』 제5권.

성결대학교 안양학 연구소(2006). 『이야기로 듣는 안양근대사(1)』.

시흥군(1950). 『금천지衿川誌』.

시흥군(1983). 『시흥의 전통문화』.

신종묵(저) 이충구(역)(1998). 『우산만고(愚山晚稿)』. 과천문화원.

안양2동 주민센터(2009). 『옛 사진으로 보는 안양의 재발견』

안양문화원(1997). 『안양문화재』.

안양문화원(1998). 『안양의 역사와 문화』.

안양문화원(2005). 『안양집성촌자료집』.

안양문화원(20100. 『안양문화원 40년사』.

안양시 · 안양문화원 · 안양대학교(1998). 『안양의 구비문학』.

안양시 시사편찬위원회(2006.3). 『안양시 주거와 생활의례』.

안양시(1990). 『선진안양 발자취: 73~90년도 시정보고 모음집』.

안양시(1996). 『안양문화유적총람』.

안양시(2006). 『2010년 안양 도시 · 주거환경정비기본계획』.

안양시사편찬위원회(2008). 『안양시사』 1~8권.

안양시청·(재)한울문화재연구원(2010). 『안양사지 현장설명회자료집』.

안재성(2004). 『경성트로이카』. 사회평론.

엄기표(1997). 「통일 신라시대의 당간과 당간지주 연구」. 『실학사상연구』. 14집. 모학실학회.

엄기표(2004). 「안양 마애종 역사성과 지역공동체」. 『마애종 생명의 숨결을 이야기하다』. 마애종 문화
　　　포럼 추진위원회. p. 75.

유유산업(2011). 『유유제약 70년사 1941-2011』.

이금연(2003). 『가난한 이들을 향한 선택』. 안양전·진·상복지관.

이상인·김성균·김찬수(2006). 『지방자치, 이제는 블루오션이다』. 미토.

이승언(1995). 『안양시 지명유래집』. 새안양회.

이시정(2007). 『한국노동계급의 형성』. 창작과 비평사.

이시정(2007). 『안양지역노동운동사: 1987년 7·8·9 노동자 대투쟁을 중심으로』. 민주화운동기념사
　　　업회.

천주교 수원교구 장내동 교회(1989). 『천주교 장내동 교회사: 본당 설립 35주년 기념』.

한국사진작가협회 안양지부(2004). 『제16회 전국 사진공모전 작품집: 안양8경』.

기타(신문기사, 홈페이지)

경인일보(2000. 1. 6). 「뉴 밀레니엄을 향한 경기도정 – 지식기반산업의 육성」

뉴스엔조이(2003. 8. 14). 「뚝방마을에 울려 퍼지는 희망의 노래 – 군포공단 노동자들의 고단한 삶 품
　　　는 한무리교회」.

안양신문(2007. 12). 「39년의 역사, 안양 전진상 폐관 특집 – 주민이 주인'이었던 전진상, 이제 교회 품
　　　으로」.

최주상 목사 추모집 http://cafe.daum.net/20090815/

클럽 다솜교회(2011.2.16.). 「일하는 예수회는 무엇을 할 것인가?」.
http://www.owcc.or.kr/gnu4/bbs/board.php?bo_table=cb_dasom&wr_id=609

김성균

행정학 박사, 성결대학교 지역사회과학부 겸임교수

이창언

사회학 박사, 연세대학교 연구교수

한정은

한국외국어대학교 기록학연구센터 연구위원

박철하

문학박사, 의왕문화원 부설 향토문화연구소 소장

김찬수

경제학박사, 경기대학교 대우교수

김지석

향토사학자, 경기문화연구소 연구위원

김정진

(사)지역사회연구원 책임연구원 겸 사무국장

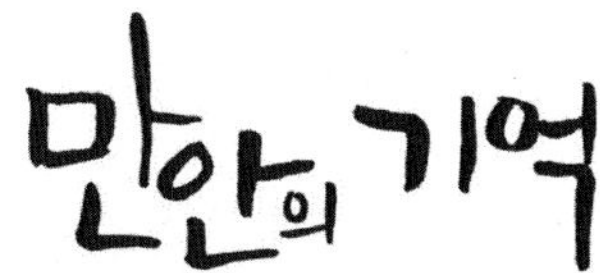

만인의 기억

초판인쇄 | 2013년 6월 21일
초판발행 | 2013년 6월 21일

지 은 이 | 김성균·이창언·한정은·박철하·김찬수·김지석·김정진
펴 낸 이 | 채종준
펴 낸 곳 | 한국학술정보㈜
주   소 | 경기도 파주시 문발동 파주출판문화정보산업단지 513-5
전   화 | 031) 908-3181(대표)
팩   스 | 031) 908-3189
홈 페 이 지 | http://ebook.kstudy.com
E-mail | 출판사업부 publish@kstudy.com
등   록 | 제일산-115호(2000. 6. 19)

ISBN   978-89-268-4346-8 03910 (Paper Book)
        978-89-268-4347-5 05910 (e-Book)

이담 Books 는 한국학술정보㈜의 지식실용서 브랜드입니다.